立信会计系列精品教材

国家级特色专业教材
上海市会计学教育高地重点建设项目

《财务管理学》
学习指导书

主编　曹惠民

副主编　张玉英　杨克泉

立信会计出版社
LIXIN ACCOUNTING PUBLISHING HOUSE

图书在版编目(CIP)数据

《财务管理学》学习指导书 / 曹惠民主编. —上海：
立信会计出版社,2011.7
立信会计系列精品教材
ISBN 978 - 7 - 5429 - 2918 - 1

Ⅰ.①财…　Ⅱ.①曹…　Ⅲ.①财务管理—自学参考
资料　Ⅳ.①F275

中国版本图书馆 CIP 数据核字(2011)第 151433 号

责任编辑　　洪梅春
封面设计　　周崇文

《财务管理学》学习指导书

出版发行　　立信会计出版社
地　　址　　上海市中山西路 2230 号　　邮政编码　　200235
电　　话　　(021)64411389　　　　　　传　　真　　(021)64411325
网　　址　　www. lixinaph. com　　　　电子邮箱　　lxaph@sh163. net
网上书店　　www. shlx. net　　　　　　电　　话　　(021)64411071
经　　销　　各地新华书店

印　　刷　　常熟市梅李印刷有限公司
开　　本　　787 毫米×960 毫米　　　　1/16
印　　张　　16.75
字　　数　　317 千字
版　　次　　2011 年 7 月第 1 版
印　　次　　2016 年 3 月第 2 次
印　　数　　3 001—6 100
书　　号　　ISBN 978 - 7 - 5429 - 2918 - 1/F
定　　价　　26.00 元

如有印订差错,请与本社联系调换

前　　言

　　《财务管理学》教材于 2007 年 5 月出版,并经过第二版修订,得到了广大读者的肯定。根据教学与读者的需求,我们编写了《〈财务管理学〉学习指导书》,作为《财务管理学》教材的辅助教材,配合财务管理学的教学,提供更加丰富的学习内容和相关信息,强化学习者的实践应用能力和自主学习能力。

　　《〈财务管理学〉学习指导书》的主要内容如下:各章都设有内容概要解析、背景资料、复习题、案例分析和复习题参考答案等版块,并附录了 A,B 两份模拟试卷。

　　内容概要解析:概括、简练地梳理了各章主要内容,对重要观点和疑点难点进行解析,有利于读者了解其在财务管理中的地位及作用,增强整体认识;

　　背景资料:对财务管理发展背景、变化趋势以及本领域有争议的问题或不同观点等进行介绍,以拓展读者视野;

　　阅读文献:列出相关的较为经典、重要的文献或介绍不同观点的论文,有助于读者进一步探究和思考;

　　复习题:包括单项选择题、多项选择题、判断题和计算分析题,内容覆盖本课程主要教学重点或难点,数量超过教材中的题量,形成难易合适的梯度,以利于读者循序渐进地学习,强化实践应用能力;

　　案例分析:每章附 1～2 个案例,有助于训练读者的综合分析能力;

　　参考答案:对于单项选择题、多项选择题、判断题、计算与分析题均提供参考答案,有助于读者自我检测,了解自己对于所学内容的掌握程度和发现薄弱环节;

　　模拟试卷:提供两套模拟试卷,并附参考答案及解题全过程。

　　本书由曹惠民担任主编,由张玉英、杨克泉担任副主编。主编负责拟订编写大纲、设计体例和结构,并负责总纂、修改和定稿。编写分工与《财务管理学》教材相同:第一章、第五章、第九章由曹惠民编写,第二章由杨月芬编写,第三章、第十二章由张玉英编写,第四章由吴向阳编写,第六章由徐蕴华编写,第七章由柴庆孚编写,第八章由李锋编写,第十章和第十三章由杨克泉编写,第十一章由贺妍编写。

　　本书以高等院校会计学和财务管理专业本科学生为主要对象,也可作为审计学、工商管理等经济管理类其他专业学生的教材,又能供会计从业人员进修培训之用。同时,对于会计理论工作者和会计实务工作者也具有参考价值。

在编写过程中,我们参考了许多中外学者、专家的论著和教材,并将主要阅读文献分别附在各章之后。在此,谨向这些论著和教材的作者表示衷心感谢!

书中如有不当及疏漏之处,恳请广大读者及各位同仁不吝指正,以便再版时作进一步补充和修订。

编　者
2011 年 5 月

目　　录

第一章　财务管理总论

一、内容概要解析

（一）财务管理概述

1. 财务管理的产生与发展

西方国家的财务管理发展主要经历了三个阶段。

第一阶段，筹资财务管理阶段。

第二阶段，内部管理阶段。

第三阶段，投资财务管理阶段。

我国财务管理理论与实践同样也有一个逐步演变的过程：

1978 年以前，企业财务管理工作是在高度集中的计划经济体制和相应的财政体制下建立和发展起来的，表现为政府对企业财务管理的开展起着直接的作用；

1978 年之后，随着经济体制和企业经营机制改革的不断深化，财务管理逐步回归企业，财务管理的内容也日益丰富。

2. 财务管理的概念

企业财务是指企业生产经营过程中的资金运动及其所体现的财务关系。财务管理是组织企业财务活动、处理财务关系的一项经济管理工作。

3. 财务管理的内容

企业筹资、投资和利润分配构成了完整的企业财务活动，与此对应的，企业筹资管理、投资管理和利润分配管理便成为企业财务管理的基本内容。

（二）财务管理目标

财务管理目标是企业财务管理工作尤其是财务决策所依据的最高准则，是企业财务活动所要达到的最终目标。财务管理目标有三种观点：利润最大化、资本利润率最大化(或每股利润最大化)和企业价值最大化，通常采用企业价值最大化，对于股份制企业，企业价值最大化可表述为股东财富最大化。

不同利益主体财务管理目标的矛盾与协调主要包括：

(1) 所有者与经营者的矛盾与协调。

(2) 所有者与债权人的矛盾与协调。

（三）财务管理工作环节

财务管理工作环节是指财务管理的工作步骤和一般程序，也可称为财务管理循环。企业财务管理一般包括以下几个环节,即财务预测、财务决策、财务预算、财务控制和财务分析。

（四）财务管理环境

企业存在于一定的社会、文化、政治、法律和经济环境中,并与其发生各方面的联系,企业的发展离不开环境,作为企业管理的一个重要组成部分,财务管理不可避免地受到社会、文化、政治、法律和经济环境的影响。企业财务管理环境是指对企业财务活动和财务管理产生影响作用的企业内外部的各种条件。通过环境分析,企业可以提高财务行为对环境的适应能力、应变能力和利用能力,以便更好地实现企业财务管理目标。

1. 法律环境

财务管理的法律环境是指企业和外部发生经济关系时所应遵守的各种法律、法规和规章。市场经济是一种法制经济,企业的一切经济活动总是在一定法律规范范围内进行的。一方面,法律提出了企业从事一切经济业务所必须遵守的规范,从而对企业的经济行为进行约束;另一方面,法律也为企业合法从事各项经济活动提供了保护。

1）企业财务管理中应遵循的法律、法规

（1）企业组织法。企业是市场经济的主体,不同组织形式的企业所适用的法律是不同的。现代企业组织的主要形式有：独资企业、合伙企业和公司制企业。

（2）税收法规。税法是税收法律制度的总称,是调整税收征纳关系的法律规范。与企业相关的税种主要有以下五种：

所得税类：包括企业所得税、个人所得税。

流转税类：包括增值税、消费税、营业税、城市维护建设税。

资源税类：包括资源税、城镇土地使用税、土地增值税。

财产税类：财产税。

行为税类：包括印花税、车船税、屠宰税。

（3）财务法规。企业财务法规制度是规范企业财务活动,协调企业财务关系的法规文件。我国目前企业财务管理法规制度有：企业财务通则、行业财务制度和企业内部财务制度三个层次。

（4）其他法规。其他法规包括证券交易法、票据法、银行法等。

2）法律环境对企业财务管理的影响和制约

从整体上说,法律环境对企业财务管理的影响和制约主要表现在筹资活动、投资活动和分配活动等方面。

2. 经济环境

财务管理作为一种微观管理活动,与其所处的经济管理体制、经济结构、经济发展状况、宏观经济调控政策等经济环境密切相关。

3. 金融市场环境

金融市场是指资金筹集的场所。广义的金融市场,是指一切资本流动(包括实物资本和货币资本)的场所,其交易对象为:货币借贷、票据承兑和贴现、有价证券的买卖、黄金和外汇买卖、办理国内外保险、生产资料的产权交换等。狭义的金融市场一般是指有价证券市场,即股票和债券的发行和买卖市场。

二、背景资料

财务管理目标是财务学的核心问题之一,它是企业财务管理活动的导向器,它决定着财务管理主体的行为模式。因此,对财务管理目标的研究,一直是财务学者关注的焦点内容之一。近些年我国财务学者也尽力探讨,力求找到既能符合财务活动的内在要求,又能衔接国家财务管理目标,并能满足企业各经济当事人经济利益要求的财务管理目标。对此,有必要回顾财务管理目标的发展,以指出财务管理目标的发展趋势。

(一)财务管理目标发展述评

根据现有资料,对于财务管理目标的表述主要有以下几种。

1. 利润最大化

即假定在企业的投资预期收益确定的情况下,财务管理行为将朝着有利于企业利润最大化的方向发展。这一目标是从 19 世纪初形成和发展起来的,其渊源是亚当·斯密的企业利润最大化理论。以利润最大化作为财务管理目标有其合理性。一方面,利润是企业积累的源泉,利润最大化使企业经营资本有了可靠的来源;另一方面,利润最大化在满足业主增加私人财富的同时,也使社会财富达到最大化。但是利润最大化目标在实践中存在一些难以解决的问题,它的目标概念的含义是模糊的,没有考虑资金时间价值,也没有考虑风险,有可能导致企业短期行为,如忽视产品开发、人才开发、生活福利设施等。

2. 净现值最大化

20 世纪 40 年代末,西方财务界开始关注资本在企业内部的有效分配,以及企业在资本市场中的作用。随着 1951 年乔尔·迪安的《资本预算》的出版,财务界开始讨论如何在各类资产间分配财物资源,以提高现金流动的净现值。如果一个企业所有各投资项目的净现值最大,企业的净收益就会最大。资本才能真正得以最大化增值。因此,净现值最大化被视为当时的企业财务管理目标。这一目标考虑了时间价值对资本增值效果的影响,显然优于利润最大化目标,但并未从根本上克服利润最大化目标的缺陷。

3. 每股收益最大化

20 世纪 60 年代,随着资本市场的逐渐完善,股份制企业的不断发展,每股收益最大化逐渐成为西方企业的财务管理目标。这一目标在科学上更进了一步,因为这里的"收益额"有时间概念,且"每股"又有投入资本概念,它是一定时间内单位投入资本所获收益额,充分体现了资本投入与资本增值之间的比例关系。但这一目标既没有体现资本投入所面临的风险,也没有考虑企业股利方针对股票市价的影响。如果企业的目标只是为了每股收益最大,企业就决不会支付股利。

4. 股东财富最大化

这是近几年西方财务管理中比较流行的一种观点。股东财富最大化是用公司股票的市场价格来计量的,它考虑了风险因素。因为,风险的高低,会对股票价格产生重要影响;也考虑了货币时间价值,一定程度上能够克服企业在追求利润上的短期行为。因为不管是目前利润还是预期未来的利润,对股票价格都会产生重要影响。通过财务上的合理经营,能为股东带来最多的财富。持这种观点的学者认为,股东创办企业的目的是扩大财富。他们是企业的所有者,其投资的价值在于它能给所有者带来未来报酬,包括取得股利和出售股权换取现金。在股份经济条件下,股东财富由其所拥有的股票数量和股票市场价格两方面决定,因此股东财富最大化也最终体现为股票价格最大化。

5. 企业价值最大化

所谓企业价值就是企业资产的市场价值,取决于企业潜在和未来的获利能力。企业价值最大化充分考虑了资金的时间价值、风险价值和通货膨胀价值对企业资产的影响,克服了企业在追求利润上的短期行为。这一目标反映了对企业资产保值增值的要求,有利于克服管理上的片面性和短期行为,有利于社会资源合理配置,社会资金通常流向企业价值最大化或股东财富最大化的企业或行业,有利于实现社会效益最大。

6. 所有者财富最大化

该观点认为,"在社会主义市场经济条件下,我国企业的财务管理目标应表述为所有者财富最大化"。在我国国有经济改革中,所有者的概念已为众人接纳,对股份制企业来说,股东即为企业的所有者,对非股份制企业来说,企业的投资者即为企业的所有者。所有者对企业评价的标准主要是自身财富能否得以最大限度增值,因此所有者财富最大化必然成为财务管理的目标。它不仅符合非所有者之外的企业经济当事人的利益,而且也符合整个社会的利益。

7. 资金运动合理化

该观点认为,企业财务管理目标应是实现企业资金运动合理化。资金运动合理化就是以提高资金使用效率为出发点,通过对企业的筹资、投资、耗费、收入、分配等各环节的控制和企业各种资产形态的有效管理,使资金运动达到一个相对适应与合理的状态。它的基本内容是实现企业资金流动性、安全性和盈利性的科学统一和协调。该观点的缺陷在于：一是目标本身不能直接量化,例如利润最大化、股东财富最大化、企业价值最大化等目标的表达都是量化的财务管理目标,资金运动最优化目标很难具体量化;二是资金运动是企业筹资、投资、分配等一系列行为过程,资金运动最优化就是企业财务过程的最优化,但仍没有回答财务管理的最终目标是什么。

8. 企业经济增加值(EVA)最大化

持这种观点的学者认为,企业财务管理的目标应当具有系统性、相关性、操作性和效率性,同时提出了满足以上1~4个财务管理目标特征的企业财务管理目标的最优选择——EVA最大化。企业经济增加值最大化目标模式,是指企业通过财务上的合理经营,采用最优化的财务政策,充分考虑资金时间价值和风险与报酬的关系,在保证企业长期稳定发展的基础上,追求一定时间内所创造的经济增加值与投入资本之比的最大化。EVA考虑了企业所有投入资本的成本,有利于经营者千方百计提高资金营运效果,并授予经营者更大的灵活机动权;EVA最大化的实质是企业的经济利润最大化,也是权衡了经营者利益下的股东财富最大化。但是,该观点的不足之处是：过分注重EVA易使企业忽视与其他契约关系的主体利益以及企业的社会责任感。

(二)我国财务管理目标的现实选择

在社会主义市场经济环境下,企业财务管理行为作为协调有关各方经济利益的一种方式,要求为之服务的对象便呈现出多元化格局。企业为了实现其生存、发展和获利之目标,就必须要求其财务管理完成筹措资金、有效使用资金之重任;企业的所有者为了实现其资本保值与增值之目的,就必须要求企业财务管理提高资金使用效率,维护其合法权益;企业的债权人为了实现其到期收回本金,并获得利息收入之目的,就必须要求企业财务管理提高资金的使用效率和流动性,维护其合法权益;社会管理者为了建立一个规范、公平的企业理财环境,防止企业财务活动中违规行为的发生,就必须要求企业财务管理贯彻执行国家有关经济法规,履行其监督职能,维护社会公众利益。综合这些因素,并结合现代企业财务管理的职能,在我国市场经济环境下,企业财务管理的目标从其实现的客观效果来看,应由以下三个部分构成。

1. 提高企业经济效益目标

从资本保全、资本保值增值、利润和经济效益四者的关系来看,提高企业经济效益是关键、是核心。因为没有经济效益,就没有利润;没有利润,就没有资本保值与增值;没有资本保值,就没有资本保全。

2. 提高企业"三个能力"目标

企业应科学有效地组织企业财务活动,不断提高企业的营运能力、盈利能力和偿债能力。其中：营运能力是指企业根据外部市场环境的变化,合理配置各项生产要素的能力,它对盈利能力的持续增长和偿债能力的不断提高均有着决定性的影响;盈利能力是指企业赚取利润的能力,它是偿债能力的基础;偿债能力是指企业偿还各种到期债务的能力。企业的所有者、债权人、经营者等有关方面都十分重视这三个能力,企业只有具备了这三个能力,才能在市场竞争中立于不败之地。

3. 维护利益目标

维护利益目标,就是正确地处理与协调企业同各方面的财务关系,维护它们的合法利益。

上述三个目标的关系是:要提高企业经济效益,就必须科学合理地组织财务活动,提高"三个能力",也必须以各种财务关系协调发展,各方的合法利益不受损害为前提;对财务活动实施科学而有效的决策与管理,实质上是经济效益方面的决策与管理,提高"三个能力"实质上是提高经济效益的具体化;维护各方的合法利益实质上是使各方的经济效益和谐统一。因此,提高企业经济效益目标,是企业财务管理的根本目标,而提高企业"三个能力"目标和维护利益目标,则是企业财务管理的直接目标或基本目标。

阅 读 文 献

1. 李帅红:"企业资本结构优化与企业财务管理目标结合分析",《时代金融》2010 年第 7 期。

2. 杨静:"现代企业财务管理目标探讨",《产业与科技论坛》2009 年第 3 期。

3. 乔世震、王满:《财务管理基础》第一章,东北财经大学出版社 2005 年版。

三、复习题

(一) 单项选择题

1. 资金的实质是(　　)。

　　A. 生产过程中运动着的价值　　　B. 再生产过程中运动着的价值

　　C. 生产过程中的价值运动　　　　D. 再生产过程中的价值运动

2. 根据财务管理理论,企业在生产经营活动过程中客观存在的资金运动及其所体现的经济利益关系被称为(　　)。

　　A. 企业财务管理　　　　　　　　B. 企业财务

　　C. 企业财务关系　　　　　　　　D. 企业财务活动

3. 在下列经济活动中,能够体现企业与其投资者之间财务关系的是(　　)。

　　A. 企业向国有资产投资公司交付利润

　　B. 企业向国家税务机关缴纳税款

　　C. 企业向其他企业支付货款

　　D. 企业向职工支付工资

4. 以企业价值最大化作为财务管理目标存在的问题是( )。

    A. 没有考虑资金的时间价值　　　B. 没有考虑投资的风险价值

    C. 企业的价值难以评定　　　　　D. 容易引起企业的短期行为

5. 企业实施了一项狭义的"资金分配"活动,由此而形成的财务关系是( )。

    A. 企业与投资者之间的财务关系　B. 企业与受资者之间的财务关系

    C. 企业与债务人之间的财务关系　D. 企业与供应商之间的财务关系

6. A 企业投入资本小于 B 企业投入资本,本期获得相同利润,据此分析时得出 A 企业收益水平好于 B 企业的结论,得出此结论的原因是( )。

    A. 考虑企业潜在的发展能力　　　B. 考虑利润的取得时间

    C. 考虑所获利润与投入资本的关系　D. 考虑获取利润所承担风险的大小

7. 以股东财富最大化作为财务管理目标的缺点是( )。

    A. 上市公司难以应用　　　　　　B. 不考虑股东利益

    C. 不考虑风险　　　　　　　　　D. 非上市公司难以应用

8. A、B 两企业分别投入 100 万元的资金,本期获利均为 15 万元,但 A 企业已收到 15 万元现金,而 B 企业则全部都是应收账款。如果分析时得出两个企业收益水平是一样的结论,得出此结论的原因是( )。

    A. 没有考虑企业潜在的发展能力

    B. 没有考虑利润的取得时间

    C. 没有考虑所获利润与投入资本的关系

    D. 没有考虑获取利润所承担风险的大小

9. 下列各项中,能够用于协调企业所有者与企业债权人矛盾的方法是( )。

    A. 解聘　　　　B. 接收　　　　C. 停止借款　　　D. 激励

10. 下列各项中,不能协调所有者与债权人之间矛盾的方式是( )。

    A. 债权人停止借款　　　　　　　B. 债权人通过合同实施限制性借款

    C. 市场对公司强行接收或吞并　　D. 债权人收回借款

11. 假定甲公司向乙公司赊销产品,并持有丙公司债券和丁公司的股票,且向戊公司支付公司债利息。假定不考虑其他条件,从甲公司的角度看,下列各项中属于本企业与债权人之间财务关系的是( )。

    A. 甲公司与戊公司之间的关系　　B. 甲公司与丙公司之间的关系

    C. 甲公司与丁公司之间的关系　　D. 甲公司与乙公司之间的关系

12. 财务关系是指企业在财务活动中所体现的与各方面的( )。

    A. 货币结算关系　　　　　　　　B. 债权债务关系

    C. 货币关系　　　　　　　　　　D. 经济利益关系

13. 财务管理区别于其他管理的特点在于( )。

A. 它是一种全面管理　　　　　　B. 它是一种价值管理

C. 它是一种实物管理　　　　　　D. 它是一种现代管理

14. （　　）是资金运动的前提。

A. 投资活动　　　　　　　　　　B. 筹资活动

C. 利润分配活动　　　　　　　　D. 经营活动

15. 企业筹资决策的核心问题是（　　）。

A. 资金成本　　　B. 筹资来源　　　C. 资本结构　　　D. 资金用途

16. 企业与债权人之间的财务关系主要体现在（　　　）。

A. 投资—收益关系　　　　　　　B. 等价交换关系

C. 分工协作关系　　　　　　　　D. 债权债务关系

17. 作为企业财务管理目标，每股利润最大化目标较之利润最大化目标的优点在于（　　）。

A. 考虑了资金时间价值因素

B. 考虑了风险价值因素

C. 反映了创造利润与投入资本之间的关系

D. 能够避免企业的短期行为

18. 下列各机构中，不属于非银行金融机构的是（　　）。

A. 保险公司　　　B. 证券公司　　　C. 房产公司　　　D. 信托公司

19. 没有风险和通货膨胀情况下的平均利率是（　　）。

A. 基准利率　　　B. 固定利率　　　C. 纯利率　　　D. 名义利率

20. 没有通货膨胀时，（　　）的利率可以视为纯利率。

A. 短期借款　　　B. 金融债券　　　C. 国库券　　　D. 公司债券

（二）多项选择题

1. 企业财务活动包括（　　）。

A. 筹资活动　　　　　　　　　　B. 投资活动

C. 资金垫付活动　　　　　　　　D. 分配活动

2. 企业财务关系包括（　　）。

A. 企业与政府之间的财务关系　　B. 企业与投资者之间的财务关系

C. 企业与债权人之间的财务关系　D. 企业与受资者之间的财务关系

3. 人们对财务管理目标的认识目前尚未统一，其主要观点有（　　）。

A. 利润最大化　　　　　　　　　B. 社会累积率

C. 企业价值最大化　　　　　　　D. 资本利润率最大化

4. 以资本利润率（每股利润）最大化作为财务管理目标，其主要缺点有（　　）。

A. 未考虑资金时间价值

B. 没有考虑风险因素

C. 易导致企业短期行为,忽视履行社会责任

D. 不利于不同资本规模的企业之间的比较

5. 由于外部市场竞争的作用,也会促使经理把公司股票价格最高化作为其经营的首要目标。其主要表现有(　　)。

A. 经济环境发生不利变化　　　　B. 经理被解聘的威胁

C. 公司被兼并的威胁　　　　　　D. 经理人才市场评价

6. 企业的所有者主要有(　　)。

A. 国家　　　　B. 个人　　　　C. 法人单位　　　D. 债券持有人

7. 为协调所有者与债权人的矛盾,通常可采用的方法有(　　)。

A. 发行新债　　　　　　　　　　B. 罚款

C. 限制性借款　　　　　　　　　D. 收回借款或不再借款

8. 金融市场对企业财务活动的影响,主要表现在(　　)。

A. 金融市场是企业投资和筹资的场所

B. 企业通过金融市场是长短期资金相互转化

C. 金融市场为企业理财提供有意义的信息

D. 企业是金融市场的主体

9. 若以利润最大化作为财务管理目标,其主要缺点有(　　)。

A. 未考虑资金时间价值

B. 没有考虑风险因素

C. 易导致企业短期行为,忽视履行社会责任

D. 不利于不同资本规模的企业之间的比较

10. 财务管理的环节包括(　　)。

A. 财务预测　　　　　　　　　　B. 财务决策

C. 财务预算　　　　　　　　　　D. 财务控制

11. 财务管理是(　　)的一项经济管理工作。

A. 组织企业财务活动　　　　　　B. 控制财务活动

C. 处理财务关系　　　　　　　　D. 预测财务前景

12. 企业财务管理的基本内容包括(　　)。

A. 筹资管理　　　　　　　　　　B. 投资管理

C. 利润分配管理　　　　　　　　D. 经营管理

13. 企业价值最大化在运用时也存在着缺陷,表现在(　　)。

A. 上市企业的价值确定难度较大

B. 非上市企业的价值确定难度较大

C. 股票价格的变动只受企业经营因素影响

    D. 股票价格的变动,除受企业经营因素影响外,还受其他企业无法控制因素影响

14. 为了协调所有者和经营者的矛盾,可采用的方法有(　　)。

    A. 监督　　　　　　B. 激励　　　　　　C. 解聘经理　　　D. 罚款

15. 债权人为了防止其利益不受伤害,可以采取(　　)保护措施。

    A. 取得立法保护,如优先于股东分配剩余财产

    B. 在借款合同中规定资金的用途

    C. 拒绝提供新的借款

    D. 提前收回借款

16. 所有者通过经营者损害债权人利益的常见形式有(　　)。

    A. 未经债权人同意发行新债券

    B. 未经债权人同意举借新债

    C. 投资于比债权人预计风险要高的新项目

    D. 不尽力增加企业价值

17. 下列各项中,属于利率组成因素的有(　　)。

    A. 社会累积率　　　　　　　　　B. 通货膨胀补偿率

    C. 风险报酬率　　　　　　　　　D. 纯利率

18. 风险附加率包括(　　)。

    A. 违约风险报酬率　　　　　　　B. 流动性风险报酬率

    C. 期限风险报酬率　　　　　　　D. 通货膨胀补偿率

19. 影响企业外部财务环境有各种因素,其中最主要的有(　　)。

    A. 经济环境　　　　　　　　　　B. 商业环境

    C. 法律环境　　　　　　　　　　D. 金融环境

20. 财务管理与其所处的(　　)等经济环境密切相关。

    A. 经济结构　　　　　　　　　　B. 经济发展状况

    C. 经济管理体制　　　　　　　　D. 宏观经济调控政策

(三) 判断题

1. 企业资金是企业开展所有经济活动的前提与保证,因此企业的筹资活动是企业组织财务活动的关键。　　　　　　　　　　　　　　　　　　　　　　　(　　)

2. 企业的财务活动是指资金的筹集、运用、耗资、收回及分配等一系列行为。

                                       (　　)

3. 企业与其内部各单位之间在生产经营各环节中相互提供产品或劳务,由于未实现商品和劳务的价值,因此,所形成的这种经济关系不属于企业的财务关系。　(　　)

4. 企业在组织财务活动过程中与有关各方所发生的经济利益关系称为财务关系,而它不应当包括企业与职工之间的关系。 （　）

5. 企业与政府之间的财务关系一定是无偿参与企业利润分配的财务关系。 （　）

6. 财务管理是基于企业再生产过程中客观存在的财务活动和财务关系而产生的,是企业组织财务活动、处理与各方面财务关系的一项经济管理工作。 （　）

7. 在筹资过程中,企业一方面要确定筹资的总规模,以保证投资所需要的资金;另一方面要选择筹资方式,避免承担筹资成本和筹资风险。 （　）

8. 企业的资金来源按产权关系可以分为权益资金和负债资金,使用这两类资金都要参与企业税后利润的分配。 （　）

9. 广义的资金分配是指对投资收入和利润进行分割和分派的过程,而狭义的分配仅指对利润的分配。 （　）

10. 一般而言,收益越高,风险越大。追求最大利润,有时会增加企业风险,所以利润最大化的财务管理目标考虑了企业风险的大小。 （　）

11. 企业价值的大小取决于企业全部财产的账面价值和企业实现的利润大小。 （　）

12. 强调在企业价值增长中满足与企业相关各利益主体的利益,才能更好地实现企业价值最大化这一财务管理目标。 （　）

13. 企业采用监督和激励相结合的办法使经理的目标与企业目标协调起来,力求使监督成本、激励成本和经理背离股东目标的损失之和最小。 （　）

14. 所有者可能未经债权人同意,要求经营者投资于比债权人预计风险要高的项目,会增加负债的风险。但额外利润会彼此独享,投资失败,债权人也要与所有者共同负担由此而造成的损失。 （　）

15. 影响企业外部财务环境有各种因素,其中法律环境是最主要的外部环境因素。 （　）

16. 风险附加率是由于存在违约风险、流动性风险和期限风险而要求在纯利率和通货膨胀之外附加的利率。 （　）

17. 对于上市的股份公司,企业价值最大化可用股票市价最大化来代替,因为股票价格的变动只受企业经营因素影响。 （　）

18. 企业财务管理是指组织财务活动和控制财务活动的一项经济管理工作。 （　）

19. 所有者通过经营者损害债权人利益是指经营者使用债权人的资金,却不尽力增加企业价值的行为。 （　）

20. 所有者与经营者的矛盾是经常存在的,但两者的目标是一致的。 （　）

案 例 分 析

一、案例资料

1999年11月18日下午,北京天桥商场里面闹哄哄的,商场大门也挂上了"停止营业"的牌子。11月19日,很多顾客惊讶地发现,天桥商场在大周末居然没开门。据一位售货员模样的人说:"商场管理层年底要和我们终止合同,我们就不给他们干活儿了。"

1999年11月18日至12月2日,对北京天桥北大青鸟科技股份有限公司管理层和广大员工来说,是黑色的15天。

在这15天里,天桥商场经历了46年来第一次大规模裁员。

在这15天里,283名天桥商场员工采取了静坐等非常手段。

在这15天里,天桥商场破天荒被迫停业8天之久。

在这15天里,公司管理层经受了职业道德与人道主义的考验,作出了在改革的道路上是前进还是后退的抉择······

这场风波引起了市场各方面的高度关注,折射出中国经济社会在20世纪末新旧体制交替过程中不可避免的大冲撞。

(一)起因

天桥商场是一家老字号商业企业,成立于1953年,占地7 000多平方米。1984年7月25日,北京天桥百货股份有限公司正式成立,1993年5月,天桥商场股票在上海证券交易所上市。

1998年12月25日,北京天桥百货股份有限公司董事会发布公告,宣布进入高科技领域,收购北大青鸟商用信息系统有限公司98%的股权,同时收购北大青鸟软件系统公司的两项知识产权。

1998年12月30日,北大青鸟有限责任公司(简称"北大青鸟")和北京天桥百货股份有限公司(简称"北京天桥")发布公告,宣布北大青鸟通过协议受让方式受让北京天桥部分法人股股权。北大青鸟出资6 000多万元,受让北京天桥法人股,拥有了北京天桥16.76%的股份,前者借壳上市,成为北京天桥第一大股东。此举表明北大青鸟正式入主北京天桥,后者也顺利进军IT产业。同时,北京天桥百货商场更名为"北京天桥北大青鸟科技股份有限公司(简称"青鸟天桥")。

北京天桥员工闻知,欢欣鼓舞,寄厚望于新入主的大股东,盼望高科技给他们带来新转机。然而,北京天桥商场的经营并不令人放心,几个月后,滑落到盈亏临界点,并从此疲态不改。面对严峻的经营形势,1999年11月2日,公司董事会下决心实行减员增效,谋求商场的长远发展。

青鸟天桥有员工1 122人,其中有664人就业合同于1999年12月26日到期。

考虑到减员行动的合法性和稳妥性,也考虑到员工的承受能力,董事会作出了从这664人入手,先部分减员的选择。具体划出四项原则:① 年老的和年轻的之间留用老的,女40岁、男45岁以上的员工可续签合同;② 夫妻俩都在商场工作的留一个;③ 军嫂留用;④ 专业技术和经营管理骨干留用。

根据上述原则,有226人可续签合同,438人则成为减员的对象。

为确保这一行动的顺利实施,公司采取了两项措施:一方面,舆论先行,在天桥商场通过板报、咨询等形式,加紧宣传《劳动法》等有关政策法规;另一方面,与有关部门和企业联系,把需要招工的企业直接引进商场,方便员工再就业。

经过两周的紧张准备后,1999年11月18日,商场广播正式播送了董事会的决定:1999年12月26日,有664名员工合同到期,其中的283人商场决定不再续签合同,请全体员工到各部门经理处查阅自己的合同;到期的员工到会计室领取12月份工资、奖金;档案关系商场近期给予转出,目前8家企业正在楼上招工,有200个就业机会。

决定刚一播完,商场员工哗然,数百名合同到期的员工不约而同涌向商场领导办公室。商场工作顿时陷于瘫痪,挂出了停业招牌。备受关注的天桥商场裁员风波由此开始。

(二)交锋

当晚,未能续签合同的283名员工在1楼营业大厅静坐,要求与企业法人对话,其理由是:我们没有一点思想准备,不理解企业为什么要这样做。

11月20日,公司董事会秘书、来自北大青鸟的侯琦博士来到现场,和北大青鸟的另一位代表一起,阐明了裁员决定的合法性,他们以北大方正新近裁掉了500人等实例,强调在市场经济条件下,企业控制成本、减员增效、追求利润最大化,是十分正常的,是符合游戏规则的。

员工们针锋相对:"我们不懂什么游戏规则,我们只知道要生存,明天没有饭吃,我们怎么也想不通。商场经理常说:'谁砸天桥的饭碗,我就砸谁的饭碗。'可现在,没有人砸天桥的饭碗,我们的饭碗却被砸了。"他们有一种被出卖、被抛弃的感觉。

一边是焦头烂额的上市公司代表,一边是伤心、愤懑的静坐员工,缓和的谈话,激烈的辩论,最初的现场气氛让人深感不安。但好在双方都把对方的意图、处境弄清楚之后,思想开始拉近。前者更深刻地体会到了员工们生活的困难情况,后者对管理层的决策也多了些理解。

到11月25日,公司管理层答应考虑员工们提出的给予经济补偿的要求,但反复说明青鸟天桥是上市公司,公司每支付一笔钱都必须经董事会和股东大会投票通过,必须按照法律程序办事,对峙气氛明显有了缓和。

11月26日,静坐的员工们在管理层代表们的劝说下,从1楼商场营业大厅撤离到7楼会议室。当天,北京天桥北大青鸟科技股份有限公司在指定报刊上发表公告,宣布持续6天的被迫停业的僵局已有所缓解,商场已恢复部分营业,但劳资纠纷的解决还没有取得实质性进展。

当晚6时,北大青鸟代表和天桥商场领导来到充满焦躁气氛的7楼会议室,整整等了一天的员工们立即兴奋起来。北大青鸟代表通报了他们在这一天里的工作进程,同时正式报告大家,董事会将于11月29日讨论,29日晚给大家一个答复。

员工们的情绪再次激动了。这么多天为什么不开董事会?9天了,问题还是没有解决,到底要等到什么时候?

28日,员工们递交了一封给董事会的信,信中写道:在目前的改革形势下,国有企业面临新的体制改革,青鸟天桥董事会作出了减员增效的决策,对此我们表示理解和支持。但是我们这些人必然将面临一个更严峻的问题,就是重新被社会选择。而我们这些人基本不具备高学历、高技能,让我们走向市场,谁要我们?旧的体制不要我们,新的体制我们又进不去,因此,我们要求,作为工龄补助、养老保险、再就业劳动技能培训、精神伤害等项补助,公司补助每人总计47 500元。

29日上午,董事会如期召开。下午,北大青鸟代表、天桥商场领导与崇文区政府领导研究处理方案。晚8时,董事会在7楼会议室宣布,原则同意员工提出的关于工龄补助的要求,但关于养老保险补助的要求,董事会有不同意见,其他补助不予考虑。另外,劳动技能培训今后由北大青鸟免费负责,不再另给经济补助。并说,如不同意这个方案,可派两名职工代表参加12月12日的董事会,详细说明要求。

董事会的这一补助方案被认为与员工提出的要求相去甚远。再加上听说还要再等,紧张气氛立即升温。从11月30日上午到12月1日凌晨6时,静坐了14天的员工情绪急剧波动。有18人晕倒送往医院抢救,有12人一天一夜滴水未进,还有一名女工欲从会议室跳楼自杀,幸亏被及时制止。

面对这种状况,公司管理层代表团沉重地说,我们实在不愿意看到情况继续恶化下去。我们只有两个选择,要么退步,与这些员工续签合同或采取其他退让措施,这将意味着改革的失败;要么坚持往前走,实行减员增效的改革,但这可能会付出血的代价。

(三)结局

北京天桥裁员风波惊动了中央和北京市领导,市委、市政府高度重视,12月1日召开紧急会议进行研究,决定由市委常委、崇文区委书记、北京市劳动局局长组成领导小组,妥善做好部分终止劳动合同员工的思想工作和生活困难补助事宜。12月2日,公司董事会经过投票,通过了对终止劳动合同职工给予一次性生活困难补助的方案。与此同时,商场发挥各部门作用,由部门经理出面,对原部门职工进行思想说服教育工作,晓之以理,动之以情。劳动部门也亲临现场设立咨询台,讲解《劳动法》等相关政策法规。公安部门现场维持秩序。崇文区副区长、北大青鸟代表、北京天桥商场领导,还亲自登门拜访部分生活困难员工,说明政策,为他们指明出路。大量深入细致的工作,使得员工们的思想发生转变,他们开始面对现实,依法办理了终止合同手续,裁员风险得以平息。

对面临失业职工的安抚终于有了最为实际的举措。公司董事会开会决定,同意给予终止劳动合同职工适当的经济补助,并同意参照解除劳动合同的相关规定,对283名终止合同的职工给予人均1万元、共计300万元左右的一次性经济补助。这次董事会同时决定,在未经股东大会批准之前,鉴于实际情况,决定由公司先行预支,并责成天桥百货商场执行。据悉,这次经济补助方案将在下次召开的股东大会上再行表决。

这场劳资纠纷,看来总算找到了一个较为可行的解决方案。事发以后,青鸟天桥有关负责人就曾向媒体表示,公司将帮助面临失业的职工解决再就业问题,包括想方设法帮助寻找就业岗位、拨款资助职工参加再就业培训、对部分生活确实困难的职工给予资助等。此次通过的经济补助方案,从文字上看似乎已经跳出了原先"对部分职工给予资助"的框框。

在这次董事会上,公司决策层也再次对天桥百货商场领导班子在终止(续签)劳动合同工作中制定的减员增效实施方案作了肯定,并称此举符合《劳动法》及相关法律法规的规定。公司董事会同时责成商场领导班子,要求做好职工的思想工作及劝导工作。

原先占据天桥百货商场的部分职工早已经全部撤离了现场,商场全面恢复营业,停业期间没有一件商品丢失,没有任何设施受到破坏。董事会当时即表示,这场争执不会对青鸟天桥业绩造成大的影响。

15个不同寻常的日夜,带给我们的反思是深刻的。人们透过这场风险看到新旧体制、新老观念的较量;现代企业运行与传统企业桎梏的交锋;改革、发展、稳定三者关系的内在联系。

15个不同寻常的日夜,传递给我们的信息是多方面的。改革之路并非坦途;企业改革需要政策依法支持;改革过程中涉及人们的利益调整,领导要高度重视,方案要周全,工作要细致;员工的政策法规教育应加强,专业技能培训应强化,思想观念应转变;社会保障体系应尽快建立和健全……

二、思考分析

(1)通过分析该案例,你能否推断该公司的财务管理目标?

(2)青鸟天桥案例给你什么启示?如果你是青鸟天桥的决策者,你会采取何种措施?

四、复习题参考答案

(一) 单项选择题

1. B 2. A 3. A 4. C 5. A 6. C 7. D 8. D 9. C 10. C 11. A
12. D 13. B 14. B 15. A 16. D 17. C 18. C 19. C 20. C

(二) 多项选择题

1. ABD 2. ABCD 3. ACD 4. ABC 5. BCD 6. ABC 7. CD 8. ABC
9. ABCD 10. ABCD 11. AC 12. ABC 13. BD 14. ABC 15. ABCD
16. ABC 17. BCD 18. ABC 19. ACB 20. ABCD

(三) 判断题

1. × 2. × 3. × 4. × 5. × 6. √ 7. × 8. × 9. √ 10. ×
11. × 12. √ 13. √ 14. × 15. × 16. √ 17. × 18. × 19. ×
20. ×

案例分析参考答案(略)

第二章　财务管理基础知识

一、内容概要解析

（一）资金时间价值概述

1. 资金时间价值的概念

资金时间价值是指一定量的资金在不同时点上价值量的差额。

2. 资金时间价值的来源和产生条件

资金时间价值的来源是劳动者在生产过程中创造的剩余价值。资金时间价值产生的前提条件,是商品经济的高度发展和借贷关系的普遍存在。

3. 资金时间价值的作用

可提高财务管理水平,是筹资、投资、分配等决策的有效保证。

4. 资金时间价值的表现形式

资金的时间价值有两种表现形式——绝对数和相对数。通常用相对数表示。

绝对数是资金在周转使用过程中产生的增值额;相对数是在没有风险和没有通货膨胀条件下的社会平均资金利润率或通货膨胀率很低时的政府债券利率。

（二）资金时间价值计算

1. 一次性收付款项的终值和现值

（1）复利终值。复利终值是指一定量的本金按复利计算若干年后的本利和。计算公式为:

$$F = P \cdot (F/P, i, n)$$

（2）复利现值。复利现值是指在将来某一特定时间取得或支出一定数额的资金,按复利折算到现在的价值。计算公式为:

$$P = F \cdot (P/F, i, n)$$

2. 年金终值和年金现值

年金是指在一定时期内,每隔相同的时间,收入或支出相同金额的系列款项。在年金问题中,系列等额收付款项的间隔期只要满足相等的条件即可,间隔期可以不是1年。

年金具有连续性和等额性的特点。

年金根据每次收付发生的时点不同,可分为普通年金、预付年金、递延年金和永续年金四种。

(1) 普通年金。普通年金是在每期期末收到或支出相等的年金。

普通年金的终值是指每期期末收入或支出的相等款项,在最后一期期末的本利和,它是每次收到或支出的复利终值之和。计算公式为:

$$F_A = A \cdot (F/A, i, n)$$

普通年金的现值是指为了在每期期末取得相等金额的款项,现在需要投入的金额。计算公式为:

$$P_A = A \cdot (P/A, i, n)$$

(2) 预付年金。预付年金是每期的期初收到或支出相等的年金。

预付年金的终值比普通年金的终值多计算一期的利息,因此,在普通年金终值的基础上,乘上$(1+i)$便可计算出预付年金的终值。或者在普通年金终值系数的基础上,期数加1,系数减1,也可得到预付年金的终值。即:

$$F_A = A \cdot (F/A, i, n) \cdot (1+i)$$

或 $$F_A = A \cdot [(F/A, i, n+1) - 1]$$

预付年金的现值比普通年金的现值少折现一期,因此,在普通年金现值的基础上,乘上$(1+i)$便可计算出预付年金的现值。或者在普通年金现值系数的基础上,期数减1,系数加1,也可得到预付年金的现值。即:

$$P_A = A \cdot (P/A, i, n) \cdot (1+i)$$

或 $$P_A = A \cdot [(P/A, i, n-1) + 1]$$

(3) 递延年金。首次收付不是发生在第一期,而是隔了几期后才在以后的每期期末发生系列等额收支款项。凡不是从第一期开始的年金都是递延年金。

递延年金的终值与递延期无关,只与年金共支付了多少期有关,它的计算方法与普通年金相同,计算公式为:

$$F_A = A \cdot (F/A, i, n)$$

递延年金的现值,有三种计算方法,即:

$$P_A = A \cdot (P/A, i, n) \cdot (P/F, i, m)$$

或 $$P_A = A \cdot [(P/A, i, m+n) - (P/A, i, m)]$$

或 $$P_A = A \cdot (F/A, i, n) \cdot (P/F, i, m+n)$$

(4) 永续年金。永续年金是指无限期地收入或支出相等金额的年金。永续年金

没有终值,只有现值。永续年金的现值计算公式为:

$$P_A = A/i$$

3. 资金时间价值计算中的几个特殊问题

(1) 不等额现金流量终值的计算。

$$F = \sum_{t=0}^{n} A_t \cdot (1+i)^t$$

(2) 不等额现金流量现值的计算。

$$P = \sum_{t=0}^{n} A_t \Big/ (1+i)^t$$

(3) 年金和不等额现金流量混合情况下的终值和现值计算。除了可用上述不等额现金流量终值和现值的计算方法外,还可先对一部分连续等额付款的现金流量,用年金公式分段计算终值和现值,然后对不等额的现金流量,用复利公式计算,最后把它们加总,便得出年金和不等额现金流量混合情况下的终值和现值。

(4) 名义利率和实际利率。如果计息期短于1年,利息在1年内要复利几次,这时给出的年利率称为名义利率,根据名义利率计算出的每年复利一次的年利率称为实际利率。

在计息期短于1年的情况下,名义利率小于实际利率,并且计息期越短,实际利率就越高。实际利率和名义利率之间的关系如下:

$$实际利率 = (1 + 名义利率/每年复利的次数)^{每年复利的次数} - 1$$

(5) 贴现率(利率)的计算。计算贴现率一般先计算终值、现值系数,然后根据计算出来的系数及相关系数表求贴现率。其具体计算方法如下:

首先根据复利终值、现值的计算公式,可知:

$$复利终值系数(F/P, i, n) = 终值/现值$$
$$复利现值系数(P/F, i, n) = 现值/终值$$
$$年金终值系数(F/A, i, n) = 年金终值/年金$$
$$年金现值系数(P/A, i, n) = 年金现值/年金$$

其次查相应的系数表,如果在表中找到正好等于上述终值(或现值)系数的数值,只要读出该系数所在列的 i 值,即为所求的 i。如果无法找到正好等于上述系数的数值,则查找最接近上述系数的两个上下临界系数值 β_1、β_2 以及与 β_1、β_2 对应的临界利率 i_1、i_2,然后用插入法计算 i,即:

$$i = i_1 + [(终值或现值系数 - \beta_1)/(\beta_2 - \beta_1)] \cdot (i_2 - i_1)$$

（6）期间的计算。期间计算的原理和步骤与贴现率（利率）的计算是一样的。

（三）风险与报酬

1. 风险概述

（1）风险的含义。风险是指在一定条件下、一定时期内，某一项行动有多种可能但结果不确定。

从财务管理角度来讲，风险就是企业在财务活动中由于各种难以预料和无法控制的因素，使企业的实际收益与预期收益发生背离，从而蒙受经济损失的可能性。

（2）风险的特点。风险具有客观性；风险的大小会随着时间延续而变化，风险是"一定时期内"的风险。

（3）财务决策。按照风险的程度大小，企业的财务决策可分为确定性决策、风险性决策和不确定性决策三种。

确定性决策是指决策者对未来的情况是完全已知并且可以确定的，这种一般决策比较少见。

风险性决策是指决策者对未来的情况不能完全确定，但知道采取某种行动后可能出现的各种结果及每种结果出现的概率。

不确定性决策是指决策者对未来的情况不但不能完全确定，而且对其出现的概率也不清楚。

在财务管理中，对风险性和不确定性不作严格区分。讲到风险，可能是指一般意义上的风险，也可能是指不确定性问题。

2. 风险的类型

企业面临的风险主要有市场风险和企业特有风险两种。

（1）市场风险。市场风险是指影响所有企业的风险。它由企业外部因素引起，企业无法控制、无法分散，涉及所有的投资对象，且不能通过多元化投资来分散，又称系统风险或不可分散风险。

（2）企业特有风险。企业特有风险是指由于个别企业的特有事件造成的风险。它是随机发生的，只与个别企业和个别投资项目有关，不涉及所有企业和所有项目，且可以通过多元化投资来分散，又称非系统风险或可分散风险。非系统风险根据风险形成的原因，可进一步分为经营风险和财务风险。

经营风险是由于生产经营方面的原因对企业收益带来的不确定性，也称商业风险。这些生产经营方面的原因可能来自企业内部，也可能来自企业外部。

财务风险是由于企业举债而给财务成果带来的不确定性，又称筹资风险。这种风险程度的大小受借入资金对自有资金比例的影响，借入资金比例越大，风险程度越大；借入资金比例越小，风险程度越小。

如果一个企业没有负债，全部用自有资金经营，那么该企业只有经营风险，没有财务风险。

3. 风险衡量

风险是可能值对期望值的偏离,要计算一定条件下的风险大小,可利用概率论的方法,并结合期望值和标准差。

(1)概率。概率是用来反映随机事件是否发生和发生的可能性大小的。如果某一事件肯定发生,概率为1;反之,如果某一事件肯定不发生,概率为0。一般随机事件的概率在0与1之间。概率越大,表示该事件发生的可能性越大。随机事件所有可能出现的结果的概率之和一定为1。

(2)概率的分布。如果把某一事件所有可能出现的结果都列示出来,对每一结果都给予一定概率,就构成了概率的分布。概率的分布一般用坐标图来反映,主要有:离散型(非连续型)和连续型两种分布类型。

(3)期望值。期望值是可能发生的结果与各自概率之积的加权平均值,反映投资者的合理预期。期望值的计算公式为:

$$E = \sum_{i=1}^{n} X_i \cdot P_i$$

(4)标准差。标准差是用来衡量概率分布中各种可能值与期望值的偏离程度,反映风险的大小。标准差的计算公式为:

$$\sigma = \sqrt{\sum_{i=1}^{n} (X_i - E)^2 \cdot P_i}$$

标准差是一个绝对数,只能用来比较期望值相同情况下的投资项目的风险程度。在期望值相同时,标准差越大,风险越大;反之,标准差越小,风险越小。

(5)标准差系数。标准差系数是指标准差与期望值的比值,计算公式如下:

$$q = \frac{\sigma}{E} \times 100\%$$

标准差系数是一个相对数,用来衡量期望值不同时,投资项目的风险程度。在期望值不同时,标准差系数越大,风险越大;反之,标准差系数越小,风险越小。

4. 风险报酬的确定

风险报酬是指投资者冒着风险投资而获得的超过无风险报酬的额外报酬,也称为风险价值或风险价格。

由于标准差系数只能正确评价项目投资风险程度的大小,却无法将风险和收益结合起来进行分析。因此,要对某一投资项目进行决策,就需计算风险报酬,从而把投资项目的风险和收益结合起来。

风险报酬通常有绝对数(风险报酬额)和相对数(风险报酬率)两种表示方法,在财务管理中,通常用相对数——风险报酬率来计量。

(1)风险报酬率。

$$风险报酬率 = 风险报酬系数 \times 标准差系数(风险程度)$$

(2)投资报酬率。风险和报酬之间存在密切的关系,高风险的项目必然有高报酬,低风险的项目必然有低报酬。如果不考虑通货膨胀,那么,投资者冒着风险进行投资所希望得到的总的投资报酬率为无风险报酬率与风险报酬率之和。即:

$$投资报酬率 = 无风险报酬率 + 风险报酬率$$

无风险报酬率具有预期报酬的确定性,与投资时间的长短有关,在财务管理中,一般可用政府债券利率或存款利率表示。

风险报酬率是超过资金时间价值的额外报酬,具有预期报酬的不确定性,与风险程度和风险报酬系数有关,并成正比关系。

(3)风险报酬系数的确定。风险报酬系数的确定,主要有四种方法:根据以往的同类项目加以确定;根据标准差系数和投资报酬率之间的关系来确定;由企业领导会同有关专家确定;由国家有关部门组织专家,根据各行业的条件和有关因素,确定各行业的风险报酬系数,定期公布,供投资者参考使用。

5. 风险对策

风险对策包括规避风险、减少风险、转移风险和接受风险等对策。

二、背景资料

(一)通货膨胀

1. 通货膨胀的概念

通货膨胀是指一个时期的物价上涨导致货币购买力下降,相同数量的货币只能购买较少的商品。

2. 通货膨胀对企业财务活动的影响

(1)通货膨胀使财务信息资料不实。由于会计核算一般按历史成本计价,而通货膨胀导致物价变动,会使资产负债表上所反映的资产价值低估,不能正确反映企业的真实财务状况;资产低估,又会使产品成本中原材料、折旧费等低估,而收入却按现行价格计算,使企业收益情况不真实;收入高估,成本费用低估,使利润虚增,税负增加,资本流失;再加上资产不实,种种情况使得投资者无法正确地确认财务信息资料。

(2)通货膨胀使企业成本增加。通货膨胀导致利率上升,那么使用资金的成本就会增加;通货膨胀导致物价水平上升,购买同样的物资需要更多的资金;价格上涨,材料和工资的成本也随着增加,从而使产品的生产成本增加。

除此以外,通货膨胀会使预测、决策及预算不实,将使财务控制失去其应有的作用和意义。

3. 通货膨胀与资金时间价值

通货膨胀与资金时间价值都会随着时间的推移而显示出各自的影响。资金时间价值随着时间的推移使货币增值,一般用利率(贴现率)按复利形式进行计量;通货膨胀随着时间的推移使货币贬值,一般用物价指数的增长百分比来计量(物价指数是反映不同时期商品价格变动的动态相对数。按照计算时包括商品范围的不同,分为个别物价指数、类别物价指数和一般物价指数三种)。

假设用物价指数增长百分比来表示通货膨胀率,如果物价指数每年增长 8%,则 3 年内物价水平变动及其相对应的币值变动如表 2-1 所示。

表 2-1　通货膨胀率与资金时间价值　　　单位:元

年　序	0	1	2	3
物价水平	100	$100 \times (1+8\%)$	$100 \times (1+8\%)^2$	$100 \times (1+8\%)^3$
币　值	100	$100 \div (1+8\%)$	$100 \div (1+8\%)^2$	$100 \div (1+8\%)^3$

从表中可知,物价水平每年增长 8%,与其相对应的货币会不断贬值。由于物价指数增长 8%,第 1 年年末的 100 元相当于第 1 年年初的 92.59 元[$100 \div (1+8\%)$]的购买力或实际价值;同理,第 3 年年末的 100 元相当于第 1 年年初的 79.38 元[$1 \div (1+8\%)^3$]的购买力和实际价值。因此,可根据通货膨胀率,借用资金时间价值现值的计算方法,确定不同时期货币的实际价值,以剔除通货膨胀的影响。

(二)必要收益率、期望收益率和已实现收益率

必要收益率是真实反映未来现金流量风险的收益率。我们通常用必要收益率来反映投资者对某项投资所要求必须获得的最低收益率。估计该项收益率的一个重要方法是建立在机会成本的概念上。必要收益率可用具有相同风险程度可选投资的收益率来代替,一个可选择的例子是具有相同风险程度的金融证券。

期望收益率是指人们做一项投资,期望该投资能带来的收益率。通常认为期望收益率是使得净现值(NPV)等于零时的折现率。当净现值(NPV)等于零时,该投资的期望收益率与该项投资因风险存在所必要收益率是一致的。因此,当一项投资的净现值(NPV)等于零时,其期望收益率等于必要收益率。

已实现收益率是在给定时期内已赚取的实际收益。因为投资结果已经实现,你不可能再回过去对投资进行更改而改变企业已实现的收益率。

期望收益率和必要收益率之间混淆是由于完全资本市场环境引起的,因为在完

全资本市场环境下,所有投资的净现值(NPV)等于零,并且所有交易对象的价格均为公平价格。在这一环境下,任何投资者的期望收益率与他们投资所承受风险的必要收益率相等。

　　期望收益率和已实现收益率之间混淆是因风险引起的。由于风险的存在,投资最后的结果很少会与预期的结果一致。当这两者的差异越大时,投资的风险也就越高。

阅 读 文 献

　　1. 张昌生:"货币时间价值新探",《会计之友》2010 年第 9 期。

　　2. 韩晓明:"财务环境下价值管理与风险控制应有机结合",《财务与会计》2010年第 8 期。

　　3. 李占军:"从企业实务看货币时间价值——现值的具体运用",《当代经济》2010 年第 24 期。

　　4. 陈玉菁、宋良荣:《财务管理》,清华大学出版社 2008 年版。

　　5. 王化成:《财务管理案例点评》,浙江人民出版社 2003 年版。

三、复习题

(一) 单项选择题

1. 资金时间价值的实质是(　　)。

　　A. 利息率　　　　　　　　　　B. 资金周转使用后的价值增值额

　　C. 企业的成本利润率　　　　　D. 差额价值

2. 如果投资项目的预计收益概率分布相同,则(　　)。

　　A. 预计收益额越小,其标准离差越大

　　B. 预计收益额越小,其期望值越大

　　C. 预计收益额越小,其标准离差率越小

　　D. 预计收益额越大,其标准离差越大

3. 单利和复利是两种不同的计息方法,单利第 1 年的终值(　　)复利第 1 年的终值。

　　A. 大于　　　　　B. 小于　　　　　C. 等于　　　　　D. 大于等于

4. 某人借入年利率为 10% 的借款,借款期限为 2 年,借款利息每半年付一次,则借款的实际利率为(　　)。

　　A. 10.25%　　　B. 10%　　　C. 10.5%　　　D. 9.75%

5. 当市场利率上升时,长期固定利率债券价格的下降幅度(　　)短期债券的下降幅度。

A. 大于　　　　B. 小于　　　　C. 等于　　　　D. 小于等于

6. 某公司年初购买债券 12 万元,利率 6%,单利计息,则第 4 年年底债券到期时的本利和是(　　)万元。

A. 2.88　　　B. 15.12　　　C. 14.88　　　D. 3.12

7. 根据资金时间价值理论,在普通年金现值系数的基础上,期数减 1、系数加 1 的计算结果,应当等于(　　)。

A. 即付年金现值系数　　　　　B. 后付年金现值系数

C. 递延年金现值系数　　　　　D. 永续年金现值系数

8. 某学校为设立一项科研基金,拟在银行存入一笔款项,以后可以无限期地在每年年末支取利息 3 万元,利率为 6%,该学校应存入(　　)万元。

A. 75　　　B. 50　　　C. 18　　　D. 12

9. 在下列各项资金时间价值系数中,与资本回收系数互为倒数关系的是(　　)。

A. $(P/F, i, n)$　　　　　　B. $(P/A, i, n)$

C. $(F/P, i, n)$　　　　　　D. $(F/A, i, n)$

10. 已知 $(F/A, 10\%, 9) = 13.579$,$(F/A, 10\%, 11) = 18.531$。则 10 年、10% 的预付年金终值系数为(　　)。

A. 17.531　　　B. 15.937　　　C. 14.597　　　D. 12.597

11. A 方案在 3 年中每年年初付款 1 000 元,B 方案在 3 年中每年年末付款 1 000 元,若利率为 10%,则两个方案第 3 年年末时的终值相差(　　)元。

A. 321　　　B. 165.5　　　C. 156.5　　　D. 331

12. 有一项年金,前 3 年年初无流入,后 5 年每年年初流入 500 万元,假设年利率为 10%,其现值为(　　)万元。

A. 1 995　　　B. 1 566　　　C. 1 813　　　D. 1 423

13. 假设以 10% 的年利率借得 30 000 元,投资于某个寿命为 10 年的项目,为使该投资项目成为可行的项目,每年至少应回收的现金数额为(　　)元。

A. 6 000　　　B. 3 000　　　C. 5 374　　　D. 4 882

14. 企业发行债券,在名义利率相同的情况下,对其最不利的复利计息期是(　　)。

A. 1 年　　　B. 半年　　　C. 1 个季度　　　D. 1 个月

15. 下列各项中,不属于经营性风险的是(　　)。

A. 新产品开发不成功　　　　B. 利率变化

C. 消费爱好变化　　　　　　D. 某种原材料价格变化

16. 财务风险是(　　)带来的风险。

A. 通货膨胀　　　　　　　　B. 利率

C. 筹资决策　　　　　　　　D. 生产决策

17. 投资者冒着风险投资所获得的超过货币时间价值的那部分额外收益,就是(　　)。

    A. 投资报酬　　B. 期望报酬　　C. 必要报酬　　D. 风险报酬

18. 风险投资组合中,有60%的概率获得15%的收益,有40%的概率获得5%的收益,国库券的年收益率为6%,风险资产组合的风险报酬率为(　　)。

    A. 11%　　　　B. 1%　　　　C. 9%　　　　D. 5%

19. 如果投资50 000元到上述风险资产组合中,将会获得(　　)元的预期收益。

    A. 5 500　　　　B. 7 500　　　　C. 25 000　　　　D. 3 000

20. 标准差是用来衡量概率分布中各种可能的报酬率偏离(　　)的程度的。

    A. 期望报酬率　　B. 概率　　　　C. 风险报酬率　　D. 实际报酬率

(二)多项选择题

1. 在下列各项中,可以直接或间接利用普通年金终值系数计算出确切结果的项目有(　　)。

    A. 偿债基金　　　　　　　　　　B. 先付年金终值

    C. 永续年金现值　　　　　　　　D. 永续年金终值

2. 下列收支中,通常表现为年金形式的有(　　)。

    A. 保险费　　　B. 工资　　　　C. 利息　　　　D. 养老金

3. 递延年金的特点有(　　)。

    A. 第一期没有支付额　　　　　　B. 终值大小与递延期长短有关

    C. 终值计算与普通年金相同　　　D. 现值计算与普通年金相同

4. 属于在期末发生的年金形式有(　　)。

    A. 即付年金　　B. 永续年金　　C. 普通年金　　D. 递延年金

5. 下列属于导致企业经营风险的因素包括(　　)。

    A. 市场销售带来的风险　　　　　B. 生产因素产生的风险

    C. 原材料价格变动带来的风险　　D. 生产组织不合理带来的风险

6. 在财务管理中,经常用来衡量风险大小的指标有(　　)。

    A. 标准差　　　　　　　　　　　B. 边际成本

    C. 风险报酬率　　　　　　　　　D. 标准差系数

7. 实际工作中以年金形式出现的有(　　)。

    A. 采用加速折旧法计提的每年的折旧费

    B. 租金

    C. 奖金

    D. 特定资产的年保险费

8. 市场风险产生的原因有(　　)。

A. 高利率　　　B. 战争　　　　C. 经济衰退　　D. 通货膨胀

　　9. 投资报酬率的构成要素包括(　　)。

　　　　A. 无风险报酬率　　　　　　　　B. 风险报酬系数

　　　　C. 风险附加率　　　　　　　　　D. 风险程度

　　10. 已知 $(P/F,8\%,5) = 0.6806$,$(F/P,8\%,5) = 1.4693$,$(P/A,8\%,5) = 3.9927$,$(F/A,8\%,5) = 2.8666$,则 $i = 8\%$,$n = 5$ 时的资本回收系数不是(　　)。

　　　　A. 1.4693　　　B. 0.6803　　　C. 0.2505　　　D. 0.1705

　　11. 在进行两个投资方案比较时,投资者完全可以接受的方案有(　　)。

　　　　A. 期望收益相同,标准差较小的方案

　　　　B. 期望收益相同,标准差系数较小的方案

　　　　C. 期望收益较小,标准差系数较大的方案

　　　　D. 期望收益较大,标准差系数较小的方案

　　12. 关于财务风险,下列表达中,正确的有(　　)。

　　　　A. 风险程度大小受借入资金对自有资金比例的影响

　　　　B. 借入资金越大,风险程度越大

　　　　C. 自有资金比例越大,风险程度越大

　　　　D. 加强财务风险管理,关键在于要维持适当的负债水平

　　13. 关于投资者要求的投资报酬率,下列说法中正确的有(　　)。

　　　　A. 风险程度越高,要求的投资报酬率越低

　　　　B. 无风险报酬率越高,要求的投资报酬率越高

　　　　C. 无风险报酬率越低,要求的投资报酬率越高

　　　　D. 风险程度、无风险报酬率越高,要求的投资报酬率越高

　　14. 下列项目中,表述正确的有(　　)。

　　　　A. 资金时间价值不是时间的产物,而是劳动的产物

　　　　B. 资金时间价值与利率是一回事

　　　　C. 资金时间价值通常是按复利计算的

　　　　D. 如果通货膨胀极低,政府债券收益率可以视同货币时间价值

　　15. 有影响所有企业的外部因素引起的风险,可以称为(　　)。

　　　　A. 可分散风险　　　　　　　　　B. 不可分散风险

　　　　C. 系统风险　　　　　　　　　　D. 市场风险

　　16. 下列项目中,属于转移风险对策的有(　　)。

　　　　A. 进行准确的预测　　　　　　　B. 向保险公司投保

　　　　C. 租赁经营　　　　　　　　　　D. 业务外包

　　17. 下列等式中,正确的有(　　)。

A. $(F/P, i, n) = 1/(P/F, i, n)$ B. $(P/A, i, n) = 1/(A/P, i, n)$

C. $(A/F, i, n)(F/A, i, n) = 1$ D. $(A/P, i, n) = 1/(A/F, i, n)$

18. 收益率可以包括的类型有( )。

A. 预期收益率 　　　　　　　　B. 必要收益率

C. 实际收益率和名义收益率　　　D. 风险收益率和无风险收益率

19. 下列各项中,其数值等于即付年金终值系数的有( )。

A. $(P/A, i, n) \cdot (1+i)$ 　　　B. $[(P/A, i, n-1)+1]$

C. $(F/A, i, n) \cdot (1+i)$ 　　　D. $[(F/A, i, n+1)-1]$

20. 某公司准备发行5年期企业债券,每半年付息一次,票面年利率为6%,面值1 000元,平价发行,以下表述中,正确的有( )。

A. 该债券的实际周期利率为3%

B. 该债券的年实际必要报酬率为6.09%

C. 该债券的名义利率是6%

D. 由于平价发行,该债券的名义利率与名义必要报酬率相等

(三) 判断题

1. 购买国债虽然违约风险小,也几乎没有破产风险,但仍会面临利息率风险和购买力风险。 ( )

2. 永续年金可视作期限无限的普通年金,终值与现值的计算可在普通年金的基础上求得。 ( )

3. 预付年金的终值与现值,可在普通年金终值与现值的基础上乘$(1+i)$得到。

( )

4. 风险本身可能带来超出预期的损失,也可能带来超出预期的收益。 ( )

5. 对于不同的投资方案,其标准差越大,风险越大;反之,标准差越小,风险越小。 ( )

6. 无风险收益率的大小由纯粹利率和通货膨胀补贴两部分组成。 ( )

7. 风险和收益是对等的,风险越大,要求的报酬率就越高。 ( )

8. 在利率相同的情况下,第8年年末的复利现值系数大于第6年年末的复利现值系数。 ( )

9. 递延年金现值的大小与递延期无关,因此计算方法与普通年金现值是一样的。 ( )

10. 在利息不断资本化的条件下,资金时间价值的计算基础应采用单利。 ( )

11. 年度内的复利次数越多,实际利率高于名义利率的差额就越大。 ( )

12. 在通货膨胀率很低的情况下,公司债券的利率可视同为资金的时间价值。

( )

13. 对于多个投资方案而言,无论各方案的期望值是否相同,标准差系数最大的方案一定是风险最大的方案。　　　　　　　　　　　　　　　　　(　　)

14. 人们在进行财务决策时,之所以选择低风险的方案,是因为低风险会带来高收益,而高风险的方案则往往收益偏低。　　　　　　　　　　　　　　(　　)

15. 在现值和利率一定的情况下,计息期数越少,则复利终值越大。　　(　　)

16. 在终值和计息期一定的情况下,折现率越低,复利现值越高。　　(　　)

17. 概率分布越集中,投资的风险程度越小。　　　　　　　　　　　　(　　)

18. 当利率大于零、计息期一定的情况下,年金终值系数大于1。　　　(　　)

19. 递延年金的终值受递延期的影响,递延期越长,递延年金的终值越大;递延期越短,递延年金的终值越小。　　　　　　　　　　　　　　　　　(　　)

20. 企业采取定期等额归还借款的方式,既可减轻借款本金到期一次偿还所造成的现金短缺的压力,又可降低借款的实际利率。　　　　　　　　　　　(　　)

(四) 计算与分析题

1. 某企业年初投资 500 万元生产一种新产品,预计每年年末可得净收益 20 万元,投资年限为 10 年,年利率为 5%。

要求:(1)计算该投资项目年收益的现值和终值。

(2)计算年初投资额的终值。

2. 某人准备购买一处房产,若现在一次性付款须支付 200 万元;若分 10 年付款,则须每年年初支付 30 万元,年利率为 5%。

要求:计算分析应选择哪一种支付方式。

3. 某企业有两个投资额相等的项目可供选择,投资获利期均是 8 年。第一个项目投产后前 5 年每年年末获利 10 万元,后 3 年每年年末获利 8 万元;第二个项目投产后 8 年内每年年末获利 9 万元。若银行年利率为 5%。

要求:计算分析应选择哪一个投资项目。

4. 某企业有 A、B、C 三个投资项目可供选择,预计三个项目年收益及概率如表 2-2 所示。

表 2-2　投资项目资料表

市　场　状　况	预计年收益(万元)			概　率
	A 项目	B 项目	C 项目	
繁荣	200	250	200	0.2
正常	80	100	100	0.5
较差	50	10	30	0.3

要求：计算三个投资项目的风险。

5. 某企业存入银行100万元，存款年利率为8％，时间为5年，每季计算一次利息。

要求：计算该项存款的实际年利率以及该项存款5年后的本利和。

6. 企业借入一笔款项，年利率为8％，前10年不用还本付息，从第11～20年每年年末还本息4 000元。

要求：计算这笔款项的现值为多少。

7. 有两个投资额相等的项目可供选择，投资获利的有效期均为10年。第一个项目10年内每年年末可回收投资20 000元；第二个项目前5年每年年末回收25 000元，后5年每年年末回收15 000元。若银行利率为10％。

要求：计算比较哪一个项目获利大。

8. 某企业有一个投资项目，预计在2010～2012年每年年初投入资金300万元，从2013～2022年的10年中，每年年末流入资金100万元。如果企业的贴现率为8％。

要求：(1) 计算在2012年年末各年流出资金的终值之和。

(2) 计算在2013年年初各年流入资金的现值之和。

(3) 判断该投资项目方案是否可行。

9. 某公司拟购置一处房产，房主提出两种付款方案：第一种方案是从现在起每年年初支付20万元，连续支付10次，共200万元。第二种方案是从第5年开始，每年年初支付25万元，连续支付10次，共250万元。假设该公司的资金成本率为10％。

要求回答：你认为该公司应选择哪一个方案？

10. 某人在2009年1月1日存入银行10万元，年利率为10％。

要求计算：

(1) 每年复利一次，2012年1月1日存款账户余额是多少？

(2) 每季度复利一次，2012年1月1日存款账户余额是多少？

(3) 若10万元，分别在2009年、2010年、2011年和2012年1月1日存入2.5万元，仍按10％利率，每年复利一次，2012年1月1日余额为多少？

(4) 假定分4年存入相等金额，为了达到(1)所得到的账户余额，每期应存入多少金额？

案 例 分 析

一、案例资料

丁先生打算开一家小店，需租一店面，准备先租3年。需要先一次性支付3年的租金15万元。但丁先生的资金比较紧张，现在一次拿15万元比较困难，希望能缓期支付。经协商同意其 3 年后支付,但金额为 25 万元。

二、思考分析

(1) 若银行的贷款利率为 5%,问丁先生 3 年后付款是否合算?

(2) 假定丁先生不是 3 年后一次支付,而是 3 年中每年年末支付 6 万元,那么丁先生是现在一次付清合算还是分三次付清更为合算?

四、复习题参考答案

(一) 单项选择题

1. B 2. D 3. C 4. A 5. A 6. C 7. A 8. B 9. B 10. A 11. D 12. B 13. D 14. D 15. B 16. C 17. D 18. D 19. A 20. A

(二) 多项选择题

1. AB 2. ABCD 3. AC 4. BCD 5. ABCD 6. AD 7. BD 8. ABCD 9. ABD 10. ABD 11. ABD 12. ABD 13. BD 14. ACD 15. BCD 16. BCD 17. ABC 18. ABCD 19. CD 20. ABCD

(三) 判断题

1. √ 2. × 3. √ 4. √ 5. × 6. √ 7. √ 8. × 9. × 10. × 11. √ 12. × 13. √ 14. × 15. × 16. √ 17. √ 18. √ 19. × 20. ×

(四) 计算与分析题

1. $P_A = 20 \times (P/A, 5\%, 10) = 20 \times 7.7217 = 154.43(万元)$

$F_A = 20 \times (F/A, 5\%, 10) = 20 \times 12.578 = 251.56(万元)$

$F = 500 \times (F/P, 5\%, 10) = 500 \times 1.6289 = 814.45(万元)$

2. $P_A = 30 \times (P/A, 5\%, 10) \times (1 + 5\%) =$

$\quad\quad 30 \times 7.7217 \times 1.05\% = 243.23(万元) > 200(万元)$

应选择一次性付款方案。

3. $P_1 = A \cdot (P/A, i, n) + A \cdot (P/A, i, n) \cdot (P/F, i, n) =$

$\quad\quad 10 \times (P/A, 5\%, 5) + 8 \times (P/A, 5\%, 3) \times (P/F, 5\%, 5) =$

$\quad\quad 10 \times 4.3295 + 8 \times 2.7232 \times 0.7835 = 60.364(万元)$

$P_2 = A \cdot (P/A, i, n) = 9 \times (P/A, 5\%, 8) =$

$\quad\quad\quad 9 \times 6.4632 = 58.17(万元)$

应选择第一个项目投资。

4. $E_A = 200 \times 0.2 + 80 \times 0.5 + 50 \times 0.3 = 95(万元)$

$E_B = 250 \times 0.2 + 100 \times 0.5 + 10 \times 0.3 = 103(万元)$

$E_C = 200 \times 0.2 + 100 \times 0.5 + 30 \times 0.3 = 99(万元)$

$$\delta_A = \sqrt{(200-95)^2 \times 0.2 + (80-95)^2 \times 0.5 + (50-95)^2 \times 0.3} = 54.08$$

$$\delta_B = \sqrt{(250-103)^2 \times 0.2 + (100-103)^2 \times 0.5 + (10-103)^2 \times 0.3} = 83.19$$

$$\delta_C = \sqrt{(200-99)^2 \times 0.2 + (100-99)^2 \times 0.5 + (30-99)^2 \times 0.3} = 58.89$$

5. $i = (1+8\% \div 4)^4 - 1 = 8.24\%$

   $F = 100 \times (1+8.24\%)^5 = 100 \times 1.4857 = 148.57(万元)$

6. $P = 4\,000 \times (P/A,8\%,10) \times (P/F,8\%,10) =$

   $4\,000 \times 6.7101 \times 0.4632 = 12\,432.47(元)$

7. 第一个项目：$P = 20\,000 \times (P/A,10\%,10) =$

   $20\,000 \times 6.1446 = 122\,892(元)$

   第二个项目：$P = 25\,000 \times (P/A,10\%,5) +$

   $15\,000 \times (P/A,10\%,5) \times (P/F,10\%,5) =$

   $25\,000 \times 3.7908 + 15\,000 \times 3.7908 \times 0.6209 =$

   $94\,770 + 35\,306 = 130\,076(元) > 122\,892(元)$

所以第二个项目获利大。

8. (1) $F = 300 \times (F/A,8\%,3) \times (1+8\%) =$

   $300 \times 3.2464 \times 1.08 = 1\,051.83(万元)$

   (2) $P = 100 \times (P/A,8\%,10) = 100 \times 6.7101 = 671.01(万元)$

   (3) 因为 671.01 万元 $< 1\,051.03$ 万元，所以项目不可行。

9. (1) $P_1 = 20 \times [(P/A,10\%,9)+1] = 20 \times (5.759+1) =$

   $20 \times 6.759 = 135.18(万元)$

   (2) $P_2 = 25 \times (P/A,10\%,13) - 25 \times (P/A,10\%,3) =$

   $25 \times 7.1034 - 25 \times 2.4869 = 115.41(万元)$

该公司应选择第二方案。

10. (1) $F = P \cdot (F/P,10\%,3) = 10 \times 1.331 = 13.31(万元)$

   (2) $F = 10 \times (1+10\% \div 4)^{3 \times 4} = 10 \times 1.34489 = 13.4489(万元)$

   (3) $F = 2.5 \times [(F/A,10\%,3+1)-1] + 2.5 =$

   $2.5 \times (F/A,10\%,4) = 250 \times 4.641 = 11.6025(万元)$

   (4) 已知：$F = 13.31$，$i = 10\%$，$n = 4$

   则：$F = A \cdot (F/A,i,n)$

   $13.31 = A \cdot (F/A,10\%,4)$

   $A = 13.31 \div 4.641 = 2.8679(万元)$

案例分析参考答案(略)

第三章 财务报表分析

一、内容概要解析

（一）财务报表分析概述

（1）财务报表分析概念。财务报表分析是以企业财务报表及其他有关财务资料为基础，对企业财务活动的过程和结果进行的研究评价过程，以便判断企业的财务状况，总结企业经营活动的利弊得失，进一步分析企业未来的发展趋势，为财务决策、计划和控制提供依据。

（2）财务报表分析目的。了解企业的偿债能力，评价企业的经营业绩，预测企业未来的财务状况和盈利能力。

（3）财务报表分析标准。财务报表分析标准主要有预算标准、历史标准和社会标准。

（4）财务报表分析步骤。明确财务报表分析的目的和范围，收集、加工、整理信息资料，选择适当的财务报表分析方法，进行分析并写出分析报告。

（5）财务报表分析的局限性。财务报表资料所反映的信息可能与现实有差异；报表编制方法不同，会造成账面成本和费用的差异；以企业内外部条件不变为前提进行比率分析，结果与实际会不符；同行业不同企业的差异，影响报表对比分析；依据过去的财务报表决策会出现重大失误。

（二）财务报表分析基本方法

财务报表分析包括定性分析和定量分析两种。财务报表定量分析方法主要有比率分析法、因素分析法和趋势分析法。

（1）比率分析法。比率分析法是把两个相互联系的项目加以计算对比得出的比率。比率指标主要有效率比率、结构比率和相关比率。

（2）因素分析法。因素分析法是指根据分析指标与形成指标的各个影响因素之间的关系，运用一定的方法，从数量上分别确定各个因素变动对指标影响程度的一种方法。常用的因素分析法主要是差额计算法。

（3）趋势分析法。趋势分析法是通过连续数期的会计报表或财务比率，以揭示目前财务状况和未来变动趋势的一种分析方法。趋势分析方法主要有多期比较分析、结构百分比分析和定基百分比分析。

（三）财务比率分析

1. 企业偿债能力分析

1）短期偿债能力分析。企业短期偿债能力的衡量指标主要有流动比率、速动比率、现金流量比率和到期债务本息偿付比率。

（1）流动比率。流动比率是指企业流动资产与流动负债之比。其计算公式为：

$$流动比率 = \frac{流动资产}{流动负债}$$

（2）速动比率。速动比率是指速动资产与流动资产的比率。速动资产的计算方法有两种：一般速动比率和保守速动比率。其计算公式为：

$$一般速动比率 = \frac{流动资产 - 存货}{流动负债}$$

$$保守速动比率 = \frac{货币资金 + 交易性金融资产 + 应收账款 + 应收票据}{流动负债}$$

（3）现金流量比率。现金流量比率是指企业经营活动现金净流量与流动负债的比率。其计算公式为：

$$现金流量比率 = \frac{经营活动现金净流量}{年末流动负债}$$

（4）到期债务本息偿付比率是指企业经营活动现金净流量与本期到期债务本息的比率。其计算公式为：

$$到期债务本息偿付比率 = \frac{经营活动现金净流量}{本期到期债务本金 + 利息支出}$$

2）长期偿债能力分析。主要指标有资产负债率和股东权益比率、产权比率和权益乘数、利息保障倍数和现金债务总额比率等。

（1）资产负债率是指企业负债总额与资产总额的比率。其计算公式为：

$$资产负债率 = \frac{负债总额}{资产总额} \times 100\%$$

股东权益比率是指股东权益与资产总额的比率。其计算公式为：

$$股东权益比率 = \frac{股东权益总额}{资产总额} \times 100\% = 1 - 资产负债率$$

（2）产权比率是指负债总额与股东权益总额的比率。其计算公式为：

$$产权比率 = \frac{负债总额}{股东权益总额}$$

权益乘数是指资产总额相当于股东权益总额的倍数。其计算公式为：

$$权益乘数 = \frac{资产总额}{股东权益总额}$$

权益乘数与资产负债率的关系为：$权益乘数 = \dfrac{1}{1 - 资产负债率}$

权益乘数与产权比率的关系为：$权益乘数 = 1 + 产权比率$

（3）利息保障倍数是指息税前利润相当于利息支出的倍数。其计算公式为：

$$利息保障倍数 = \frac{息税前利润}{利息支出}$$

（4）现金债务总额比率。现金债务总额比率是指经营活动现金净流量同负债总额的比率。其计算公式为：

$$现金债务总额比率 = \frac{经营活动现金净流量}{负债总额}$$

2. 资产管理比率分析

资产管理比率一般计算资产的周转速度指标来表示。包括总资产周转率、流动资产周转率与周转期、固定资产周转率、存货周转率与周转期、应收账款周转率与周转期等。

（1）总资产周转率是指企业一定时期营业收入与资产平均余额的比率。其计算公式为：

$$总资产周转率 = \frac{营业收入}{资产平均余额}$$

（2）流动资产周转率是指企业一定时期营业收入与流动资产平均余额的比率。其计算公式为：

$$流动资产周转率 = \frac{营业收入}{流动资产平均余额}$$

$$流动资产周转天数 = \frac{计算期天数}{流动资产周转次数}$$

或
$$流动资产周转天数 = \frac{平均流动资产 \times 计算期天数}{营业收入}$$

（3）固定资产周转率是指企业一定时期营业收入与固定资产平均净值的比率。其计算公式为：

$$固定资产周转率 = \frac{营业收入}{固定资产平均净值}$$

(4) 存货周转率是指企业一定时期的营业成本与存货平均余额的比率。其计算公式为：

$$存货周转次数 = \frac{营业成本}{存货平均余额}$$

$$存货周转天数 = \frac{计算期天数}{存货周转次数}$$

或

$$存货周转天数 = \frac{存货平均余额 \times 计算期天数}{营业成本}$$

(5) 应收账款周转率是指企业一定时期营业收入与应收账款平均余额的比率。其计算公式为：

$$应收账款周转率 = \frac{营业收入}{应收账款平均余额}$$

$$应收账款平均收账期 = \frac{计算期天数}{应收账款周转次数}$$

或

$$应收账款平均收账期 = \frac{应收账款平均余额 \times 计算期天数}{营业收入}$$

3. 盈利能力分析

盈利能力是指企业在一定时期赚取利润,实现资金增值的能力。主要包括投资收益能力分析、经营获利能力分析、资本保值增值能力分析。

1) 投资收益能力分析。

(1) 净资产收益率是指企业一定时期净利润与净资产平均余额的比率。其计算公式为：

$$净资产收益率 = \frac{净利润}{净资产平均余额} \times 100\%$$

(2) 总资产报酬率是指企业一定时期内获得的息税前利润总额与资产平均余额的比率。其计算公式为：

$$总资产报酬率 = \frac{利润总额 + 利息费用}{资产平均余额} \times 100\%$$

(3) 总资产净利率是指企业一定时期净利润与资产平均余额的比率。其计算公式为：

$$总资产净利率 = \frac{净利润}{资产平均余额} \times 100\%$$

2) 经营获利能力分析。

(1) 营业毛利率是指企业一定时期营业毛利与营业收入的比率。其计算公式为：

$$营业毛利率 = \frac{营业毛利}{营业收入} \times 100\%$$

（2）营业利润率是指企业一定时期营业利润同营业收入的比率。其计算公式为：

$$营业利润率 = \frac{营业利润}{营业收入} \times 100\%$$

（3）营业净利率是指企业一定时期净利润与营业收入的比率。其计算公式为：

$$营业净利率 = \frac{净利润}{营业收入} \times 100\%$$

（4）成本费用利润率是指企业利润总额与成本费用总额的比率。其计算公式为：

$$成本费用利润率 = \frac{利润总额}{成本费用总额} \times 100\%$$

3）资本保值增值能力分析。资本保值增值率是指企业本年末所有者权益扣除客观增减因素后同年初所有者权益的比率。其计算公式为：

$$资本保值增值率 = \frac{扣除客观因素后的年末所有者权益}{年初所有者权益} \times 100\%$$

4. 上市公司财务比率分析

上市公司财务比率主要有每股收益、每股净资产以及市盈率、市净率、股票获利率、股利支付率、股利保障倍数、每股股利和每股经营活动现金流量等指标。

（1）每股收益是指每股普通股所获得的净利润。其计算公式为：

$$每股收益 = \frac{净利润}{期末流通在外普通股股份总数}$$

或

$$每股收益 = \frac{净利润}{该期流通在外普通股加权平均股份总数}$$

（2）市盈率是指上市公司普通股每股市价与每股收益的比率。其计算公式为：

$$市盈率 = \frac{每股市价}{每股收益}$$

（3）市净率是指上市公司普通股每股市价为每股净资产的比率。其计算公式为：

$$市净率 = \frac{每股市价}{每股净资产}$$

$$每股净资产 = \frac{年末股东权益总额}{年末发行在外普通股股份总额}$$

（4）股票获利率是指普通股每股股利与每股市价的比率。其计算公式为：

$$股票获利率 = \frac{普通股每股股利}{普通股每股市价} \times 100\%$$

（5）股利支付率是指普通股每股股利与每股收益的比率。其计算公式为：

$$股利支付率 = \frac{每股股利}{每股收益} \times 100\% = \frac{股利总额}{净利润总额} \times 100\%$$

（6）股利保障倍数是指股利支付率的倒数，是反映每股收益为每股股利的倍数。其计算公式为：

$$股利保障倍数 = \frac{每股收益}{每股股利}$$

（7）每股股利是指现金股利总额与年末普通股股份总数之比。其计算公式为：

$$每股股利 = \frac{普通股现金股利总额}{年末发行在外普通股股份总数}$$

（8）每股经营活动现金流量是指公司一定时期经营活动现金净流量与普通股股数之比。其计算公式为：

$$每股经营活动现金流量 = \frac{某时期经营活动现金净流量}{该期期末（或加权平均）普通股股数}$$

5. 企业发展能力分析

企业发展能力分析主要包括销售增长率、资本积累率、资本增长率等。

（1）销售增长率是指企业本年营业收入增长额与上年营业收入总额的比率。其计算公式为：

$$销售增长率 = \frac{本年营业收入增长额}{上年营业收入总额} \times 100\%$$

（2）资本积累率是指企业本年所有者权益增长额同年初所有者权益的比率。其计算公式为：

$$资本积累率 = \frac{本年所有者权益增长额}{年初所有者权益} \times 100\%$$

（3）3年销售平均增长率表明企业销售的连续 3 年增长情况，体现企业的发展潜力。其计算公式为：

$$3年销售平均增长率 = \left(\sqrt[3]{\frac{当年营业收入总额}{3年前营业收入总额}} - 1 \right) \times 100\%$$

（4）3 年资本平均增长率表示企业资本连续 3 年的积累情况，体现企业的发展水平和发展趋势。其计算公式为：

$$3\ 年资本平均增长率 = \left(\sqrt[3]{\frac{年末所有者权益总额}{3\ 年前年末所有者权益总额}} - 1\right) \times 100\%$$

（5）总资产增长率是指企业本年总资产增长额同年初资产总额的比率。其计算公式为：

$$总资产增长率 = \frac{本年总资产增长额}{年初资产总额} \times 100\%$$

（四）企业财务状况的综合评价

企业财务状况的综合评价主要有财务比率综合评分法和杜邦分析法。

1. 财务比率综合评分法

财务比率综合评分法是通过选择一系列能够反映企业各方面财务状况的财务比率，通过对这些财务比率打分得出综合得分，来评价企业综合财务状况的一种方法。沃尔选择了七项财务比率，并分别给定了各项指标在总分中的权重，确定各项指标得分，最后根据各项指标的得分和各该项指标的权重确定综合得分，用于对企业的信用水平进行评分。

2. 杜邦分析法

杜邦分析法是以净资产收益率为核心指标进行综合评价，利用各项主要财务比率与核心指标之间的内在联系，分析财务状况变化原因的一种分析评价方法。根据净资产收益率的计算公式，可将净资产收益率分解为：

$$净资产收益率 = 总资产净利率 \times 平均权益乘数 =$$
$$营业净利率 \times 总资产周转率 \times 平均权益乘数$$

杜邦财务分析指标体系综合反映了企业经营业务的获利能力、资产的营运能力和企业的偿债能力对核心指标净资产收益率共同作用的影响。杜邦分析法应用就在于通过分解净资产收益率指标，揭示企业各项指标间的结构关系，查明各主要指标的影响因素，为决策者优化经营管理，提高企业经营效率提供思路。

二、背景资料

（一）美国杜邦公司简介

杜邦公司是一家科学企业，提供以科学为基础的产品及服务。成立于 1802 年的杜邦公司，两百年前是一家生产黑火药的公司。一百年前，杜邦公司业务重心转向全球的化学制品、材料和能源。杜邦进入第三个百年时，致力于利用科学创造可持续的解决方案，让全球各地的人们生活得更美好、更安全和更健康。

杜邦公司与中国的生意往来可追溯到清朝(1863年)。伴随着中国的改革开放的步伐,杜邦公司于1984年在北京设立办事处,成为最早开展对华投资的跨国企业之一,并于1988年在深圳注册成立"杜邦中国集团有限公司",时为国内第一家外商全资拥有的投资性公司。20多年来,作为最早在国家开放政策感召下进入中国的世界500强企业之一,杜邦在中国的发展也创下了多个第一——中国政府批准成立的第一家外商独资投资性集团公司、中国第一家由500强企业投资的农化合资企业、第一家入驻上海浦东新区的500强企业等等。这些辉煌的纪录从一个微观的侧面体现了中国改革开放的魅力所在,也彰显出杜邦对中国的真诚承诺。

杜邦公司一直积极参与、促进中国的经济社会发展。杜邦在华投资活动经历了三个阶段,即:20世纪80年代初期的设立办事处从事贸易活动,到80年代中后期开始的投资建厂、建立本地客户服务支持网络,以及21世纪初期开始的在国内兴建研发设施。

目前杜邦在全球拥有60 000多名员工,业务遍及70多个国家和地区,以广泛的创新产品和服务涉及农业与食品、楼宇与建筑、通讯和交通等众多领域。杜邦在中国已经拥有39家独资及合资企业,完成投资逾8亿美元,约6 500名员工,产品和服务涉及化工、农业、食品与营养、电子、纺织、汽车等多个行业。

(二)关于财务分析体系的改进

1. 传统分析体系的局限性

一是计算总资产利润率的"总资产"与"净利润"不匹配。总资产是全部资金提供者享有的权利,而净利润是专门属于股东的,两者不匹配。二是没有区分经营活动损益和金融活动损益。三是没有区分有息负债与无息负债。

2. 改进的财务分析体系

1)改进后的资产负债表的基本公式为:

资产 = 经营资产 + 金融资产 =
　　　 (经营性流动资产 + 经营性长期资产) + (短期金融资产 + 长期金融资产)
负债 = 经营负债 + 金融负债 =
　　　 (经营性流动负债 + 经营性长期负债) + (短期金融负债 + 长期金融负债)

其中:　　净经营资产 = 经营资产 - 经营负债 =
　　　　　 (经营性流动资产 + 经营性长期资产) -
　　　　　 (经营性流动负债 + 经营性长期负债) =
　　　　　 (经营性流动资产 - 经营性流动负债) +
　　　　　 (经营性长期资产 - 经营性长期负债) =
　　　　　 净经营性营运资本 + 净经营性长期资产
　　　　 净金融负债 = 金融负债 - 金融资产 = 净负债
　　　　 净经营资产 = 净金融负债 + 股东权益 = 净投入资本

2）与传统分析体系的主要区别如下：

（1）区分经营性资产和金融资产。区分经营性资产和金融资产的主要标志是有无利息。如果能够取得利息,则列为金融资产。

（2）区分经营负债和金融负债。划分经营负债和金融负债的一般标志是有无利息要求。应付项目的大部分是无息的,将其列为经营负债,如果是有利息的,则属于金融活动,应列为金融负债。

3）改进后的利润表的基本公式为：

$$净利润 = 税后经营利润 - 税后利息费用$$

其中：
$$税后经营利润 = 息税前经营利润(1 - 所得税税率)$$
$$税后利息费用 = 利息费用(1 - 所得税税率)$$

4）与传统分析体系的主要区别如下：

（1）区分经营活动损益和金融活动损益。金融活动的损益是税后利息费用,即利息收支的净额。除金融活动损益以外的损益,全部视为经营活动损益。

（2）经营活动损益内部,可以进一步区分主要税后经营利润、其他营业利润和营业外收支。主要经营利润等于销售收入减去销售成本及有关的期间费用,是最具持续性和预测性的收益;其他营业利润包括资产减值、公允价值变动和投资收益,它们的持续性不宜判定;营业外收支不具持续性,没有预测价值。

（3）法定利润表所得税是统一扣除的。为便于分析,需要将其分摊给税后经营利润和税后利息费用。

3. 改进后财务分析体系的核心公式

$$
\begin{aligned}
权益净利率 &= \frac{净利润}{股东权益} = \frac{税后经营净利润}{股东权益} - \frac{税后利息费用}{股东权益} = \\
&= \frac{税后经营利润}{净经营资产} \times \frac{净经营资产}{股东权益} - \frac{税后利息费用}{净负债} \times \frac{净负债}{股东权益} = \\
&= \frac{税后经营净利润}{净经营资产} \times \left(1 + \frac{净负债}{股东权益}\right) - \frac{税后利息费用}{净负债} \times \frac{净负债}{股东权益} = \\
&= 净经营资产净利率 + (净经营资产净利率 - 税后利息率) \times 净财务杠杆
\end{aligned}
$$

改进后的财务分析体系的基本框架如图3-1所示。

$$
\begin{aligned}
权益净利率 &= 净经营资产净利率 + 杠杆贡献率 = \\
&= 税后经营净利率 \times 净经营资产周转率 + 经营差异率 \times 净财务杠杆
\end{aligned}
$$

其中：
$$杠杆贡献率 = (净经营资产净利率 - 税后利息率) \times 净财务杠杆$$
$$经营差异率 = 净经营资产净利率 - 税后利息率$$
$$净财务杠杆 = 净负债 / 股东权益$$

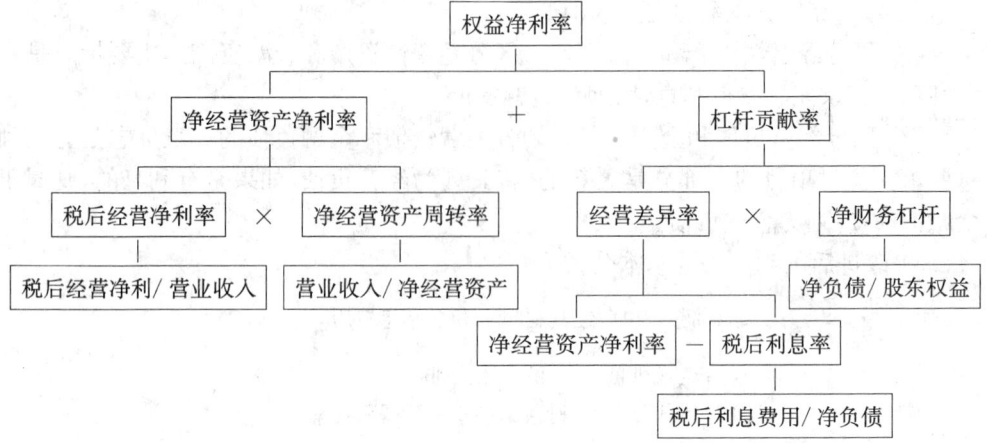

图 3-1　改进后的财务分析体系的基本框架

影响杠杆贡献率的因素是净经营资产净利率、税后利息率和净财务杠杆。

经营差异率表示每借入 1 元债务资本投资于经营资产所产生的收益偿还利息后的剩余部分。该剩余归股东享有。经营差异率是衡量借款是否合理的重要依据之一。经营差异率为正,借款可以增加股东报酬;如果为负,借款会减少股东报酬。由于税后利息率高低主要由资本市场决定,因此,提高经营差异率的根本途径是提高净经营资产净利率。从增加股东报酬来看,净经营资产净利率是企业可以承担的借款税后利息率的上限,从而说明企业通过增加借款,提高财务杠杆来增加杠杆贡献率是有限度的。

阅 读 文 献

1. 葛家澍、占美松:"企业财务报告分析必须着重关注的几个财务信息——流动性、财务适应性、预期现金净流入、盈利能力和市场风险",《会计研究》2008 年第 5 期。

2. 王烨、陈志斌:"利用实证会计研究成果重构财务分析框架",《现代管理科学》2009 年第 9 期。

3. 李建平:"基于上市公司杜邦财务分析体系的研究",《会计之友》2008 年第 20 期。

4. 胡玉明:《财务报表分析》,东北财经大学出版社 2008 年版。

5. 中国注册会计师协会:《财务成本管理》,经济科学出版社 2010 年版。

三、复习题

(一) 单项选择题

1. 资产管理能力的强弱关键取决于(　　)。

A. 周转速度　　　B. 现金流量　　　C. 资产总额　　　D. 劳动生产率

2. 下列属于长期偿债能力指标的是(　　)。

　　A. 净资产收益率　　　　　　　　B. 速动比率

　　C. 流动比率　　　　　　　　　　D. 利息保障倍数

3. (　　)指标是一个综合性最强的财务比率,也是杜邦系统的核心。

　　A. 总资产净利率　　　　　　　　B. 净资产收益率

　　C. 资产周转率　　　　　　　　　D. 权益乘数

4. 与产权比率比较,资产负债率评价企业偿债能力的侧重点是(　　)。

　　A. 揭示负债与资本的对应关系

　　B. 揭示主权资本对偿债风险的承受能力

　　C. 揭示债务偿付安全性的物质保障制度

　　D. 揭示财务结构的稳健程度

5. 评价企业短期偿债能力强弱最可信的指标是(　　)。

　　A. 现金流动负债比率　　　　　　B. 利息保障倍数

　　C. 速动比率　　　　　　　　　　D. 流动比率

6. 总资产净利率是(　　)和资产周转率的乘积。

　　A. 总资产报酬率　　　　　　　　B. 净资产收益率

　　C. 固定资产周转率　　　　　　　D. 营业净利率

7. 既是财务预测的前提,又在财务管理循环中起着承上启下作用的是(　　)。

　　A. 财务决策　　　B. 财务预算　　　C. 财务控制　　　D. 财务分析

8. 在财务分析中,最关心企业是否有足够的支付能力,以保证其债务本息能够及时、足额地得以偿还的主体是(　　)。

　　A. 企业所有者　　　　　　　　　B. 企业债权人

　　C. 企业经营决策者　　　　　　　D. 政府管理机构

9. 权益乘数应等于(　　)。

　　A. 1÷(1－产权比率)　　　　　　B. 1÷(1－总资产净利率)

　　C. 1÷(1－资产负债率)　　　　　D. 1÷(1－总资产周转率)

10. 计算利息保障倍数指标时,分子为利润总额加上利息费用,其中利息费用(　　)。

　　A. 只包括财务费用中的利息费用,不包括资本化利息

　　B. 不包括财务费用中的利息费用,只包括资本化的利息

　　C. 既包括财务费用中的利息费用,也包括资本化的利息

　　D. 不包括财务费用中的利息费用,也不包括资本化的利息

11. 在计算速动资产时,之所以要扣除存货等项目,是因为(　　)。

A. 这些项目数量不易确定　　　　　B. 这些项目质量难以保证

C. 这些项目变现能力较差　　　　　D. 这些项目价值变动较大

12. 下列各项中,属于长期偿债能力指标的是(　　)。

A. 资产负债率　　　　　　　　　　B. 流动比率

C. 现金流动比率　　　　　　　　　D. 速动比率

13. 下列各项中,属于衡量企业偿付债务利息能力的指标是(　　)。

A. 资产负债率　　　　　　　　　　B. 现金比率

C. 利息保障倍数　　　　　　　　　D. 流动比率

14. 下列各项中,属于衡量企业全部资产使用效率的指标是(　　)。

A. 应收账款周转率　　　　　　　　B. 存货周转率

C. 固定资产周转率　　　　　　　　D. 总资产周转率

15. 杜邦分析法主要用于(　　)。

A. 偿债能力分析　　　　　　　　　B. 营运能力分析

C. 盈利能力分析　　　　　　　　　D. 财务状况综合分析

16. 某企业流动资产为 10 万元,其中存货 4 万元,待摊费用 0.5 万元,应收账款 1.5 万元,流动负债 6 万元,则速动比率为(　　)。

A. 0.67　　　　　B. 0.92　　　　　C. 1　　　　　D. 1.67

17. 某企业当年营业收入为 150 万元,年初和年末应收账款余额分别为 20 万元和 25 万元,则应收账款周转天数为(　　)。

A. 6.67 次　　　　B. 7.5 次　　　　C. 6 次　　　　D. 54 天

18. 某企业年营业收入为 150 万元,年初和年末流动资产余额分别为 80 万元和 85 万元,则流动资产周转次数为(　　)次。

A. 1.8　　　　　B. 1.82　　　　　C. 1.88　　　　　D. 1.76

19. 某企业净利润为 500 万元,所得税费用为 234 万元,利息支出为 300 万元,年初和年末资产总额分别为 5 250 万元和 6 250 万元,则总资产报酬率为(　　)。

A. 8.70%　　　　B. 12.77%　　　　C. 17.98%　　　　D. 8.00%

20. 甲公司 2009 年年初发行在外普通股股数 10 000 万股,2009 年 4 月 1 日新发行 4 500 万股,11 月 1 日回收 1 500 万股,2009 年实现净利润 6 000 万元,其基本每股收益为(　　)元。

A. 0.37　　　　　B. 0.46　　　　　C. 0.5　　　　　D. 0.9

(二) 多项选择题

1. 财务分析可归纳为(　　)等几方面。

A. 偿债能力分析　　　　　　　　　B. 现金流量分析

C. 营运能力分析　　　　　　　　　D. 盈利能力分析

2. 在分析会计报表时,若采用趋势分析法对相同指标进行对比时,必须注意(　　)等问题。

　　A. 计算口径必须一致　　　　　　　B. 剔除偶发性项目的影响

　　C. 应用例外原则　　　　　　　　　D. 考虑风险程度

3. 采用因素分析法分析各因素对某一经济指标的影响时,必须注意(　　)等问题。

　　A. 因素分解的关联性　　　　　　　B. 因素替代的顺序性

　　C. 顺序替代的连环性　　　　　　　D. 计算结果的假定性

4. 能够更直接反映销售获利能力的指标有(　　)。

　　A. 净资产收益率　　　　　　　　　B. 营业利润率

　　C. 主营业务利润率　　　　　　　　D. 毛利率

5. 一个健全有效的综合财务指标体系必须具备(　　)等基本要素。

　　A. 指标要素齐全适当　　　　　　　B. 主辅指标功能匹配

　　C. 拥有电子计算机系统　　　　　　D. 满足多方信息需要

6. 提高营业净利率的主要途径有(　　)。

　　A. 加速资金周转　　　　　　　　　B. 提高劳动生产率

　　C. 扩大销售收入　　　　　　　　　D. 降低成本费用

7. 假设其他情况相同,下列说法中,正确的有(　　)。

　　A. 权益乘数大则资产净利大　　　　B. 权益乘数大则财务风险大

　　C. 权益乘数大则产权比率大　　　　D. 权益乘数等于资产权益率的倒数

8. 在其他条件不变的情况下,会引起总资产周转率指标上升的经济业务有(　　)。

　　A. 用现金偿还负债　　　　　　　　B. 借入一笔短期借款

　　C. 用银行存款购入一台设备　　　　D. 用银行存款支付一年的电话费

9. 原始意义上的沃尔分析法存在的缺陷有(　　)。

　　A. 难以评价企业在市场竞争中的优劣地位

　　B. 所选定的七项指标缺乏证明力

　　C. 所选定的五项指标缺乏证明力

　　D. 当某项指标严重异常时,会对总评分产生不合逻辑的重大影响

10. 应收账款周转率高表明(　　)。

　　A. 收账迅速,账龄较短　　　　　　B. 资产流动性强,短期偿债能力强

　　C. 库存现金增加　　　　　　　　　D. 可以减少收账费用和坏账损失

11. 比率分析指标主要有(　　)。

　　A. 效率比率　　　　　　　　　　　B. 结构比率

　　C. 相关比率　　　　　　　　　　　D. 周转率

12. 下列各项中,反映企业短期偿债能力的指标有(　　)。

    A. 速动比率　　　　　　　　　　B. 资产负债率

    C. 现金流量比率　　　　　　　　D. 流动比率

13. 下列表述权益乘数的计算公式中,错误的有(　　)。

    A. 权益乘数＝资产/所有者权益　　B. 权益乘数＝1/(1－资产负债率)

    C. 权益乘数＝所有者权益/资产　　D. 权益乘数＝1＋产权比率

14. 下列各项中,反映流动资产周转情况的指标有(　　)。

    A. 应收账款周转率　　　　　　　B. 应收账款周转天数

    C. 流动资产周转率　　　　　　　D. 存货周转天数

15. 流动资产周转次数越多,表明(　　)。

    A. 流动资产利用效果越好　　　　B. 流动资产利用效果越差

    C. 可以节约流动资产占用　　　　D. 可以增强企业盈利能力

16. 某公司当年的经营利润很多,却不能偿还到期债务。为了查清其原因,应检查的财务比率包括(　　)。

    A. 资产负债率　　　　　　　　　B. 流动比率

    C. 存货周转率　　　　　　　　　D. 应收账款周转率

17. 财务综合分析的方法主要有(　　)。

    A. 杜邦财务分析法　　　　　　　B. 沃尔比重评分法

    C. 趋势分析法　　　　　　　　　D. 因素分析法

18. 影响净资产收益率的因素有(　　)。

    A. 销售净利率　　　　　　　　　B. 权益乘数

    C. 总资产周转率　　　　　　　　D. 资产负债率

19. 下列各项中,不属于盈利能力的指标有(　　)。

    A. 销售毛利率　　　　　　　　　B. 总资产周转率

    C. 总资产报酬率　　　　　　　　D. 应收账款周转率

20. 利息保障倍数指标所反映的企业财务层面信息包括企业的(　　)。

    A. 获利能力　　　　　　　　　　B. 长期偿债能力

    C. 短期偿债能力　　　　　　　　D. 发展能力

(三) 判断题

1. 企业理财的根本目标是努力实现企业利润最大化。　　　　　　　　(　　)

2. 流动比率越高,反映企业短期偿债能力越强,说明企业已有足够的现金用以偿债。　　　　　　　　(　　)

3. 产权比率侧重于揭示财务结构的稳健程度以及自有资金对偿债风险的承受能力。　　　　　　　　(　　)

4. 某公司今年与上年相比,销售收入增长 10%,净利润增长 8%,资产总额增加 12%,负债总额增加 9%。可以判断,该公司净资产收益率比上年上升了。　　(　　)

5. A 公司 2009 年每股收益为 4 元,每股发放股利 2 元,2009 年留存收益增加了 500 万元。年底每股账面价值为 30 元,负债总额为 5 000 万元,则该公司的资产负债率为 50%。　　(　　)

6. 因素分析法分析各因素对某经济指标影响时,无论先替代哪一个因素,都得出相同的计算结果。　　(　　)

7. 资产负债率又称负债比率,是企业所有的负债总额对所有资产总额的比率。　　(　　)

8. 从静态角度看,最大限度地提高净资产收益率就是实现所有者财富最大化。　　(　　)

9. 财务分析的不同主体由于利益倾向的差异,决定了在财务分析时,不会存在共同要求。　　(　　)

10. 现金流量比率最能反映企业直接偿付流动负债的能力。　　(　　)

11. 产权比率越高,表明企业的长期偿债能力越强,债权人承担的风险越小。　　(　　)

12. 利息保障倍数仅仅反映了获利能力对偿还到期债务的保证程度。　　(　　)

13. 现金流量比率的提高,不仅增加资产的流动性,也会使机会成本增加。(　　)

14. 固定资产周转率增大,表明企业的营运能力有所提高。　　(　　)

15. 每股股利是指上市公司普通股股东从公司实际分得每股利润。　　(　　)

16. 盈利能力分析主要分析企业各项资产的使用效果。　　(　　)

17. 杜邦分析体系计算权益乘数时,资产负债率是用期末负债总额与期末资产总额来计算的。　　(　　)

18. 采用因素分析法,可以分析引起变化的主要原因、变动性质,并可预测企业未来的发展前景。　　(　　)

19. 在总资产净利率不变的情况下,资产负债率越高,净资产收益率越高。(　　)

20. 相关比率反映部分与总体的关系。　　(　　)

(四) 计算与分析题

1. ABC 公司 2009 年销售收入为 120 000 元,毛利率为 50%,销售净利率 20%,存货周转率 5 次,期初存货余额为 8 000 元,期初应收账款余额为 10 000 元,期末应收账款余额为 8 000 元,速动比率为 1.6,流动比率为 2.16,流动资产占总资产的 20%,资产负债率为 50%,该公司期初与期末总资产相等。

要求计算:

(1) 该公司应收账款周转率。

(2) 该公司期末存货、流动负债、流动资产和总资产。

(3) 该公司资产净利率。

2. 某公司××××年度简化资产负债表如表 3—1 所示。

表 3—1　资产负债表

××××年 12 月 31 日　　　　　　　　　　　单位：万元

资　　产		负债和所有者权益	
货币资金	50	应付账款	100
应收账款		长期负债	
存货		实收资本	100
固定资产		留存收益	100
资产合计		负债和所有者权益合计	

其他有关财务指标：长期负债与所有者权益之比等于 0.5；销售毛利率为 10%；存货周转率（存货按年末数计算）为 9 次；平均收现期（应收账款按年末数计算，1 年按 360 天计算）为 18 天；总资产周转率（总资产按年末数计算）为 2.5 次。

要求：利用上述资料，填充该公司资产负债表的空白部分。

3. 某企业有关资料如下：

(1) 速动比率为 2∶1。

(2) 长期负债是交易性金融资产的 2 倍。

(3) 应收账款为 4 000 元，是速动资产的 50%、流动资产的 25%，与固定资产价值相等。

(4) 所有者权益总额等于营运资金，实收资本是未分配利润的 3 倍。

要求：根据上述资料，将表 3—2 资产负债表的空白处填列齐全。

表 3—2　资产负债表

　　　　　　单位：元

资　　产	金　　额	负债和所有者权益	金　　额
货币资金		应付账款	
交易性金融资产		长期负债	
应收账款		实收资本	
存货		未分配利润	
固定资产			
资产合计		负债和所有者权益合计	

4. A 公司 2009 年度销售收入为 840 万元,净利润为 117.6 万元。2009 年资产负债表资料如表 3-3 所示。

表 3-3 资产负债表 单位:万元

资　　　产	年　初	年　末	负债和所有者权益	年　初	年　末
流动资产			流动负债	450	300
货币资金	100	90	长期负债	250	400
应收账款	120	180	负债合计	700	700
存货	230	360	所有者权益	700	700
流动资产合计	450	630			
固定资产	950	770			
资产合计	1 400	1 400	负债和所有者权益合计	1 400	1 400

A 公司 2008 年度销售净利率为 16%,总资产周转率为 0.6 次,权益乘数为 2.2,净资产收益率为 17.6%。

要求:(1)计算 2009 年年末速动比率、资产负债率和权益乘数。

(2)计算 2009 年总资产周转率、销售净利率和净资产收益率。

(3)利用因素分析法分析销售净利率、总资产周转率和权益乘数变动对净资产收益率的影响。

5. 某股份公司 2009 年有关资料如表 3-4 所示。

表 3-4 资料表

项　　目	年　初　数	年　末　数	本年数或平均数
存货(万元)	7 200	9 600	
流动负债(万元)	6 000	8 000	
总资产(万元)	15 000	17 000	
流动比率		1.5	
速动比率	0.8		
权益乘数			1.5
流动资产周转率			4
净利润(万元)			2 880
普通股股数(万股)	1 200	1 200	

要求:(1)计算流动资产的年初余额、年末余额和平均余额(假定流动资产由速动资产与存货组成)。

(2)计算本年营业收入和总资产周转率。

(3) 计算营业净利率和净资产收益率。

(4) 计算每股收益和平均每股净资产。

(5) 若 2008 年的营业净利润、总资产周转率、权益乘数和平均每股净资产分别为 4％、2.5 次、1.5 和 9 元，要求用因素分析法分析营业净利率、总资产周转率、权益乘数和平均每股净资产各因素对每股收益指标的影响。

6. 已知：T 公司 2006 年年初所有者权益总额为 1 500 万元，该年的资本保值增值率为 125％。2009 年年初负债总额为 4 000 万元，所有者权益是负债的 1.5 倍，该年的资本积累率为 150％，年末资产负债率为 0.25，负债的年均利率为 10％，全年固定成本总额为 975 万元，净利润为 1 005 万元，适用的企业所得税税率为 25％。

要求：根据上述资料，计算 T 公司的下列指标：

(1) 2006 年年末的所有者权益总额。

(2) 2009 年年初的所有者权益总额和资产负债率。

(3) 2009 年年末的所有者权益总额、负债总额和产权比率。

(4) 2009 年的所有者权益平均余额和负债平均余额。

(5) 2009 年的息税前利润、总资产报酬率和利息保障倍数。

(6) 2010 年经营杠杆系数、财务杠杆系数和综合杠杆系数。

(7) 2006 年年末至 2009 年年末的 3 年资本平均增长率。

案 例 分 析

一、案例资料

ABC 公司 2008 年实现销售收入 12 000 万元，2009 年比 2008 年销售收入增长 20％；2008 年该公司资产总额为 7 000 万元，以后预计每年比前 1 年资产增加 1 000 万元，该公司资产有流动资产和固定资产组成，连续几年来固定资产未发生变化均为

表 3-5　ABC 公司有关资料表

项　目	2008 年	2009 年
资产负债率(％)	40	50
流动负债/所有者权益	0.6	0.5
速动比率	0.7	0.8
销售毛利率(％)	15	18
平均收账期(天，全年按 360 天计算)	60	50
净利润(元)	1 200	1 500

4 000万元,假设该公司无投资收益和营业外收支,所得税税率保持不变,其他有关资料和财务比率如表3-5所示。

二、思考分析

(1) 分析该公司2009年与2008年相比的资产、负债的变化原因。

(2) 分析2009年该公司流动比率的变化原因。

(3) 分析该公司资产净利率的变化原因。

(4) 根据杜邦分析原理分析资产净利率和权益乘数对权益净利率影响数值。

四、复习题参考答案

(一) 单项选择题

1. A 2. D 3. B 4. C 5. A 6. D 7. D 8. B 9. C 10. A 11. C
12. A 13. C 14. D 15. D 16. B 17. D 18. B 19. C 20. B

(二) 多项选择题

1. ACD 2. ABC 3. ABCD 4. BCD 5. ABD 6. CD 7. BCD 8. AD
9. BD 10. ABD 11. ABCD 12. ACD 13. ABC 14. ABCD 15. ACD
16. BCD 17. AB 18. ABCD 19. BD 20. AB

(三) 判断题

1. × 2. × 3. √ 4. × 5. × 6. × 7. √ 8. √ 9. × 10. √
11. × 12. × 13. √ 14. × 15. √ 16. × 17. × 18. × 19. √
20. ×

(四) 计算与分析题

1. (1) 应收账款平均余额 = (10 000 + 8 000) ÷ 2 =
$$9\,000(元)$$

应收账款周转率 = 120 000 ÷ 9 000 =
$$13.33(次)$$

(2) 销售成本 = 120 000 × (1 - 50%) = 60 000(元)

期末平均存货 = 60 000 ÷ 5 = 12 000(元)

期末存货 = 12 000 × 2 - 8 000 = 16 000(元)

流动负债 = 16 000 ÷ (2.16 - 1.6) = 28 571(元)

流动资产 = 2.16 × 28 571 = 61 713(元)

总资产 = 61 713 ÷ 20% = 308 565(元)

(3) 净利润 = 120 000 × 20% = 24 000(元)

资产净利率 = 24 000 ÷ 308 565 × 100% =
$$7.78\%$$

2.

表 3 - 6　资产负债表

××××年 12 月 31 日　　　　　　　　　　　单位：万元

资　　产		负债和所有者权益	
货币资金	50	应付账款	100
应收账款	50	长期负债	100
存货	100	实收资本	100
固定资产	200	留存收益	100
资产合计	400	负债和所有者权益合计	400

3.

表 3 - 7　资产负债表

单位：元

资　　产	金　　额	负债和所有者权益	金　　额
货币资金	2 000	应付账款	4 000
交易性金融资产	2 000	长期负债	4 000
应收账款	4 000	实收资本	9 000
存货	8 000	未分配利润	3 000
固定资产	4 000		
资产合计	20 000	负债和所有者权益合计	20 000

4.（1）速动比率 $= (630 - 360) \div 300 = 0.9$

　　资产负债率 $= 700 \div 1\,400 = 50\%$

　　权益乘数 $= 1 \div (1 - 0.5) = 2$

（2）总资产周转率 $= 840 \div (1\,400 + 1\,400) \div 2 = 0.6(次)$

　　销售净利率 $= 117.6 \div 840 = 14\%$

　　净资产收益率 $= 117.6 \div 700 = 16.8\%$

（3）销售净利率变动影响 $= (14\% - 16\%) \times 0.5 \times 2.2 = -2.2\%$

　　总资产周转率变动影响 $= 14\% \times (0.6 - 0.5) \times 2.2 = 3.08\%$

　　权益乘数变动影响 $= 14\% \times 0.6 \times (2 - 2.2) = -1.68\%$

5.（1）流动资产年初余额 $= 6\,000 \times 0.8 + 7\,200 = 12\,000(万元)$

　　年末余额 $= 8\,000 \times 1.5 = 12\,000(万元)$

　　平均余额 $= (12\,000 + 12\,000) \div 2 = 12\,000(万元)$

(2) 销售收入 $= 4 \times 12\,000 = 48\,000$(万元)

　　总资产周转率 $= 48\,000 \div (15\,000 + 17\,000) \div 2 = 3$(次)

(3) 营业净利率 $= 2\,880 \div 48\,000 = 6\%$

　　净资产收益率 $= 6\% \times 3 \times 1.5 = 27\%$

(4) 每股收益 $= 2\,880 \div 1\,200 = 2.4$(元)

　　平均每股净资产 $= 2.4 \div 27\% = 8.89$(元)

(5) 2008 年每股收益 $= 4\% \times 2.5 \times 1.5 \times 9 = 1.35$(元)

　　2009 年每股收益 $-$ 2005 年增每股收益 $= 2.4 - 1.35 = 0.05$(元)

　　营业净利率变动对每股收益影响 $= (6\% - 4\%) \times 2.5 \times 1.5 \times 9 = 0.68$

　　总资产周转率变动对每股收益影响 $= 6\% \times (3 - 2.5) \times 1.5 \times 9 = 0.4$

　　权益乘数变动对每股收益影响 $= 6\% \times 3 \times (1.5 - 1.5) \times 9 = 0$

　　平均每股净资产变动对每股收益影响 $= 6\% \times 3 \times 1.5 \times$
$$(8.89 - 9) = -0.03$$

6. (1) 2006 年年末的所有者权益总额 $= 1\,500 \times 125\% = 1\,875$(万元)

(2) 2009 年年初的所有者权益总额 $= 4\,000 \times 1.5 = 6\,000$(万元)

　　资产负债率 $= 4\,000 \div (4\,000 + 6\,000) \times 100\% = 0.4$

(3) 2009 年年末的所有者权益总额 $= 6\,000 \times (1 + 150\%) = 15\,000$(万元)

　　资产负债总额 $= 0.25 \times 15\,000 \div (1 - 0.25) = 5\,000$(万元)

　　产权比率 $= 5\,000 \div 15\,000 = 0.33$

(4) 2009 年所有者权益平均余额 $= (6\,000 + 15\,000) \div 2 = 10\,500$(万元)

　　负债平均余额 $= (4\,000 + 5\,000) \div 2 = 4\,500$(万元)

(5) 2009 年息税前利润 $= 1\,005 \div (1 - 25\%) + 4\,500 \times 10\% = 1\,790$(万元)

　　总资产报酬率 $= 1\,790 \div (10\,500 + 4\,500) \times 100\% = 11.93\%$

　　利息保障倍数 $= 1\,790 \div (4\,500 \times 10\%) = 3.98$

(6) 2010 年经营杠杆系数 $= (1\,790 + 975) \div 1\,790 = 1.54$

　　财务杠杆系数 $= 1\,790 \div (1\,790 - 450) = 1.34$

　　总杠杆系数 $= 1.54 \times 1.34 = 2.06$

(7) 3 年资本平均增长率 $= [(15\,000 \div 1\,875)^{1/3} - 1] \times 100\% = 100\%$

案例分析参考答案(略)

第四章 筹资决策

一、内容概要解析

(一) 筹资概述

(1) 筹资的概念。筹集资金简称筹资,是指企业根据其生产经营、调整资金结构等的需要而采取适当的方式,取得所需资金的行为。

(2) 筹资的目的。企业筹资是为了自身的维持和发展,它是企业的基本财务活动,不同的筹资规模和筹资结构选择将会对企业的经济效益产生直接的影响。

(3) 筹资按使用期限,可分为短期和长期资金;按来源渠道,资金分为所有者权益和负债。

(4) 我国企业的主要筹资方式有:吸收直接投资,发行股票,发行债券,银行借款,融资租赁和商业信用。

(二) 筹资额的预测方法

(1) 定性预测法。定性预测法是利用直观材料,主要依靠预测人员的知识、经验和综合分析、判断对企业未来的财务状况和资金需要量进行预测的方法。常用的定性预测法有集合意见法、特尔菲法。

(2) 定量预测法。定量预测法是根据资金需要量与生产经营业务之间的数量关系,运用数学方法对资金需要量进行估计的方法。定量预测法主要有销售百分比法、线性回归法等。

(三) 权益资金筹集

权益资金又叫自有资金,是指投资人投入企业的资本金及经营中形成的积累。它是企业的所有者权益,是企业得以创立、存在和发展的资本。权益资金的筹集主要采取吸收直接投资、发行股票和留存收益等形式。

(1) 吸收直接投资是指企业按照"共同投资、共同经营、共担风险、共享利润"的原则,以协议、合同的形式吸收国家、其他法人、个人和外商直接投入资金,形成企业资本金。吸收直接投资与发行股票都是企业筹集自由资金的重要方式。出资者作为企业的所有者有权参加企业的经营管理,同时按其出资额的比例分享利润或承担损失。

(2) 发行股票。股票是股份有限公司为筹措权益资金而发行的有价证券,是公司签发的证明股东持有股份的权利和承担义务的凭证。股票发行的目的,是公司决定发行方式、发行程序、发行条件的前提。发行股票的目的是为了集资,但具体说来讲有不同的目的。股票的发行必须遵循一定的法律与规定。按照国际惯例,股票公司股票发行,必须具备一定的条件,取得发行资格,并办理必要的手续后才能发行。

(3) 普通股筹资的优点有:① 没有固定利息负担。公司根据自身的盈利和资金情况可以自由安排股利的发放时间和发放金额。② 没有固定的到期日,不用偿还。发行股票筹集的资金是永久性的,在公司存续期间可一直使用。③ 筹资风险小。由于普通股票没有固定的到期日,不用支付固定的利息,不存在不能还本付息的风险。④ 能增加公司信誉。⑤ 筹资限制少。

(4) 普通股筹资的缺点有:① 筹资成本高。股票的投资者由于承担了比债务更大的风险,一般来说,要有比债务更高的回报,而且股利是从税后支付,而债务利息可从税前扣除。② 容易分散控制权。当公司发售新股,引进新股东,容易引起控制权的分散。

(5) 留存收益是大多数公司的主要资金来源,留存收益增加了企业的资金,将留存收益进行再投资是一种较发行普通股更为有利的筹资方式。首先,企业留存利润不会发生任何费用,通过留存利润筹集的资金数额较为确定,而发行股票筹资则会支付较高的发行费用,发行是否成功也不一定确定;其次,留存收益不会削弱现有股东对企业的控制权。

(四) 负债资金筹集

负债筹集资金主要包括:银行借款,发行债券,认股权证,可转换债券,融资租赁和商业信用。

1. 银行借款

银行借款是指企业根据借款合同从有关银行或非银行金融机构借入的需要还本付息的款项。与银行借款有关的信用条件有:

(1) 信贷额度。信贷额度是借贷双方在协议中规定的允许借款人借款的最高限额。在信贷额度内,企业可随时按需要使用借款。

(2) 周转信贷协定。该协定是指银行具有法律义务承担提供不超过某一最高限额的贷款协定。在协定的有效期内,只要企业借款总额未超过最高限额,银行必须满足企业任何时候提出的借款要求。企业享用周转信贷协定,通常要就贷款限额的未使用部分付给银行一笔承诺费。

(3) 补偿性余额。补偿性余额是银行要求借款人在银行中保持按贷款限额或实际借用额的一定百分比。从银行的角度,补偿性余额可降低贷款风险;对于借款企业,补偿性余额实际上提高了借款的利率。

(4) 借款抵押。银行向财务风险大、信誉度低的企业借款时,往往需要抵押品担保。短期借款的抵押品经常是借款企业的应收账款、存货、股票、债券等。银行根据抵押品的变现能力来决定贷款金额的多少,抵押借款的成本一般要高于非抵押借款,这是因为银行向客户提供抵押贷款风险很高,管理的要求更高。

(5)偿还条件。贷款的偿还有到期一次偿还和在贷款期内定期(按月、季度)等额偿还两种方式。一般来说,后一种偿还方式的利率要高于名义利率,从企业角度出发,不希望采用这种还款方式;而银行不希望企业采用前一种方式,因为一次还款会增加企业的财务负担,增加企业拒付的风险。

2. 发行债券

(1)债券是债务人依照法定程序发行,承诺按约定的利率和日期支付利息,并在特定日期偿还本金的书面债务凭证。

(2)债券有四个基本要素:债券面值、票面利率、债券期限和发行价格;债权发行价格的确定与市场利率密切相关,当市场利率高于票面利率时,企业一般需折价发行,当市场利率低于票面利率时,企业的债券一般溢价发行。

(3)公开发行公司债券筹集的资金,必须用于核准的用途,不得用于弥补亏损和非生产性支出。上市公司发行可转换为股票的公司债券,除应当符合第一款规定的条件外,还应当符合关于公开发行股票的条件,并报国务院证券监督管理机构核准。

3. 认股权证

(1)认股权证是由股份公司发行的,能够按特定的价格,在特定的时间内购买一定数量该公司股票的选择权凭证。它赋予了权证持有人在一定时期内按约定的价格选择购买股票的权利,如果认股权证到期时持有人放弃购买股票,则公司无法实现融资,因此认股权证是一种特殊的融资方式。

(2)认股权证的一般包括四个基本要素:认购数量、认购价格、认购期限和赎回条款,认股权证的实际价值是认股权证在证券市场上的市场价格或售价。

认股权证理论价值 =(普通股市场价格 − 普通股认购价格)× 认股权证换股比率

$$V = (P - E) \times N$$

认股权证的实际价值大于理论价值的部分称为超理论价值的溢价。

(3)认股权证的发行方式不同,其行使权也不同。单独发行的认股权证,其认股权证可以在资本市场上单独出售,也可以认购股票;如果是附带发行的认股权证,认股权证只有在持有人认购股票时才有效。

(4)认股权证具有为公司筹集额外现金和促进其他筹资方式的作用。

4. 可转换债券

(1)可转换债券有时称可转债,是指由公司发行并规定债券持有人在一定期限内按约定的条件可将其转换为发行公司股票的债券。

(2)从筹资公司的角度看,发行可转换债券具有债务与权益双重属性,属于混合性筹资。

（3）可转换债券转换价格是指可转换债券在转换期内转换成普通股的每股价格。转换比率是指每份可转换债券可转换成普通股的股数。

5. 融资租赁

（1）融资租赁也称为资本租赁或财务租赁，是区别于经营租赁的一种长期租赁形式。

（2）融资租赁包括售后回租、直接租赁和杠杆租赁。

（3）融资租赁租金包括租赁资产的成本、租赁资产的成本利息、租赁手续费。

（4）经营租赁与融资租赁的区别体现在租赁程序不同，租赁期限不同，设备维修、保养的责任方不同，租赁期满后设备处置方法不同，租赁的实质不同五个方面。

6. 商业信用

商业信用是指商品交易中的延期付款或延期交货所形成的借贷关系，在短期负债筹资中占有很大的比重，其形式主要有应付账款、应付票据和预收货款。

（1）应付账款是企业赊购货物而形成的短期债务。

$$放弃现金折扣的成本 = \frac{现金折扣百分比}{1-现金折扣百分比} \times \frac{360}{信用期-折扣期}$$

因为不同的信用有不同的代价，企业要在选择何种信用之间作出决策。

（2）应付票据是企业进行它是企业进行延期付款商品交易时开具的反映债权债务关系的票据，同应付账款相比，应付票据有着较严格的限制和法律约束，筹资的通融性很小。

（3）预收账款是指卖方按购销合同与协议规定，在付出商品前向买方预先收取部分或全部货物价款的信用行为，即卖方向买方借人以商品归还的一笔借款。

二、背景资料

分离式交易可转换债券是债券和股票的混合融资品种，它由两大部分组成：一是可转换债券，二是股票权证。可转换债券是上市公司发行的一种特殊的债券，它在发行的时候就规定了到期转换的价格，债权人可以根据市场行情把债券转换成股票，也可以把债券持有到期归还本金并获得利息。股票权证是指在未来规定的期限内，按照规定的协议价买卖股票的选择权证明，根据买或卖的不同权利，可分为认购权证和认沽权证。因此，分离式交易可转换债券可被简单地理解成"买债券送权证"的创新品种。

跟普通可转债最大的区别在于，分离交易可转换债券的行权价是固定的，是不能调整的，只能享受正股分红，送股，而普通可转债可以向下调整，涨了可以强行赎回。

分离交易可转债与普通可转债的本质区别在于债券与期权可分离交易。也就是说,分离交易可转债的投资者在行使了认股权利后,其债权依然存在,仍可持有到期归还本金并获得利息;而普通可转债的投资者一旦行使了认股权利,则其债权就不复存在了。

此外,分离可转债不设重设和赎回条款,有利于发挥发行公司通过业绩增长来促成转股的正面作用,避免了普通可转债发行人往往不是通过提高公司经营业绩、而是以不断向下修正转股价或强制赎回方式促成转股而带给投资人的损害。同时,分离交易可转债持有人与普通可转债持有人同样被赋予一次回售的权利,从而极大地保护了投资人的利益。

再者,普通可转债中的认股权一般是与债券同步到期的,分离交易可转债则并非如此。《上市公司证券发行管理办法》中规定,分离交易可转债"认股权证的存续期间不超过公司债券的期限,自发行结束之日起不少于 6 个月",为认股权证分离交易导致市场风险加大,缩短权证存续期有助于减少投机。

阅 读 文 献

1. 李冬云:"对企业债转股的财务评价和分析",《税务与经济》2004 年第 6 期。

2. 何琳:"商业信用的融资成本计算",《财会月刊》2009 年第 36 期。

3. 张昕:"从应收与应付项目看上市公司运营状况的改进",《财务与会计》2007年第 3 期。

三、复习题

(一) 单项选择题

1. 根据财务管理理论,按照资金来源渠道不同,可将筹资分为( )。

    A. 直接筹资和间接筹资   B. 内源筹资和外源筹资

    C. 权益筹资和负债筹资   D. 短期筹资和长期筹资

2. 下列( )可以为企业筹集短期资金。

    A. 融资租赁   B. 商业信用   C. 内部积累   D. 发行股票

3. 我国目前各类企业最为重要的资金是( )。

    A. 银行信贷资金   B. 国家财政资金

    C. 其他企业资金   D. 企业自留资金

4. 下列各项中,( )不属于吸收直接投资的优点。

    A. 有利于增强企业信誉   B. 有利于尽快形成生产能力

    C. 资金成本较低   D. 有利于降低财务风险

5. 普通股和优先股筹资方式共有的缺点是( )。

    A. 财务风险大   B. 筹资成本高

C. 容易分散控制权　　　　　　D. 筹资限制多

6. 某企业向银行借款 100 万元,企业要求按照借款总额的 10% 保留补偿性余额,并要求按照贴现法支付利息,借款的利率为 6%,则借款实际利率为(　　)。

  A. 7.14%　　　B. 6.67%　　　C. 6.38%　　　D. 7.28%

7. 与其他负债资金筹集方式相比,下列各项属于融资租赁缺点的是(　　)。

  A. 资金成本较高　　　　　　B. 财务风险大

  C. 税收负担重　　　　　　　D. 筹资速度慢

8. 某企业与银行商定的周转信贷额为 200 万元,承诺费率为 0.5%,企业借款 180 万元,平均使用 6 个月,借款年利率为 2%,那么,借款企业向银行支付承诺费和利息共计(　　)万元。

  A. 4　　　　　B. 0.55　　　　C. 2.35　　　　D. 1.8

9. 下列关于优先股筹资的优缺点的说法不正确的是(　　)。

  A. 没有固定到期日,不用偿还本金　B. 股利支付固定,没有弹性

  C. 筹资成本高　　　　　　　　　D. 财务负担重

10. 长期借款的保护性条款一般有例行性保护条款、一般性保护条款和特殊性保护条款,其中应用于大多数借款合同的条款是(　　)。

  A. 例行性保护条款和特殊性保护条款

  B. 特殊性保护条款

  C. 一般性保护条款和特殊性保护条款

  D. 例行性保护条款和一般性保护条款

11. 按照有无特定的财产担保,可将债券分为(　　)。

  A. 记名债券和无记名债券

  B. 可转换债券和不可转换债券

  C. 信用债券和抵押债券

  D. 不动产抵押债券、动产抵押债券和证券信托抵押债券

12. 关于认购权证下述表述错误的是(　　)。

  A. 认购权证会稀释普通股每股收益

  B. 认购权证筹资容易分散企业控制权

  C. 认购权证筹资能为公司筹集额外的资金

  D. 认购权证是一种债权和股权混合证券

13. 上市公司既可发行可转换债券,也可发行不可转换债券,一般来说,(　　)。

  A. 可转换债券的利率等于不可转换债券的利率

  B. 可转换债券的利率高于不可转换债券的利率

  C. 可转换债券的利率与不可转换债券的利率的关系无法确定

D. 可转换债券的利率低于不可转换债券的利率

14. 某企业按"2/10,N/40"的条件购进商品,若放弃现金折扣期资金的机会成本为(   )。

    A. 16.24%   B. 20.37%   C. 27.56%   D. 24.68%

15. 企业负债与权益资金的比例结构称为(   )。

    A. 筹资组合   B. 资产组合   C. 资本结构   D. 财务结构

16. 以下体现所有权性质的筹资方式是(   )。

    A. 发行普通股   B. 商业信用   C. 银行借款   D. 发行债券

17. 销售百分比法是(   )。

    A. 基期敏感项目占基期销售的百分比

    B. 基期敏感项目占预测期销售的百分比

    C. 预测期敏感项目占基期销售的百分比

    D. 预测期敏感项目占预测期销售的百分比

18. 在下列各项中,能够引起企业自有资金增加的筹资方式是(   )。

    A. 留存收益转增资本   B. 发行公司债券

    C. 利用商业信用   D. 吸收直接投资

19. 下列各项中,不属于融资租赁租金构成项目的是(   )。

    A. 租赁设备的价款   B. 租赁期间的利息

    C. 租赁手续费   D. 租赁设备维护费

20. 某企业从银行借款200万元,期限1年,名义利率9%。按照贴现法付息,企业实际可动用的贷款余额为(   )万元。

    A. 20   B. 90   C. 200   D. 182

(二) 多项选择题

1. 企业进行筹资需要遵循的基本原则包括(   )。

    A. 规模扩张原则   B. 筹措及时原则

    C. 来源合理原则   D. 方式经济原则

2. 相对权益资金的筹资方式而言,长期借款筹资的缺点主要有(   )。

    A. 财务风险较大   B. 限制条款较多

    C. 筹资数额有限   D. 资金成本较高

3. 下列各项中,与认股权证的理论价值反向变动的因素有(   )。

    A. 换股比率   B. 普通股市价

    C. 执行价格   D. 剩余有效期间

4. 下列各项中,属于利用商业信用筹资形式的有(   )。

    A. 赊购商品   B. 预收货款   C. 短期借款   D. 商业汇票

5. 采用销售额比率法预测对外筹资需要量,下列影响因素的变动,会使对外筹资需要量减少的有(   )。

    A. 股利支付率降低   B. 固定资产净值增加

    C. 留存收益率提高   D. 销售净利率增大

6. 下列关于可转换债券筹资的说法中,正确的有(   )。

    A. 可以增强筹资的灵活性

    B. 可以节约利息支出

    C. 存在回购风险

    D. 在股价下跌时,存在减少筹资数量的风险

7. 吸收直接投资和发行普通股筹资的共同特点包括(   )。

    A. 有利于增强企业信誉   B. 资金成本较高

    C. 能够尽快形成生产能力   D. 容易分散控制权

8. 下列关于可转换债券的优缺点的说法中,正确的有(   )。

    A. 筹资成本较低   B. 有利于稳定股票价格

    C. 有利于减少对每股收益的稀释   D. 存在股价上扬风险

9. 下列关于短期负债筹资的说法中,正确的有(   )。

    A. 筹资富有弹性、筹资成本低、筹资风险高

    B. 短期负债筹资最主要的形式是商业信用和短期借款

    C. 商业信用的具体形式有应付账款、应付票据、预收账款等

    D. 企业享用转换信贷协定,通常要就贷款限额的使用部分付给银行一笔承诺费

10. 下列各项中,属于认股权证基本要素的有(   )。

    A. 认购数量   B. 赎回条款   C. 认购期限   D. 认购价格

11. 利用留存收益筹资的特点包括(   )。

    A. 不用发生筹资费用   B. 筹资数额有限

    C. 信息沟通与披露成本较大   D. 分散公司的控制权

12. 在融资租赁筹资中,决定每期租金水平高低的因素有(   )。

    A. 设备原价及预计残值   B. 利息

    C. 租赁手续费   D. 租金的支付方式

13. 发行可转换债券公司设置赎回条款的目的包括(   )。

    A. 促使债券持有人转换股份

    B. 能使发行公司避免市场利率下降后,继续向债券持有人按照较高的债券票面利率支付利息所蒙受的损失

    C. 限制债券持有人过分享受公司收益大幅度上升所带来的回报

D. 保护债券投资人的利益

14. 利用留存收益筹资的特点有(　　)。

    A. 不用发生筹资费用　　　　　　　B. 分散了控制权

    C. 筹资数额有限　　　　　　　　　D. 信息的披露成本较高

15. 优先股的"优先"体现在(　　)。

    A. 优先分配股息权　　　　　　　　B. 优先分配剩余财产

    C. 管理权优先　　　　　　　　　　D. 决策权优先

16. 影响短期借款利率的因素包括(　　)。

    A. 借款企业的信用状况　　　　　　B. 货币市场的利率波动情况

    C. 银行提供贷款服务的成本　　　　D. 借款企业在银行的存款余额

17. 导致银行借款实际利率上升的借款利息支付方式有(　　)。

    A. 利随本清法　　　　　　　　　　B. 贴现法

    C. 加息分摊法　　　　　　　　　　D. 补偿性余额

18. 股票对上市公司而言,具有的意义是(　　)。

    A. 提高公司的知名度

    B. 提高公司所发行股票的流动性和变现性

    C. 便于确定公司的价值

    D. 有利于确定公司增发新股的发行价格

19. 融资租赁的形式有(　　)。

    A. 售后回租　　　B. 经营租赁　　　C. 杠杆租赁　　　D. 直接租赁

20. 短期借款的抵押品包括(　　)。

    A. 存货　　　　　B. 应收账款　　　C. 固定资产　　　D. 有价证券

(三) 判断题

1. 配股权证是确认股东配股权的证书,它按股东的持股比例定向派发,赋予股东以优惠的价格认购发行公司一定份数的新股。　　　　　　　　　　　　　(　　)

2. 处于成长时期的企业,当面临资金短缺时,大多数都选择内部筹资以减少筹资费用。　　　　　　　　　　　　　　　　　　　　　　　　　　　　(　　)

3. 对于股东而言,优先股比普通股有更稳定的回报,所以吸引力更大。　　(　　)

4. 在我国,股票的发行既可以按票面金额确定,也可以溢价或折价发行。　(　　)

5. 借款合同应依法签订,它属于商业合同,具有法律约束力。　　　　　　(　　)

6. 一般来说,债券的市场利率越高,债券的发行价格越低。　　　　　　　(　　)

7. 现金折扣是企业为了鼓励客户多买商品而给予的价格优惠,每次购买的数量越多,价格越优惠。　　　　　　　　　　　　　　　　　　　　　　　　(　　)

8. 如果放弃现金折扣成本大于借入资金成本或者投资收益率,则应取得现金

折扣。 （ ）

9. 融资租赁的租金可以在税前费用列支,所以承租方企业可以获得抵税的好处。 （ ）

10. 认股权证不会分散公司控制权,相当于公司运用期权这种金融工具筹措的额外资金。 （ ）

11. 优先股和可转换债券既有债务筹资性质,又具有权益筹资性质。 （ ）

12. 股份有限公司申请上市,如果公司的股本总额是4.5亿元,则向社会公开发行的股份达到股份总数的25%以上时,才符合条件。 （ ）

13. 信贷额度是银行从法律上承诺向企业提供不超过某一最高限额的贷款协定。 （ ）

14. 抵押借款由于有抵押品担保,所以其资金成本往往较非抵押借款低。 （ ）

15. 企业在利用商业信用筹资时,如果企业不放弃现金折扣,则没有实际成本。

（ ）

16. 利用商业信用融资的限制较多,而利用银行信用融资的限制较少。 （ ）

17. 可转换债券的转换不增加公司资本总量,不改变公司资本结构。 （ ）

18. 认股权证的实际价值是认股权证在证券市场上的市场价格或售价。（ ）

19. 融资租赁的优点是融资速度快,融资成本低且设备淘汰的风险小,财务风险也小。 （ ）

20. 降低资本成本,改善资本结构是公司发行优先股的主要动机之一。 （ ）

(四) 计算与分析题

1. 某公司2008年的简要财务数据如表4-1所示。

表4-1 某公司简要财务资料 单位:万元

项　　目	金　　额
流动资产	6 400
长期资产	8 000
流动负债	2 400
长期负债	6 000
当年销售收入	8 000
净利润	800
分配股利	320
留存收益	480

假设企业的流动资产和流动负债均随销售收入的变化同比例变化。

要求：（1）2009年预计销售收入达到10 000万元，销售净利率和收益留存比率维持2008年水平，计算需要筹集多少外部资金。

（2）如果2009年留存收益比率为100%，销售净利率提高到12%，目标销售收入为12 000万元，计算需要筹集多少外部资金。

2. 已知：某公司2009年销售收入为30 000万元，2009年12月31日的资产负债表（简表）如表4-2所示。

表4-2　资产负债表（简表）

2009年12月31日　　　　　　　　　　　　　　单位：万元

资　　产	期末余额	负债和所有者权益	期末余额
货币资金	1 000	应付账款	2 000
应收账款	4 000	应付票据	3 000
存货	5 000	长期借款	9 000
固定资产	9 000	实收资本	4 000
无形资产	1 000	留存收益	2 000
资产合计	20 000	负债和所有者权益合计	20 000

该公司2010年计划销售收入比上年增长30%，为实现这一目标，公司需新增设备一批，需要800万元资金。据历年财务数据分析，公司流动资产与流动负债随销售额同比率增减。假定该公司2010年的销售净利率可达到15%，净利润的60%分配给投资者。

要求：（1）计算2010年流动资产增加额。

（2）计算2010年流动负债增加额。

（3）计算2010年公司需增加的营运资金。

表4-3　产销量与资金变化情况表

年　度	产销量（X_i）（万件）	资金占用（Y_i）（万元）
2003	1 200	1 000
2004	1 100	950
2005	1 000	900
2006	1 200	1 000
2007	1 300	1 050
2008	1 400	1 100

（4）计算 2010 年的留存收益。

（5）预测 2010 年需要对外筹集的资金量。

3. 某企业历年产销量和资金变化情况如表 4-3 所示。2009 年预计销售量为 1 600 万件。

要求计算：2009 年的资金需要量。

4. 某企业拟采用融资租赁方式于 2008 年 1 月 1 日从租赁公司租入一台设备，设备款为 90 000 元，租期为 5 年，到期后设备归企业所有。双方商定，如果采取后付等额租金方式付款，则折现率为 15%；如果采取先付等额租金方式付款，则折现率为 12%。企业的资金成本率为 8%。

要求：（1）计算后付等额租金方式下的每年等额租金额。

（2）计算后付等额租金方式下的 5 年租金终值。

（3）计算先付等额租金方式下的每年等额租金额。

（4）计算先付等额租金方式下的 5 年租金终值。

（5）比较上述两种租金支付方式下的终值大小，说明哪种租金支付方式对企业更为有利。（以上计算结果均保留至整数）

5. 某公司欲采购一批材料，目前正面对着甲、乙两家提供不同信用条件的卖方，甲公司的信用条件为"2/10，N/40"，乙公司的信用条件为"2/20，N/60"。

要求：回答下面问题并说明理由：

（1）已知该公司目前有一投资机会，投资收益率为 28%，该公司是否应享受甲公司提供的现金折扣？

（2）如果该公司准备放弃现金折扣，那么应选择哪家供应商？如果该公司准备享有现金折扣，那么应选择哪家供应商？

案 例 分 析

一、案例资料

（一）背景介绍

南宁化工股份有限公司成立于 1998 年 6 月 15 日，经广西壮族自治区人民政府桂政函〔1998〕57 号文批准，由南宁化工集团有限公司（以下简称"南化集团"）作为主要发起人，联合南宁统一糖业有限责任公司、南宁味精厂、邕宁县纸业有限公司及广西赖氨酸厂共同发起成立的股份有限公司。南化集团是全国化工 500 强企业，广西最大的综合性化工企业，南宁市工业发展十佳企业。公司 2001 年通过 ISO9002 质量体系认证，并拥有国家级"一类质监机构"。南化集团以氯碱产品生产为主，是全国重要的基础化工原料生产基地。农药、聚氯乙烯、山梨酸、氯乙酸等产品产量占广西总产量的 70% 以上，烧碱产量占 60% 以上，强氯精在国内首家实现工业化生产，是目前国内该产品生产规模最大的厂家。

公司1998年8月在上海证券交易所成功发行1.5亿元可转换公司债,同年9月上市流通,成为我国第一家发行可转换公司债券并上市的试点企业。2000年6月发行4000万A股,同年7月上市流通。2001年5月原"南化转债"全部转为"南化股份"股票。2003年,在全国1324家上市公司中,按每股收益排序,公司位于381位,在18家氯碱行业上市公司中排第3位。截至2003年12月31日,公司总资产为8.61亿元。1995~1997年主要财务指标资料如表4-4所示。

表4-4 3年主要财务指标

项 目	1997年	1996年	1995年
流动比率	0.76	1.36	1.94
速动比率	0.58	1.03	1.45
资产负债率(%)	67.86	65.78	56.03
应收账款周转率(次)	4.31	7.27	—
存货周转率(次)	6.26	5.63	—
净资产收益率	11.97	11.07	26.79
每股净利(元)	0.14	—	—

(二)发行可转债的简要过程

1. 发行可转债的依据

经中国证监会证监发字[207]号和证监发字[208]号文批准,于1998年8月3~7日向社会公开发行可转换期限为5年(1998年8月3日至2003年8月2日)的公司债券(简称"南化转债")15000万元人民币,债券每张面值100元,共计150万张,并于1998年9月2日在上海证券交易所挂牌交易。本次可转换债券发行所筹集到的资金,将主要用于三项扩大再生产建设项目,见效时间分别为1998年、2000年。另外,还将其中的6900万元用于偿还长期借款。

2. 南化转债的主要条款

可转债按面值从1998年8月3日开始计息,首年票面利率为1%,以后每年增0.2个百分点。每年8月2日及到期后15个交易日内付息。利息计算公式为:$I = B \times I_0$,其中,I为支付的利息额,B为可转债持有人持有的可转债票面总金额,I_0为执行利率。

3. 申请转股的程序

(1)转股申请的手续及转股申请的申明事项转股申请通过上海证券交易所交易

系统以报盘方式进行。可转债持有人可将自己账户内的可转债全部或部分申请转为公司股票。申请转换的股份数额是整数(每股面值1元)。不足转换一股的可转债,公司将于到期日后15个交易日内兑付这部分可转债的剩余的票面金额。转股申请一经确认不得撤单。

(2) 转股申请时间。自愿申请转股时间为该公司股票上市日至可转债到期日之间的交易日内,但该公司股票因送红股、增发新股、配股而调整转股价格公告暂停转股的时期除外。

(3) 可转债的冻结及注销。上海证券交易所对转股申请确认有效后,将记减(冻结并注销)投资者的债券数额,同时记加投资者相应的股份数额。

(4) 股份登记事项及因转股而配发的股份所享有的权益。可转债经申请转股或强制性转股后所增加的股票将自动登记入投资者的股票账户。因可转债转换而增加的该公司股票享有与该公司原股票同等的权益,并可于转股后下一个交易日与该公司已上市交易的股票一同上市流通。

4. 转股价格的确定和调整方法

1) 初始转股价格的确定。初始转股价确定为该公司将来公开发行人民币普通股(即A股)时发行价的一定比例的折扣(发性行价将根据中国证监会当时规定的计算方式确定)。设定发行价为P,初始转股价为P_0。

如该公司股票在1999年8月3日(含此日)至2000年8月2日(含此日)间发行,则$P_0 = P \times 98\%$;

如该公司股票在2000年8月3日(含此日)至2001年8月2日(含此日)间发行,则$P_0 = P \times 96\%$;

如该公司股票在2001年8月3日(含此日)至2002年8月2日(含此日)间发行,则$P_0 = P \times 94\%$;

如该公司股票在2002年8月3日(含此日)至2003年8月2日(含此日)间发行,则$P_0 = P \times 92\%$。

一旦该公司A股发行并上市,初始转股价格将按照上列条件之一计算确定,在以后的可转债存续期内不再根据折扣率逐年变化。

2) 转股价格的调整方法。

(1) 转股价格调整的计算公式

当该公司初次发行A股后,每送红股、增发新股或配股时,转股价格将进行如下调整:

设初始转股价为P_0,送股率为N,配股或增发新股率为K,配股价或增发价为A,则调整价P_1为:

送股：$P_1 = P_0 \div (1+N)$

增发新股或配股：$P_1 = (P_0 + AK) \div (1+K)$

两项同时进行时：$P_1 = (P_0 + AK) \div (1+N+K)$

(2) 转股价格调整的手续。因送红股、配股或增发新股而调整转股价时，该公司将公告确定股权登记日，并从公告日开始至股权登记日止可暂停可转债转股。从股权登记日的下一个交易日开始恢复转股并执行调整后的转股价。

5. 强制性转股条款

1) 到期日前有条件强制性转股。

(1) 条件。该公司股票上市后，如：收盘价在 1999 年 8 月 3 日(含此日)至 2000 年 8 月 2 日(含此日)之间持续高于转股价 250% 或 250% 以上达 35 个交易日以上；收盘价在 2000 年 8 月 3 日(含此日)至 2001 年 8 月 2 日(含此日)之间持续高于转股价 180% 或 180% 以上达 25 个交易日以上；收盘价在 2001 年 8 月 3 日(含此日)至 2002 年 8 月 2 日(含此日)之间持续高于转股价 100% 或 100% 以上达 15 个交易日以上；收盘价在 2002 年 8 月 3 日(含此日)至 2003 年 8 月 2 日(含此日)之间持续高于转股价 30% 或 30% 以上达 10 个交易日以上；则该公司有权将剩余可转债强制性地全部或部分转换为该公司股票。

(2) 到期日前有条件强制性转股的转股价格。强制性转股价格为强制性转股登记日时正在生效的转股价。

(3) 到期日前有条件强制性转股手续。如该公司决定行使强制性转股，在条件满足后 10 个交易日内，该公司将在中国证监会指定的上市公司信息披露报刊上刊登强制性转股公告 3 次。公告正式刊登后，股价变化不影响该公司行使强制性转股的决定。

2) 到期无条件强制性转股。在可转债到期日(2003 年 8 月 2 日)前未转换为股票的，将于到期日强制转换为公司股票，若 2003 年 8 月 2 日并非上海证券交易所的交易日，则于该日之下一个交易日强制转换为该公司股票。

可转债持有人无权要求该公司以现金清偿可转债的本金，但转股时不足一股的剩余可转债该公司将兑付剩余的票面金额。实施到期无条件强制性转股时，转股价将进行调整，即以可转债到期日前 30 个交易日股票收盘价的平均值及当时生效的转股价两者较低者作为转股价格。但该转债价不应低于当时生效的转股价的 80%。

6. 回售条款

公司股票未在可转债到期日 12 个月以前上市，投资者有权将部分或全部可转债回售发行公司，其回售价计算公式为：

可转债回售价 ＝ 可转债面值 × (1 + 4 × 5.60%) － 公司已支付利息

式中，5.60% 为年利率，且为单利。

因此,可转债回售价 $= 100 \times (1 + 4 \times 5.60\%) - 100 \times (1.0\% + 1.2\% + 1.4\% + 1.6\%) = 117.2$(元/张)。

(三) 南化转债发行情况

根据 1998 年 9 月 1 日南化转债上市公告书,截至 1998 年 8 月 11 日,本次公开发行的 150 万张南化转债已经全部由社会公众认购。经深圳同人会计师事务所审验,南化公司已收到投资者投入资金 15 000 万元人民币,扣除发行费用后的实际可使用筹集资金为 14 528 万元人民币。

根据王翠、王棣华:"南宁化工债转股筹资案例分析",《经济视角》2007 年第 9 期整理。

二、思考分析

(1) 南宁化工股份有限公司低成本筹资策略体现在什么方面?

(2) 南宁化工股份有限公司可转债发行时间决策是如何与公司生产战略相结合的?

(3) 南宁化工股份有限公司可转债票面利率与期限的决策是如何?体现了筹资的什么原则?

(4) 以可转换债券方式筹资的优势是什么?

四、复习题参考答案

(一) 单项选择题

1. C 2. B 3. A 4. C 5. B 6. B 7. A 8. C 9. B 10. D 11. C
12. D 13. D 14. A 15. C 16. A 17. A 18. D 19. D 20. D

(二) 多项选择题

1. BCD 2. ABC 3. CD 4. ABD 5. ACD 6. ABC 7. ABD 8. ABCD
9. ABC 10. ABCD 11. AB 12. ABCD 13. ABC 14. AC 15. AB
16. ABC 17. BC 18. ABCD 19. ABC 20. ABD

(三) 判断题

1. √ 2. × 3. × 4. × 5. × 6. √ 7. × 8. × 9. √ 10. √
11. √ 12. × 13. × 14. × 15. √ 16. × 17. × 18. √ 19. √
20. ×

(四) 计算与分析题

1. (1) 流动资产销售百分比 $= 6 400 \div 8 000 \times 100\% = 80\%$
　　流动负债销售百分比 $= 2 400 \div 8 000 \times 100\% = 30\%$
　　销售净利率 $= 800 \div 8 000 \times 100\% = 10\%$
　　留存收益比率 $= 640 \div 800 \times 100\% = 60\%$

$$外部筹资额 = (10\,000 - 8\,000) \times (80\% - 30\%) -$$
$$10\,000 \times 10\% \times 60\% = 400(万元)$$

(2) 外部筹资额 $= (12\,000 - 8\,000) \times (80\% - 30\%) -$
$$12\,000 \times 12\% \times 100\% = 560(万元)$$

2. (1) 流动资产增长率为 30%

2009 年年末的流动资产 $= 1\,000 + 4\,000 + 5\,000 = 10\,000(万元)$

2010 年流动资产增加额 $= 10\,000 \times 30\% = 3\,000(万元)$

(2) 流动负债增长率为 30%

2009 年年末的流动负债 $= 2\,000 + 3\,000 = 5\,000(万元)$

2010 年流动负债增加额 $= 5\,000 \times 30\% = 1\,500(万元)$

(3) 2010 年公司需增加的营运资金 = 流动资产增加额 − 流动负债增加额 =
$$3\,000 - 1\,500 = 1\,500(万元)$$

(4) 2010 年的销售收入 $= 30\,000 \times (1 + 30\%) = 39\,000(万元)$

2010 年的净利润 $= 39\,000 \times 15\% = 5\,850(万元)$

2010 年的留存收益 $= 5\,850 \times (1 - 60\%) = 2\,340(万元)$

(5) 2010 年需要对外筹集的资金量 $= (1\,500 + 800) - 2\,340 = -40(万元)$

3. (1) 资金需要量预测表(按总额预测)如表 4-5 所示。

表 4-5　资金需要量预测表

年　度	产销量 X_i(万件)	资金占用 Y_i(万元)	XY	X^2
2003	1 200	1 000	1 200 000	1 440 000
2004	1 100	950	1 045 000	1 210 000
2005	1 000	900	900 000	1 000 000
2006	1 200	1 000	1 200 000	1 440 000
2007	1 300	1 050	1 365 000	1 690 000
2008	1 400	1 100	1 540 000	1 960 000
合计 $n = 6$	$\sum X = 7\,200$	$\sum Y = 6\,000$	$\sum XY = 7\,250\,000$	$\sum X^2 = 8\,740\,000$

(2) 计算 a、b:

$$\begin{cases} \sum Y = na + b\sum X \\ \sum XY = a\sum X + b\sum X^2 \end{cases}$$

$$\begin{cases} 6\,000 = 6a + 7\,200b \\ 7\,250\,000 = 7\,200a + 8\,740\,000b \end{cases}$$

(3) 把 $a = 400$、$b = 0.5$ 代入 $Y = a + bX$ 得：

$$Y = 400 + 0.5X$$

(4) 把 2009 年预计销售量 1 600 万件代入上式,得出 2009 年资金需要量为：

$$400 + 0.5 \times 1\,600 = 1\,200(万元)$$

4. (1) 后付等额租金方式下的每年等额租金额 $= 90\,000 \div (P/A, 15\%, 5) =$

$$26\,848(元)$$

(2) 后付等额租金方式下的 5 年租金终值 $= 26\,848 \times (F/A, 8\%, 5) =$

$$157\,506(元)$$

(3) 先付等额租金方式下的每年等额租金额 $= 90\,000 \div [(P/A, 12\%, 4) + 1] =$

$$22\,292(元)$$

(4) 先付等额租金方式下的 5 年租金终值 $= 22\,292 \times (F/A, 8\%, 5) =$

$$143\,856(元)$$

(5) 因为先付等额租金方式下的 5 年租金终值小于后付等额租金方式下的 5 年租金终值,所以应当选择先付等额租金支付方式。

5. (1) 放弃甲公司现金折扣的成本 $= 2\% \div (1 - 2\%) \times 360 \div$

$$(40 - 10) \times 100\% = 24.49\%$$

因为放弃现金折扣的成本低于投资收益率,所以企业应当放弃甲公司提供的现金折扣。

(2) 放弃乙公司现金折扣的成本 $= 2\% \div (1 - 2\%) \times 360 \div$

$$(60 - 20) \times 100\% = 20.61\%$$

因为 $24.49\% > 20.61\%$,所以如果企业打算享受现金折扣则应当选择甲公司;如果企业打算放弃现金折扣则应当选择乙公司。

案例分析参考答案(略)

第五章　资本成本与资本结构

一、内容概要解析

（一）资本成本

1. 资本成本概述

（1）资本成本概念。资本成本，又称资金成本，它是企业为筹集和使用长期资金而付出的代价。资本成本也可理解为是一种机会成本，指公司可以从现有资产获得的，符合投资人期望的最小收益率，即投资项目的取舍收益率。

资本成本分为个别资本成本和综合资本成本，个别资本成本是指每一种具体的资本来源的成本，综合资本成本是指筹资总额的成本，在数量上它等于各项资本来源个别成本的加权平均数，又称为加权平均成本。

（2）资本成本的意义和作用。资本成本是企业选择筹资来源和方式，拟定筹资方案的依据，资本成本的高低直接影响着筹资决策；资本成本也是评价投资项目可行性的衡量标准，在投资决策中，一般采用资本成本作为折现率计算净现值，或将资本成本作为基准收益率与内含报酬率比较，以决定项目的取舍；在企业价值评估中，资本成本也是一个重要的参数，在现金流量折现法和经济利润法中，都要使用资本成本作为折现率，计算企业价值。

（3）资本成本的表现形式。资本成本可以用绝对数表示，也可以用相对数表示。资本成本用绝对数表示即资本总成本，它是筹资费用和用资费用之和。由于它不能反映用资多少，所以较少使用。资本成本用相对数表示即资本成本率，它是资金占用费与筹资净额的比率，一般而言，资本成本多指资本成本率。其计算公式为：

$$资本成本 = \frac{资金占用费}{筹资总额 - 资金筹集费}$$

由于资金筹集费一般以筹资总额的某一百分比计算，因此，上述计算公式也可表现为：

$$资本成本 = \frac{资金占用费}{筹资总额 \times (1 - 筹资费率)}$$

企业以不同方式筹集的资金所付出的代价一般是不同的，企业总的资本成本是由各项个别资本成本及资金比重所决定的。对资本成本的计算必须从个别资本成本开始。

2. 个别资本成本

个别资本成本是指各种筹资方式所筹资金的成本。主要包括债务资本成本、优先股资本成本、普通股资本成本和留存收益资本成本,后三者可统称为权益资本成本。

(1) 债务资本成本。债务主要指债券和长期借款。债务每年付出的代价是利息,由于利息是税前列支的,因此债务的资金占用费就是每年的税后利息,筹资总额是指实际筹集到的资金,因此应按发行价来确定。

在静态法下,资本成本的计算公式为:

$$K_b = \frac{I \cdot (1-t)}{B \cdot (1-f_b)} = \frac{i \cdot (1-t)}{1-f_b}$$

式中:K_b 为债务资本成本,I 为债务的年利息,B 为债务筹资总额,t 为所得税税率,f_b 为债务筹资费率,i 为债务年利息率。

在动态法下,债务资本成本是使下式成立的 K_b:

$$B \cdot (1-f_b) = \sum_{i=1}^{n} \frac{I \cdot (1-t)}{(1+K_b)^i} + \frac{M}{(1+K_b)^i}$$

式中:K_b 为债务资本成本,I 为债务的年利息,B 为债务筹资总额,M 为债务筹资本金,t 为所得税税率,f_b 为债务筹资费率,i 为年份。

为了便于记忆,上式还可用文字表述为:

$$现金流入 = 未来现金流出的现值$$

(2) 优先股资本成本。优先股资本成本的确定与债务资本成本有点类似,所不同的是由于股利是税后列支的,不能抵税,因此,优先股每年的资金占用费就是每年发放的股利。优先股股利通常是固定的,表现为面值的一定百分比。

优先股资本成本的计算公式为:

$$K_p = \frac{D}{P_p \cdot (1-f_p)}$$

式中:K_p 为优先股资本成本,D 为优先股年股利额,P_p 为优先股筹资总额,f_p 为优先股筹资费率。

(3) 普通股资本成本。普通股资本成本与优先股资本成本的区别在于普通股的股利是有可能增长的,要推导其准确的计算公式比较困难,一般采用近似公式。

普通股资本成本的计算公式为:

$$K_s = \frac{D_1}{P_s \cdot (1 - f_s)} + G$$

式中：K_s 为普通股资本成本，D_1 为预期第 1 年普通股股利，P_s 为普通股筹资总额，F_s 为普通股筹资费率，G 为普通股年股利增长率。

由于投资者的期望报酬就是筹资者的资本成本，因此还可以采用"资本资产定价模型"来确定普通股资本成本。具体计算参见第七章第六节中的专门论述。

（4）留存收益资本成本。一般企业都不会把盈利以股利形式全部分给股东，而且相关的法律法规也不允许这样做，因此，企业只要有盈利，总会有留存收益。留存收益是企业的可用资金，它属于普通股股东所有，其实质是普通股股东对企业的追加投资。留存收益资本成本可以参照市场利率，也可以参照机会成本，更多的是参照普通股股东的期望收益，即普通股资本成本，但它不会发生筹资费用。其计算公式为：

$$K_r = \frac{D_1}{P_r} + G$$

式中：K_r 为留存收益资本成本。

3. 综合资本成本

在实际工作中，企业筹措资金往往同时采用几种不同的方式。综合资本成本就是指一个企业不同筹资方式的平均资本成本，它是以各种资本所占的比重为权数，对各种资本成本进行加权平均计算出来的，所以又称加权平均资本成本。其计算公式为：

$$K_W = \sum_{j=1}^{n} K_j \cdot W_j$$

式中：K_W 为综合资本成本（加权平均资本成本），K_j 为第 j 种资金的资本成本，W_j 为第 j 种资金占全部资金的比重。

一般综合资本成本的计算中所用权数是按账面价值确定的。使用账面价值权数，其数据能从资产负债表上取得，但当债券和股票的市价与账面值相差过多时，计算得到的综合资本成本就会不客观。

计算综合资本成本也可选择采用市场价值权数和目标价值权数。市场价值权数是指债券、股票等以当前市场价格来确定的权数，这样做比较能反映当前实际情况，但因市场价格变化不定而难以确定。目标价值权数是指债券、股票等以未来预计的目标市场价值确定的权数，但未来市场价值只能是估计的。概括地说，以上三种权数分别有利于了解过去、反映现在、预知未来。在计算综合资本成本时，如无特殊说明，则要求采用账面价值权数。

4. 边际资本成本

边际资本成本是指资金每增加一个单位而增加的成本。当企业需要追加筹措资金时应考虑边际资本成本的高低。企业追加筹资,可以只采用某一种筹资方式,但这对保持或优化资本结构不利。当筹资数额较大,资本结构又有既定目标时,应通过边际资本成本的计算,确定最优的筹资方式组合。

（二）经营杠杆

1. 经营杠杆效应

企业在生产经营中会有这么一种现象:在单价和成本水平不变的条件下,销售量的增长会引起息税前利润以更大的幅度增长。这就是经营杠杆效应。固定成本的存在是经营杠杆效应产生的原因,当销售量增加时,变动成本将同比例增加,销售收入也同比例增加,但固定成本总额不变,单位固定成本以反方向变动,这就导致单位产品成本降低,每单位产品利润增加,于是利润比销量增加得更快。经营杠杆效应越大,经营风险也就越大。

2. 经营杠杆系数及其计算

经营杠杆的大小通常可以用经营杠杆系数来计量。经营杠杆系数,也称经营杠杆率,是指息税前利润的变动率相对于销售量变动率的倍数。

（1）理论公式:

$$经营杠杆系数(DOL) = \frac{息税前利润变动率}{销售量变动率} = \frac{\Delta EBIT / EBIT_0}{\Delta x / x_0}$$

（2）简便公式:

$$经营杠杆系数(DOL) = \frac{基期边际贡献}{基期息税前利润}$$

（三）财务杠杆

1. 财务杠杆效应

企业的每股利润会有这么一种现象:在资本构成不变的情况下,息税前利润的增长会引起每股利润以更大的幅度增长。这就是财务杠杆效应,财务杠杆效应产生的原因是当息税前利润增长时,债务利息不变,优先股股利不变,每1元息税前利润负担的利息和优先股股利降低了,这就导致普通股每股利润比息税前利润增加得更快。

2. 财务杠杆系数及其计算

财务杠杆的大小通常可以用财务杠杆系数来计量。财务杠杆系数,也称财务杠杆率,是指每股利润的变动率相对于息税前利润变动率的倍数。

（1）理论公式:

$$财务杠杆系数(DFL) = \frac{每股利润变动率}{息税前利润变动率} = \frac{\Delta EPS / EPS_0}{\Delta EBIT / EBIT_0}$$

（2）简便公式：

$$\text{财务杠杆系数}(DFL) = \cfrac{\text{基期息税前利润}}{\text{基期息税前利润} - \text{债务利息} - \cfrac{\text{优先股股利}}{1 - \text{所得税税率}}}$$

式中：I 为债务利息，t 为所得税税率，E 为优先股股利，n 为普通股股数。

对于无优先股的股份制企业或非股份制企业，上述财务杠杆系数的计算公式可简化为：

$$\text{财务杠杆系数}(DFL) = \frac{EBIT_0}{EBIT_0 - I} = \frac{\text{基期息税前利润}}{\text{基期税前利润}}$$

（四）综合杠杆

1. 综合杠杆效应

由于存在固定的生产经营成本，会产生经营杠杆效应，即销售量的增长会引起息税前利润以更大的幅度增长。由于存在固定的财务成本（债务利息和优先股股利），会产生财务杠杆效应，即息税前利润的增长会引起普通股每股利润以更大的幅度增长。而一个企业会同时存在固定的生产经营成本和固定的财务成本，因此，两种杠杆效应共同发生，将产生连锁作用，销售量稍有变动就会导致每股利润以更大的幅度变动。这种现象被称为综合杠杆效应。综合杠杆效应越大，企业风险越大。

2. 综合杠杆系数及其计算

综合杠杆效应通常用综合杠杆系数来计量，综合杠杆系数也称复合杠杆系数，又称总杠杆系数（DTL），是指每股利润的变动率相对于销售量变动率的倍数。

（1）理论公式：

$$\text{综合杠杆系数}(DTL) = \frac{\text{每股利润变动率}}{\text{销售量变动率}} = \frac{\Delta EPS / EPS_0}{\Delta x / x_0}$$

（2）简便公式：

$$\text{综合杠杆系数}(DTL) = \cfrac{\text{基期边际贡献}}{\text{基期息税前利润} - \text{债务利息} - \cfrac{\text{优先股股利}}{1 - \text{所得税税率}}}$$

对于无优先股的股份制企业或非股份制企业，上述综合杠杆系数的计算公式可简化为：

$$DTL = \frac{\text{基期边际贡献}}{\text{基期税前利润}}$$

验证：

$$DTL = DOL \cdot DFL$$

（五）最佳资本结构

1. 资本结构概念

资本结构是指企业各种来源的长期资金的构成及其比例关系。资本结构是否合理会影响企业资本成本的高低、财务风险的大小以及投资者的收益，它是企业筹资决策的核心问题。企业资金来源多种多样，但总的来说可分成权益资金和债务资金两类，资本结构问题主要是负债比率问题。一般而言，债务资本成本比权益资本成本低，因此适度增加债务可能会降低企业资本成本，获取财务杠杆利益，但同时也会给企业带来财务风险。

2. 最佳资本结构

由上分析可知，利用债务资金具有双重作用，因此企业必须权衡利弊，确定一个最佳资本结构。所谓最佳资本结构是指使得企业价值最大、企业综合资本成本最低的资本结构。最佳资本结构在理论上是存在的，但是由于企业内部条件和外部情况经常发生变化，有些因素不易量化，寻找最佳资本结构比较困难。因此这里介绍一些在特定条件下，优化资本结构的方法。运用这些方法计算得到的结果，或许是较优资本结构，但在应用这些方法时，还应结合其他因素，以便使资本结构趋于最佳。

（1）比较资本成本法。当企业对不同筹资方案作选择时，先分别计算各个备选方案的综合资本成本，然后根据综合资本成本的高低选定一个资本结构较优的方案。

（2）每股利润分析法。每股利润分析法是利用每股利润无差别点来进行资本结构决策的方法。所谓每股利润无差别点是指两种筹资方式下每股利润相等时的息税前利润，所以每股利润分析法又叫做 EBIT - EPS 分析。根据每股利润无差别点，可以分析判断在什么情况下运用债务筹资（或权益筹资）来安排和调整资本结构。

（3）比较公司价值法。比较公司价值法是以公司价值的大小作为标准来寻求最佳资本结构的方法。

从理论上讲，比较公司价值法是判断资本结构是否最佳最好的方法，但是由于这种方法建立在一定的假设基础上，因此其应用受到了较大的限制。上述三种优化资本结构的方法都有一定的局限性。企业可根据自己的实际情况选用合适的方法，以便作出恰当的选择。

二、背景资料

资本结构理论包括净收益理论、净营业收益理论、MM 理论、代理理论和等级筹资理论等。

（一）净收益理论

该理论认为，利用债务可以降低企业的综合资金成本。由于债务成本一般较低，所以，负债程度越高，综合资金成本越低，企业价值越大。当负债比率达到 100％时，企业价值将达到最大。

（二）净营业收益理论

该理论认为，资本结构与企业的价值无关，决定企业价值高低的关键要素是企业的净营业收益。尽管企业增加了成本较低的债务资金，但同时也加大了企业的风险，导致权益资金成本的提高，企业的综合资金成本仍保持不变。不论企业的财务杠杆程度如何，其整体的资金成本不变，企业的价值也就不受资本结构的影响，因而不存在最佳资本结构。

（三）MM 理论

MM 理论认为，在没有企业和个人所得税的情况下，任何企业的价值，不论其有无负债，都等于经营利润除以适用于其风险等级的收益率。风险相同的企业，其价值不受有无负债及负债程度的影响；但在考虑所得税的情况下，由于存在税额庇护利益，企业价值会随负债程度的提高而增加，股东也可获得更多好处。于是，负债越多，企业价值也会越大。

（四）代理理论

代理理论认为，企业资本结构会影响经理人员的工作水平和其他行为选择，从而影响企业未来现金收入和企业市场价值。该理论认为，债权筹资有很强的激励作用，并将债务视为一种担保机制。这种机制能够促使经理多努力工作，少个人享受，并且作出更好的投资决策，从而降低由于两权分离而产生的代理成本；但是，负债筹资可能导致另一种代理成本，即企业接受债权人监督而产生的成本。均衡的企业所有权结构是由股权代理成本和债权代理成本之间的平衡关系来决定的。

（五）等级筹资理论

等级筹资理论认为：① 外部筹资的成本不仅包括管理和证券承销成本，还包括不对称信息所产生的"投资不足效应"而引起的成本。② 债务筹资优于股权筹资。由于企业所得税的节税利益，负债筹资可以增加企业的价值，即负债越多，企业价值增加越多，这是负债的第一种效应；但是，财务危机成本期望值的现值和代理成本的现值会导致企业价值的下降，即负债越多，企业价值减少额越大，这是负债的第二种效应。由于上述两种效应相抵消，企业应适度负债。③ 由于非对称信息的存在，企业需要保留一定的负债容量以便当有利可图的投资机会来临时可发行债券，避免以太高的成本发行新股。

从成熟的证券市场来看，企业的筹资优序模式首先是内部筹资，其次是借款、发行债券、可转换债券，最后是发行新股筹资。但是，20 世纪 80 年代新兴证券市场具有明显的股权融资偏好。

阅 读 文 献

1. 张春瑞:"无差别资金成本法在信用条件决策中的应用",《商业会计》2010 年第 5 期。

2. 廖敏霞:"我国上市公司资本结构优化分析",《企业经济》2010 年第 5 期。

3. 曹文慧:"资金成本在财务决策中的应用探讨",《国际商务财会》2010 年第 6 期。

4. 杨华、陈迅、田洪刚:"资本结构与经营绩效非线性关系研究——来自中国能源行业上市公司的经验证据",《财经论丛》2011 年第 1 期。

三、复习题

(一) 单项选择题

1. 下列关于最优资金结构的表述中,不正确的是(   )。

    A. 公司总价值最大时的资金结构是最优资金结构

    B. 在最优资金结构下,公司综合资本成本率最低

    C. 若不考虑风险价值,预计息税前利润高于每股利润无差异点,运用负债筹资,可实现最佳资金结构

    D. 若不考虑风险价值,预计息税前利润高于每股利润无差异点,运用股权筹资,可实现最佳资金结构

2. 经营杠杆系数、财务杠杆系数和复合杠杆系数之间的关系是(   )。

    A. 复合杠杆系数＝经营杠杆系数＋财务杠杆系数

    B. 复合杠杆系数＝经营杠杆系数－财务杠杆系数

    C. 复合杠杆系数＝经营杠杆系数×财务杠杆系数

    D. 复合杠杆系数＝经营杠杆系数÷财务杠杆系数

3. 最佳资金结构是指(   )。

    A. 每股利润最大时的资金结构

    B. 企业风险最小时的资金结构

    C. 企业目标资金结构

    D. 综合资金成本最低,企业价值最大时的资金结构

4. 一般而言,企业资金成本最高的筹资方式是(   )。

    A. 发行债券   B. 长期借款   C. 发行普通股   D. 发行优先股

5. 在比较各种筹资方式中,使用(   )。

    A. 个别资本成本   B. 加权平均资本成本

C. 边际资本成本   D. 完全成本

6. 留存收益资金成本与普通股资金成本在计算上的区别是,前者不考虑(　　)。

    A. 资金占用费   B. 资金筹集费

    C. 所得税税率   D. 预计以后每年股利增长率

7. 资金成本就是企业(　　)。

    A. 支付的股利   B. 支付的利息

    C. 支付的资金筹集费用   D. 筹集和使用资金而付出的代价

8. (　　)适用于息税前利润不能明确预见,但可估测大致范围的情况。

    A. 比较综合资本成本   B. 比较普通股每股利润

    C. 无差别点分析   D. EBIT 分析

9. 在边际贡献大于固定成本的情况下,下列措施中,不利于降低企业复合风险的是(　　)。

    A. 增加产品销量   B. 提高产品单价

    C. 提高资产负债率   D. 节约固定成本支出

10. 在计算资本成本时,与所得税有关的资金来源是下述情况中的(　　)。

    A. 普通股   B. 优先股   C. 银行借款   D. 留存收益

11. 某公司的权益和负债筹资额的比例为 5∶4。当负债增加在 100 万元以内时,资金成本率为 10%。若资金结构不变,当发行 100 万元的负债时,筹资总额分界点为(　　)万元。

    A. 200   B. 225   C. 180   D. 400

12. 某企业只生产一种产品,已知本期销量为 20 000 件,固定成本为 30 000 元,息税前利润为 10 000 元。下期经营杠杆系数为(　　)。

    A. 2   B. 5   C. 3   D. 4

13. 某企业只生产一种产品,已知本期销量为 20 000 件,固定成本为 30 000 元,息税前利润为 10 000 元,利息为 2 000 元,下期财务杠杆系数为(　　)。

    A. 2.5   B. 5   C. 1.25   D. 3

14. 每股利润变动率相对于销售额变动率的倍数,即为(　　)。

    A. 经营杠杆系数   B. 财务杠杆系数

    C. 综合杠杆系数   D. 边际资本成本

15. 在计算资本成本时,与所得税有关的资金来源是下述情况中的(　　)。

    A. 普通股   B. 优先股   C. 银行借款   D. 留存收益

16. 某企业某年的财务杠杆系数为 2.5,息税前利润(EBIT)的计划增长率为 10%,假定其他因素不变,则该年普通股每股收益(EPS)的增长率为(　　)。

    A. 4%   B. 5%   C. 20%   D. 25%

17. 某企业某年的财务杠杆系数为 2.5,息税前利润的计划增长率为 10％,假定其他因素不变,则该年普通股每股收益的增长率为(　　)。

  A. 4％　　　　　B. 5％　　　　　C. 20％　　　　　D. 25％

18. 只要企业存在固定成本,则经营杠杆系数必(　　)。

  A. 与销售量成正比　　　　　　B. 与固定成本成反比

  C. 恒大于 1　　　　　　　　　　D. 与风险成反比

19. 已知某公司 2008 年每股收益为 0.2 元,2009 年财务杠杆系数为 1.37,如果 2009 年每股收益不为负,则该公司的息税前利润最大降幅是(　　)。

  A. 80％　　　　　B. 72.99％　　　　　C. 100％　　　　　D. 137％

20. 在其他条件不变时,固定成本增加会使(　　)增加。

  A. 每股利润　　　　　　　　　　B. 单位变动成本

  C. 产品销量　　　　　　　　　　D. 经营杠杆系数

(二) 多项选择题

1. 资金成本是企业筹集与使用资金而付出的代价,资金成本是企业(　　)。

  A. 拟定筹资方案的依据

  B. 选择资金来源和方式的依据

  C. 评价投资项目可行性的衡量标准

  D. 是确定最优资金结构的主要参数

2. 下列项目中,属于资金成本中筹资费用内容的有(　　)。

  A. 借款手续费　　　　　　　　　B. 债券发行费

  C. 债券利息　　　　　　　　　　D. 股利

3. 下列对财务杠杆的论述中,正确的有(　　)。

  A. 与财务风险无关

  B. 在资本总额及负债比率不变的情况下,财务杠杆系数越高,每股盈余增长越快

  C. 财务杠杆正向效应就是利用债务资金使用会给企业权益资金带来额外收益

  D. 财务杠杆系数越大,财务风险越大

4. 综合杠杆系数的作用在于(　　)。

  A. 用来估计销售量变动对税息前利润的影响

  B. 用来估计销售量变动对每股收益造成的影响

  C. 揭示企业面临的风险对企业投资成果分配的影响

  D. 揭示经营杠杆与财务杠杆之间的相互关系

5. 利用每股利润无差异点进行企业资金结构分析时,(　　)。

  A. 当预计息税前利润等于每股利润无差异点时,权益筹资和负债筹资相同

B. 当预计息税前利润高于每股利润无差异点时,负债筹资有利

C. 当预计息税前利润低于每股利润无差异点时,权益筹资有利

D. 当预计息税前利润低于每股利润无差异点时,负债筹资有利

6. 在下列各项中,属于权益性资金成本的有(　　)。

    A. 优先股成本　　　　　　　　B. 银行借款成本

    C. 普通股成本　　　　　　　　D. 留存收益成本

7. 企业筹集和使用资金的成本是指(　　)。

    A. 资金筹集费　　B. 财务费用　　C. 资金占用费　　D. 资金费用

8. 计算发行优先股的企业财务杠杆系数须用到的数据有(　　)。

    A. 所得税税率　　　　　　　　B. 息税前利润

    C. 利息　　　　　　　　　　　D. 优先股股息

9. 将息税前利润同每股利润联系起来,分析资金结构与每股利润之间的关系,进而确定合理的资金结构的方法,称为(　　)。

    A. 对比分析法　　　　　　　　B. 因素分析法

    C. EBIT - EPS 分析法　　　　　D. 每股利润无差异点法

10. 适度增加负债资金在资金结构中产生的影响有(　　)。

    A. 降低企业资金成本　　　　　B. 加大企业财务风险

    C. 获取财务杠杆利益　　　　　D. 分散股东控制权

11. 债券资金成本一般应包括(　　)等内容。

    A. 债券利息　　　　　　　　　B. 发行印刷费

    C. 发行注册费　　　　　　　　D. 上市费以及推销费用

12. 下列各项中最佳资本结构决策的方法主要有(　　)。

    A. 比较资本成本法　　　　　　B. 比较公司价值法

    C. 每股利润分析法　　　　　　D. 固定利息

13. 下列各项中,影响经营杠杆系数的因素有(　　)。

    A. 边际贡献总额　　　　　　　B. 所得税税率

    C. 固定成本　　　　　　　　　D. 财务费用

14. 企业在负债筹资决策中,除了考虑财务风险和资金成本因素外,还需要考虑的因素有(　　)。

    A. 留存收益　　B. 偿还期限　　C. 偿还方式　　D. 限制条件

15. 下列项目中,同复合杠杆系数成正比例变动的有(　　)。

    A. 利息变动率　　　　　　　　B. 所得税税率变动率

    C. 经营杠杆系数　　　　　　　D. 财务杠杆系数

16. 影响企业加权平均资金成本的因素有(　　)。

A. 资金结构比重　　　　　　B. 个别资金成本高低

C. 筹资费用　　　　　　　　D. 筹资期限长短

17. 下列说法中,正确的有(　　)。

A. 在固定成本不变的情况下,经营杠杆系数说明销售额增长(减少)所引起的每股利润增长(减少)的程度。

B. 当销售额达到盈亏临界点时,经营杠杆系数接近于无穷大

C. 财务杠杆系数表明息税前利润增长所引起的每股收益的增长幅度

D. 经营杠杆程度较高的公司不宜在较低的程度上使用财务杠杆

18. 以下不属于资金占用费的有(　　)。

A. 发行股票的印刷费　　　　B. 股票的股利

C. 发行债券的手续费　　　　D. 债券利息

19. 在计算(　　)等个别资本成本时,应考虑抵税作用。

A. 普通股成本　　　　　　　B. 留存收益成本

C. 长期借款成本　　　　　　D. 债券成本

20. 综合成本率的计算中所用的权数可以按(　　)确定。

A. 账面价值　　B. 市场价值　　C. 目标价值　　　D. 票面价值

(三) 判断题

1. 当息税前利润高于每股利润无差别点的息税前利润时,采用负债筹资比采用权益方式筹资更有利。　　　　　　　　　　　　　　　　　　　　(　　)

2. 超过筹资突破点筹集资金,只要维持现有的资本结构,其资金成本率就不会增加。　　　　　　　　　　　　　　　　　　　　　　　　　　　(　　)

3. 当负债资金增加时,由于利息有减税作用,所以每股收益将会上升。　(　　)

4. 企业短期资本来源中,除短期银行借款有资本成本外,其他来源均无资本成本。　　　　　　　　　　　　　　　　　　　　　　　　　　　　(　　)

5. 留用收益是企业经营中的内部积累,不是向外界筹措的,因而不存在资本成本。　　　　　　　　　　　　　　　　　　　　　　　　　　　　　(　　)

6. 某公司的权益乘数为2,当负债增加在100万元以内时,综合资金成本率为10%,若资金成本和资金结构不变,当发行增加100万元的负债时,筹资总额分界点为180万元。　　　　　　　　　　　　　　　　　　　　　　(　　)

7. 最佳资本结构是指资本成本最低,企业价值最大,财务风险也最大时的资本结构。　　　　　　　　　　　　　　　　　　　　　　　　　　　　(　　)

8. 如果企业的负债为零,则财务杠杆系数也为零。　　　　　　　　　(　　)

9. 资金成本是投资人对投入资金所要求的最低收益率,也可作为判断投资项目是否可行的取舍条件。　　　　　　　　　　　　　　　　　　　　(　　)

10. 经营杠杆系数是指单价和固定成本不变的条件下,销售量增长引起息税前利润较大幅度增长。　　　　　　　　　　　　　　　　　　　　　( )

11. 企业的资金成本率是指资金筹资费用和用资费用之和与筹资总额的比率。　　　　　　　　　　　　　　　　　　　　　　　　　　　　　( )

12. 一个经营风险较大的企业应适度增加负债,以提高每股收益增加的幅度。　　　　　　　　　　　　　　　　　　　　　　　　　　　　　　( )

13. 企业总的资金成本是有各项个别资金成本计资金比重所决定的。　　( )

14. 企业所得税税率提高,意味着在其他因素不变的情况下,负债筹资承担的资金成本会下降。　　　　　　　　　　　　　　　　　　　　　　　　( )

15. 投资者的期望报酬率就是筹资者的资金成本。　　　　　　　　　( )

16. 企业追加筹资时应考虑加权资金成本的高低和所承担的财务风险的大小。　　　　　　　　　　　　　　　　　　　　　　　　　　　　　　　( )

17. 已知财务杠杆系数为 1.5,每股利润下降 100%,则息税前利润下降 150%。　　　　　　　　　　　　　　　　　　　　　　　　　　　　　　( )

18. 财务杠杆系数等于 1,说明企业每股收益和息税前利润同步增长。　( )

19. 企业最佳资金结构是指综合资金成本最低、企业价值最大、财务风险最小时的资金结构。　　　　　　　　　　　　　　　　　　　　　　　　　　( )

20. 比较公司价值法是判断资本结构的最佳方法。因此其应用比较普遍。( )

(四) 计算与分析题

1. 甲企业某投资项目资金来源情况如下:银行借款 300 万元,年利率为 4%,手续费为 4 万元。发行债券 500 万元,面值 100 元,发行价为 102 元,年利率为 6%,发行手续费率为 2%。普通股 800 万元,每股面值 10 元,每股市价 15 元,每股股利为 2.40 元,以后每年增长 5%,手续费率为 4%。留用利润 400 万元。企业所得税税率为 25%。

要求计算:(1) 银行借款成本。

(2) 债券资金成本。

(3) 普通股资金成本。

(4) 留存收益资金成本。

(5) 加权平均资金成本。

2. 某公司 2009 年净利润为 600 万元,所得税税率 25%,该公司全年固定成本为 1 500 万元,公司年初发行了一种债券,数量为 1 万张,每张面值 1 000 元,发行价格为 1 050 元,债券年利息为当年利息总额的 20%,发行费用占发行价格的 2%。已知该公司 2010 年财务杠杆系数为 1.5。

要求:根据上述资料计算如下指标:(1) 2009 年利润总额。

（2）2009 年息税前利润。

（3）2009 利息总额。

（4）2009 年债券资金成本。

（5）2010 年经营杠杆系数。

3. 某公司拥有长期资金 400 万元,其中长期借款 80 万元,普通股 320 万元。目前企业拟追加筹资,并维持目前的资本结构。各种资本成本率有关资料如表 5-1 所示。

表 5-1　各种资本成本率有关资料表

资金种类	筹资范围	资本成本
长期借款	40 万元及以下	5%
	40 万元以上	10%
普通股	100 万元及以下	12%
	100 万元以上	14%

要求:根据上述资料分别计算:（1）长期借款筹资总额分界点。

（2）普通股筹资总额分界点。

（3）筹资总额在 0~125 万元的边际资本成本。

（4）筹资总额在 125 万~200 万元的边际资本成本。

（5）筹资总额在 200 万元以上的边际资本成本。

4. 某企业资本总额 500 万元,其中普通股本 250 万元,每股价格 10 元,长期借款 150 万元,年利率 8%,所得税税率 25%。该公司准备追加筹资 500 万元,有以下两个方案:① 发行债券 500 万元,年利率 10%,筹资费率 2%;② 发行普通股 500 万元,每股发行价 20 元。

要求:（1）计算两种筹资方案的每股利润无差别点。

（2）如果该公司预计的息税前利润为 160 万元,确定最佳的筹资方式。

（3）计算发行债券筹资的资金成本率。

（4）计算利用债券筹资的财务杠杆系数。

5. 已知某公司当前资金结构如下(金额:万元):

长期债券(年利率 8%)	1 000
普通股(4 500 万股)	4 500
留存收益	2 000
合　计	7 500

公司年初准备增加资金 2 500 万元,有两个筹资方案可供选择:甲方案为增加发

行 1 000 万股普通股,每股市价 2.5 元;乙方案为按面值发行每年年末付息、票面利率为 10% 的公司债券 2 500 万元。企业所得税税率为 25%。

要求:(1) 计算两种筹资方案每股利润无差别点息税前利润。

(2) 计算处于每股利润无差别点时乙方案的财务杠杆系数。

(3) 预计息税前利润为 1 600 万元,指出应采用的筹资方案。

(4) 若公司预计息税前利润在每股利润无差别点上增长 10%,计算采用乙方案时该公司每股利润的增长幅度。

案 例 分 析

一、案例资料

申花股份公司是一个很有发展空间的高科技公司。目前的资本结构是债务 4 000 万元,年平均利率 10%,股东权益 8 000 万元(普通股 10 000 万股)。该公司的所得税税率 25%。

该公司为了开拓新市场和扩大市场占有份额,决定投资引进一条先进的生产流水线,共需要资金 8 000 万元。预期该投资项目实施后,公司盈利能力进一步提升,预计可以实现每年息税前利润 6 000 万元。为此,有两个筹资方案可供选择。

甲方案:发行普通股 1 000 万股,每股面值 1 元,每股发行价 8 元。

乙方案:发行年利率 5% 的公司债券 8 000 万元。

该公司董事会认为:发行普通股所筹资金永不退回,且分配股利比较灵活,筹资成本低,所以应该选择甲方案;而发行债券风险大,要固定还本付息,筹资成本高,所以不予选择。

二、思考分析

如果你是该公司的财务咨询师,请你对董事会的选择作出评价。

(1) 董事会选择甲方案是否正确? 简要说明理由。

(2) 请你通过计算与分析,说明哪一个方案能为股东创造更多财富。

(3) 计算与分析所选择方案的资产负债率和财务风险的大小。

四、复习题参考答案

(一) 单项选择题

1. D 2. C 3. D 4. C 5. C 6. B 7. D 8. C 9. C 10. C 11. B
12. D 13. C 14. C 15. C 16. D 17. D 18. C 19. B 20. D

(二) 多项选择题

1. ABCD 2. AB 3. CD 4. BD 5. ABC 6. ACD 7. AC 8. ABCD
9. CD 10. ABC 11. ABCD 12. ABC 13. AC 14. BCD 15. CD

16. AB　17. ABC　18. AC　19. CD　20. ABC

(三) 判断题

1. √　2. ×　3. ×　4. ×　5. ×　6. √　7. ×　8. ×　9. √　10. ×
11. ×　12. ×　13. √　14. √　15. √　16. ×　17. ×　18. √　19. ×
20. ×

(四) 计算与分析题

1. (1) 银行借款成本 $= 300 \times 4\% \times (1-25\%) \div (300-4) = 3.04\%$

(2) 债券资金成本 $= 100 \times 6\% \times (1-25\%) \div [102 \times (1-2\%)] = 4.5\%$

(3) 普通股资金成本 $= 2.40 \div [15 \times (1-4\%)] + 5\% = 21.67\%$

(4) 留存收益资金成本 $= 2.4 \div 15 + 5\% = 21\%$

(5) 加权平均资金成本 $= 3.04\% \times 300 \div 2\,000 + 4.5\% \times 500 \div 2\,000 + 21.67\% \times 800 \div 2\,000 + 21\% \times 400 \div 2\,000 = 14.45\%$

2. (1) 利润总额 $= 600 \div (1-25\%) = 800$ (万元)

(2) 息税前利润 $= 1.5 \times 800 = 1\,500$ (万元)

(3) 利息总额 $= 1\,500 - 800 = 700$ (万元)

(4) 债券资金成本 $= 700 \times 20\% \times (1-25\%) \div 1\,050(1-2\%) = 10.20\%$

(5) 经营杠杆系数 $= 1 + 1\,500 \div 1\,500 = 2$

3. (1) 长期借款筹资总额分界点 $= 40 \div 20\% = 200$ (万元)

(2) 普通股筹资总额分界点 $= 100 \div 80\% = 125$ (万元)

(3) 筹资总额在 0 ~ 125 万元的边际资本成本 $= 5\% \times 20\% + 12\% \times 80\% = 10.6\%$

(4) 筹资总额在 125 万 ~ 200 万元的边际资本成本 $= 5\% \times 20\% + 14\% \times 80\% = 12.2\%$

(5) 筹资总额在 200 万元以上的边际资本成本 $= 10\% \times 20\% + 14\% \times 80\% = 13.2\%$

4. (1) 设每股盈余无差别点为 X。

$$[(X - 150 \times 8\% - 500 \times 10\%) \times (1-25\%)] \div 25 = [(X - 150 \times 8\%) \times (1-25\%)] \div 50$$

$X = 112$ (万元)

(2) 预计的息税前利润为 160 万元大于 112 万元，应选择发行债券案筹资。

(3) 债券筹资金成本率 $= 10\% \times (1-25\%) \div (1-2\%) = 7.53\%$

(4) 财务杠杆系数 $= 160 \div (160-62) = 1.63$

5. (1) 两种筹资方案每股利润无差别点息税前利润：

$$[(EBIT - 1\,000 \times 8\%) \times (1-25\%)] \div (4\,500 + 1\,000) =$$
$$[EBIT - (1\,000 \times 8\% + 2\,500 \times 10\%)] \times (1-25\%) \div 4\,500$$

$$EBIT = 1\,455(万元)$$

(2) 乙方案财务杠杆系数 $= \dfrac{1\,455}{1\,455 - (1\,000 \times 8\% + 2\,500 \times 10\%)} = 1.29$

(3) 预计息税前利润 1 600 万元＞1 455 万元,采用乙方案。

(4) 每股利润增长率＝1.29×10％＝12.9％

案例分析参考答案(略)

第六章　项目投资决策

（一）项目投资决策的相关概念

1. 项目投资的概念

投资是指将财力投放于一定的对象，以期望在未来获取收益的经济行为。项目投资是一种实体性资产的长期投资。从性质上看，它是企业直接的、生产性的对内实物投资。

2. 项目投资的主要类型

项目投资的主要类型包括新产品开发，现有产品的扩张、设备或厂房的更新，新技术的发明、新产品的推出的研究与开发项目。

3. 项目投资的程序

项目投资的程序包括项目投资的设计，项目投资的决策，项目投资的执行，项目再评价。

4. 项目计算期

项目计算期是指投资项目从投资建设开始到最终清理结束的全部时间，用 n 表示。项目计算期包括建设期和生产经营期，从项目投产日到终结点的时间间隔称为生产经营期，也叫寿命期。

5. 现金流量

现金流量是指投资项目在其计算期内因资金循环而引起的现金流入和现金流出增加的数量。现金流量包括现金流入量，现金流出量和现金净流量三个具体概念。

（1）现金流入量。现金流入量是指投资项目实施后在项目计算期内所引起的企业现金收入的增加额。它包括：营业收入，固定资产的余值，回收流动资金。固定资产的余值和回收流动资金统称为回收额。

（2）现金流出量。现金流出量是指投资项目实施后在项目计算期内所引起的企业现金流出的增加额。它包括：建设投资（含更改投资），垫支的流动资金，付现成本（或经营成本）和所得税额。其中：建设投资主要两个方面，即固定资产投资和无形资产投资。建设投资与垫支的流动资金合称为项目的原始总投资。

（3）现金净流量。现金净流量是指投资项目在项目计算期内现金流入量和现金流出量的净额，现金净流量是以年为期限的。

6. 不考虑所得税因素的现金净流量的计算

(1) 建设期现金净流量的计算。

$$现金净流量 = -该年投资额$$

(2) 经营期营业现金净流量的计算。

营业现金净流量 = 营业收入 − 付现成本 = 营业收入 −（总成本 − 折旧额）=
利润 + 折旧额

(3) 经营期终结点现金净流量的计算。

$$现金净流量 = 营业现金净流量 + 回收额$$

7. 考虑所得税因素的现金净流量的计算

(1) 建设期现金净流量的计算。如果是新建项目，所得税对现金净流量没有影响。建设期现金净流量 = −该年投资额。如果是更新改造项目，固定资产的清理损益就应考虑所得税问题。

(2) 经营期现金净流量的计算。

营业现金净流量 = 营业收入 − 付现成本 − 所得税 = 税后利润 + 折旧额 =
营业收入 ×（1 − 所得税税率）− 付现成本 ×
（1 − 所得税税率）+ 折旧额 × 所得税税率

经营期的终结点现金净流量可根据营业现金净流量加上回收额即可。

8. 确定现金流量时应考虑的问题

(1) 现金流量的假设。为了便于确定现金流量的具体内容，简化现金流量的计算过程，本章特作以下假设：全投资假设，建设期投入全部资金假设，项目投资的经营期与折旧年限一致假设，时点指标假设和确定性假设。

(2) 现金流量的估算。在确定项目投资的现金流量时，应遵循的基本原则是：只有增量现金流量才是与投资项目相关的现金流量。为了正确计算投资项目的增量现金流量，要注意以下几个问题：区分相关成本和无关成本（机会成本和沉落成本），对公司其他部门的影响，对净营运资金的影响。

（二）项目投资决策评价指标

1. 非贴现指标

非贴现指标也称为静态指标，即没有考虑资金时间价值因素的指标，主要包括投资利润率、投资回收期等指标。

(1) 投资利润率。投资利润率又称投资报酬率，是指项目投资方案的年平均利润额占平均投资总额的百分比。投资利润率的决策标准是：投资项目的投资利润率越高越好，低于无风险投资利润率的方案为不可行方案。

（2）静态投资回收期。投资回收期是指收回全部投资总额所需要的时间。投资回收期是一个非贴现的反指标，回收期越短，方案就越有利。它的计算可分为两种情况：经营期年现金净流量相等和经营期年现金净流量不相等。

2. 贴现指标

贴现指标也称为动态指标，即考虑资金时间价值因素的指标。主要包括净现值、净现值率、现值指数，内含报酬率等指标。

（1）净现值。净现值是指在项目计算期内，按一定贴现率计算的各年现金净流量现值的代数和。净现值的计算公式为：

$$净现值（NPV）= \sum_{t=0}^{n} NCF_t \cdot (P/F, i, t) = \sum_{t=0}^{n} \frac{NCF_t}{(1+i)^t}$$

它的计算可分为两种情况：

经营期年现金净流量相等，建设期为零时，

净现值＝经营期每年相等的现金净流量×年金现值系数－投资现值

经营期内各年现金净流量不相等时，

净现值 = $\sum$（经营期各年的现金净流量×各年的现值系数）－投资现值

（2）净现值率与现值指数。净现值率是指投资项目的净现值与投资现值合计的比值。现值指数是指项目投产后按一定贴现率计算的在经营期内各年现金净流量的现值合计与投资现值合计的比值。净现值率与现值指数有如下关系：现值指数＝净现值率＋1。

（3）内含报酬率。内含报酬率（IRR）又称内部收益率，是指投资项目在项目计算期内各年现金净流量现值合计数等于零时的贴现率，亦可将其定义为能使投资项目的净现值等于零时的贴现率。它的计算可分为两种情况：

特殊情况：特殊情况应满足三个条件，经营期内各年现金净流量相等，且全部投资均于建设起点一次投入，建设期为零。即：

经营期每年相等的现金净流量（NCF）×年金现值系数（P/A, IRR, t）－投资总额＝0

内含报酬率具体计算的程序如下：a. 计算年金现值系数（P/A, IRR, t）；b. 根据计算出来的年金现值系数与已知的年限 n，查年金现值系数表，确定内含报酬率的范围；c. 用插入法求出内含报酬率。

一般情况：一般情况是指投资项目在经营期内各年现金净流量不相等；或建设期不为零，投资额是在建设期内分次投入的情况。必须按定义采用逐次测试的方法。

（4）贴现评价指标之间的关系。净现值 NPV，净现值率 NPVR，现值指数 PI 和

内含报酬率 IRR 指标之间存在以下数量关系，即：当 $NPV>0$ 时，$NPVR>0$，$PI>1$，$IRR>i$；当 $NPV=0$ 时，$NPVR=0$，$PI=1$，$IRR=i$；当 $NPV<0$ 时，$NPVR<0$，$PI<1$，$IRR<i$。

（三）项目投资决策分析方法的应用

1. 独立方案的对比与选优

独立方案是指方案之间存在着相互依赖的关系，但又不能相互取代的方案。在只有一个投资项目可供选择的条件下，只需评价其财务上是否可行。

2. 互斥方案的对比与选优

项目投资决策中的互斥方案（相互排斥方案）是指在决策时涉及的多个相互排斥，不能同时实施的投资方案。由于各个备选方案的投资额、项目计算期不相一致，因而要根据各个方案的使用期、投资额相等与否，采用不同的方法作出选择。

（1）互斥方案的投资额、项目计算期均相等，可采用净现值法或内含报酬率法。

（2）互斥方案的投资额不相等，但项目计算期相等，可采用差额法，计算差额净现值（记作 ΔNPV）或差额内含报酬率（记作 ΔIRR），并据以判断方案孰优孰劣的方法。

（3）互斥方案项目计算期不相同，可采用年回收额法。年回收额法是指通过比较所有投资方案的年等额净现值指标的大小来选择最优方案的决策方法。

（4）其他方案的对比与选优。在实际工作中，有些投资方案不能单独计算盈亏，或者投资方案的收入相同或收入基本相同且难以具体计量，一般可考虑采用"成本现值比较法"或"年成本比较法"来作出比较和评价。

3. 固定资产的更新决策

固定资产更新是企业为了加强竞争，对技术上或经济上不宜继续使用的旧设备，用新的设备更换或用先进的技术对原有设备进行局部的改造。固定资产的更新决策主要研究两个问题：一个是决定是否更新，即继续使用旧设备还是更换新设备；另一个是决定选择什么样的设备更新。实际上，这两个问题是结合在一起考虑的。

（四）投资风险分析

前面的分析，我们都假设项目的现金流量是可以确定的，但实际上，真正意义上的投资项目总是有风险的，项目未来现金流量总会具有某种程度的不确定性。也就是说，风险是客观存在的，投资活动充满了风险性。对项目投资风险分析的方法常用的有两种：一种是风险调整贴现率法，它是扩大净现值模型的分母，使净现值减少；另一种是调整现金流量法（肯定当量法），它是缩小净现值模型的分子，也可以使净现值减少。

二、背景资料

(一)营业现金净流量的计算

投资主体是各种投资人的统称,是具体投资行为的发出者。从企业项目投资的角度看,其直接投资主体就是企业本身。从理论上讲,企业主体在进行项目投资决策时,首先关心的是全部投资资金的投放和回收的情况。因此在确定项目的现金流量时,需站在企业自身的立场上,考虑全部投资的运动情况,而不具体区分自有资金和借入资金等具体形式的现金流量,即使实际存在借入资金也将其作为自有资金对待。从而我们可以假设在计算现金净流量时不考虑利息费用。经营期营业现金净流量公式为:

经营期营业现金净流量 = 息税前利润 × (1 − 所得税税率) + 折旧额 + 摊销额

息税前利润 = 营业收入 − 不包括财务费用的总成本费用 − 营业税金及附加

其中:$\dfrac{\text{不包括财务费用}}{\text{的总成本费用}} = \dfrac{\text{该年固定成本}}{(\text{不含财务费用})} + \dfrac{\text{单位变}}{\text{动成本}} \times \dfrac{\text{该年预计}}{\text{产销量}}$

或 不包括财务费用的总成本费用 = 经营成本 + 年折旧额 + 年摊销额

经营成本 = 外购原材料燃料和动力费 + 工资及福利费 + 修理费 + 其他费用

营业税金及附加 = 应交营业税 + 应交消费税 + 城市维护建设税 + 教育费附加

城市维护建设税 = (应交营业税 + 应交消费税 + 应交增值税) × 城市维护建设税税率

教育费附加 = (应交营业税 + 应交消费税 + 应交增值税) × 教育费附加率

(二)投资风险分析的方法

一般情况下项目评价是在项目的基本状态下进行的。基本状态是以一系列的变量假设为基础。我们假定未来的投资额、销售量、价格、成本等与现金流量相关的变量处于预期值状态,以此为基础进行分析并得出相应的结论。但是,未来的情况是在变化的,一旦某个变量与假定不一致,其评价结果就会与实际出现偏差,从而影响我们的分析结论。如果偏差较大,对决策的正确性影响也就越大。事实上,这种实际值与假定的不一致是经常发生的,项目风险越大,变量的不确定水平越高,这种不一致发生的可能性也就越大。

1. 敏感性分析

敏感性分析就是研究项目的评价结果对项目的各种假定条件变动的敏感性的一种分析方法。在基本状态分析的基础上,敏感性分析首先研究项目现金流量的所有假设变量,在保持其他假设条件不变的情况下,调整某个假设变量的取值,计算改变后的评价指标。分别对各个变量进行逐一分析,以此可以得到每一个变量的变动对 NPV 或 IRR 的影响。然后把这种变动同基本状态分析联系起来,根据评价指标变动的程度判断项目的风险大小,并决定项目是否可行。项目投资敏感性分析的具体步骤为:第一确定敏感性分析对象,第二选择不确定因素,第三调整现金流量。

2. 盈亏平衡分析

传统的盈亏平衡分析是分析当企业的销售利润为零时的销售水平,它是为维持企业获利所必须保持的最低销售水平。计算公式为:

$$Q = \frac{F}{P - V}$$

式中:Q 为盈亏平衡时的销售量,F 为固定成本,P 为单价,V 为单位变动成本。

项目投资决策中的盈亏平衡分析主要是分析为维持项目盈亏平衡所应达到的销售水平。这里的盈亏平衡指的是 NPV 为零或内含报酬率等于资本成本。盈亏平衡分析的实质是敏感性分析的延伸,即在保持其他变量不变的条件下,单独考察使项目净现值为零时的销售量。通过盈亏平衡分析,企业可以清楚知道能使项目获利的销售底线。事实上,除了分析盈亏平衡时的销售量以外,这种方法还可以分析盈亏平衡时的任一假设变量。

(三) 风险调整投资分析

风险调整投资分析一般有两种方法:第一种是按风险调整资本成本,使资本成本中包含风险因素,即调整评价指标的分母部分;第二种是按风险调整现金净流量,把包含风险因素的现金净流量调整为不包含风险因素的现金流量,即调整评价指标的分子。下面分别介绍这两种方法。

1. 按风险调整资本成本

这种方法的基本思路就是对于高风险的项目必须要有高的贴现率,对于低风险的项目必须采用低的贴现率。按照项目风险的高低,调整其资本成本,从而加大投资贴现率,降低项目的投资价值。风险越高,资本成本越高,项目价值也就越低。具体来说,主要有以下几种调整方法。

(1) 根据资本资产定价模型(CAPM)调整资本成本。按照投资组合理论,投资风险可分为系统风险和非系统风险两部分,其中非系统风险可以通过多元化投资分散,而系统风险则无法分散,每一投资项目只需根据其承受的系统风险的大小得到相应的风险补偿。项目的系统风险用 β 表示,则根据资本资产定价模型有:

$$E(R_i) = R_f + \beta_i \cdot [E(R_m) - R_f]$$

由该模型可知,一个项目的资本成本由无风险收益率、β 系数和市场的平均风险报酬率决定。

(2) 根据项目的变异系数调整资本成本。众所周知,项目的变异系数可以反映项目的风险高低,因此,我们可以根据该项目变异系数的高低来调整资本成本。即对变异系数高的项目,取高的资本成本,以增加贴现率,降低项目的价值,而对变异系数较低的项目,使用较低的资本成本进行贴现,以提高项目价值。具体调整方法可以根据公式确定,也可以根据历史经验所确定的变异系数区间来确定。

变异系数和按风险调整的资本成本的关系可用如下公式表示:

风险调整贴现率 = 无风险报酬率 + 风险报酬率 = 无风险报酬率 + 风险报酬斜率 × 风险程度

$$K = R_f + R_k = R_f + b \cdot Q$$

式中:K 为按风险调整的资本成本,R_f 为无风险收益率,R_k 为风险收益率,b 为风险报酬斜率,Q 为风险程度(用变异系数表示)。

所以根据项目的变异系数调整风险调整贴现率主要解决两个问题:一是投资项目风险程度大小如何确定;二是风险报酬斜率如何确定。风险报酬斜率 b 反映了风险程度变化对风险调整的资本成本的影响大小,同时也体现了企业的风险回避态度。它往往是一个经验性的数值,对于惧怕风险的风险回避型企业,风险报酬斜率应取得高一些,以使风险对企业的资本成本以及项目的价值产生更高的影响。而对于风险承受能力较高的风险偏好型企业,风险报酬斜率应取得低一些,使风险的增加不会对企业的资本成本和项目价值产生太大的影响。

2. 按风险调整现金净流量

项目投资风险的直接表现就是未来现金流量的不确定性,按风险调整现金流量法的思路就是把这种不确定的现金流量调整为无风险的确定的现金流量,然后用无风险的资本成本进行贴现。把不确定的现金流量调整为无风险的现金流量是通过肯定当量系数确定的。肯定当量系数,是指把不确定的1元现金流量等价于使投资者满意的确定金额的系数,它等于无风险的现金流量与有风险的现金流量的比值。

按风险调整现金流量的具体方法为:决策者首先根据各年现金流量的概率分布求得各年现金流量的期望值,用肯定当量系数将期望的现金流量调整为无风险的现金流量,然后用无风险贴现率来贴现无风险现金流量以得出项目的净现值。

$$NPV = \sum_{t=1}^{n} \frac{a_t \cdot NCF_t}{(1+i)^t} - NII$$

式中:a_t 表示第 t 年现金流量的肯定当量系数,它从 0~1 之间取值;i 表示无风险折现率;NCF_t 表示第 t 年的期望现金流量;NII 表示净增量投资额。

阅 读 文 献

1. 刘淑莲:《财务管理》(普通高等教育"十一五"国家级规划教材),东北财经大学出版社 2007 年版。

2. 杨静："基于 Excel 的企业投资项目风险分析——肯定当量 & 内含报酬率投资风险分析法"，《中国管理信息化》2010 年第 14 期。

3. 杨勇："浅谈基于现金流量的企业财务危机管理"，《市场周刊(理论研究)》2011 年第 1 期。

4. 编写组：《财务管理》(2010 年全国会计专业技术资格考试辅导教材中级)，中国财政经济出版社 2009 年版。

5. 刘彩华："投资项目财务评价方法的理论探究"，《中国管理信息化》2010 年第 2 期。

三、复习题

(一) 单项选择题

1. 下列各项中，属于各种类型项目投资必备内容的是(　　)。

    A. 固定资产投资　　　　　　　B. 无形资产投资

    C. 递延资产投资　　　　　　　D. 流动资金投资

2. 项目投资决策中，完整的项目计算期是指(　　)。

    A. 建设期　　　　　　　　　　B. 生产经营期

    C. 建设期＋达产期　　　　　　D. 建设期＋生产经营期

3. 当新建项目的建设期不为 0 时，建设期内各年的现金净流量(　　)。

    A. 小于 0 或等于 0　　　　　　B. 大于 0

    C. 小于 0　　　　　　　　　　D. 等于 0

4. 在项目投资决策中，一般属于经营期现金流出项目的是(　　)。

    A. 固定资产投资　　　　　　　B. 开办费投资

    C. 经营成本　　　　　　　　　D. 无形资产投资

5. 在项目投资决策中，计算某年经营现金净流量的公式中不应当包括的是(　　)。

    A. 该年净利润　　　　　　　　B. 该年折旧

    C. 该年无形资产摊销额　　　　D. 该年回收额

6. 下列项目不能引起现金流出的是(　　)。

    A. 支付工资　　　　　　　　　B. 计提折旧

    C. 支付材料价款　　　　　　　D. 垫支流动资金

7. 在固定资产售旧购新决策中，旧设备的变现价值是继续使用旧设备的(　　)。

    A. 付现成本　　　B. 购置成本　　　C. 无关成本　　　D. 机会成本

8. 下列关于投资项目经营现金净流量预计的各种说法中，不正确的是(　　)。

    A. 经营现金净流量等于税后净利润加上折旧

    B. 经营现金净流量等于营业收入减去付现成本和所得税

C. 经营现金净流量等于税后收入减去税后成本加折旧抵税额

D. 经营现金净流量等于营业收入减去营业成本再减去所得税

9. 下列投资项目评价指标中,不受建设期长短,投资回收时间先后及现金流量大小影响的评价指标是(　　)。

A. 内含报酬率　　　　　　　　B. 投资利润率

C. 净现值率　　　　　　　　　D. 现值指数

10. 年回收额法,是指通过比较所有投资方案的年等额净现值指标的大小来选择最优方案的决策方法。在此方法下,年等额净现值以(　　)的方案为优。

A. 最小　　　B. 最大　　　C. 大于零　　　D. 等于零

11. 下列各项中,既属于非折现指标又属于反指标的是(　　)。

A. 投资利润率　　　　　　　　B. 静态投资回收期

C. 内含报酬率　　　　　　　　D. 原始投资回收率

12. 在单一方案决策过程中,可能与净现值评价结论发生矛盾的评价指标是(　　)。

A. 净现值率　　　　　　　　　B. 获利指数

C. 投资回收期　　　　　　　　D. 内含报酬率

13. 在全部投资均于建设起点一次投入,建设期为零,投产后每年现金净流量相等的条件下,计算内含报酬率所求得的年金现值系数的数值应等于该项目的(　　)。

A. 回收系数　　　　　　　　　B. 净现值率指标的值

C. 静态投资回收期指标的值　　D. 投资利润率指标的值

14. 包括建设期的投资回收期恰好是(　　)。

A. 净现值为零时的年限　　　　B. 现金净流量为零时的年限

C. 累计净现值为零时的年限　　D. 累计净现金流量为零时的年限

15. 下列方法中,可用于对原始投资额不相同,但项目计算期相同的互斥投资方案进行决策的方法是(　　)。

A. 差别损益分析法　　　　　　B. 差额净现值法

C. 内含报酬率　　　　　　　　D. 静态投资回收期法

16. 在只有一个投资项目可供选择的条件下,如果该项目不具有财务可行性,则必然会存在的一种情况是(　　)。

A. 净现值 $NPV > 0$　　　　　B. 现值指数 $PI > 1$

C. 净现值率 $NPVR < 0$　　　D. 内含报酬率 $IRR > i$(贴现率)

17. 某企业投资方案 A 的年营业收入为 180 万元,年总成本为 120 万元,其中折旧为 20 万元,所得税税率为 25%,则该投资方案的年现金净流量为(　　)万元。

A. 45　　　B. 65　　　C. 30　　　D. 48

18. 某投资项目原始投资额为 100 万元,使用寿命 10 年,已知该项目第 10 年的经营现金净流量为 25 万元,期满处置固定资产残值收入及回收流动资金共 8 万元,则该投资项目第 10 年的现金净流量为（　　）万元。

　　A. 8　　　　　　B. 25　　　　　　C. 33　　　　　　D. 43

19. 已知某投资项目的原始投资额为 500 万元,建设期为两年,投产后第 1~5 年每年 NCF: 90 万元,第 6~10 年每年 NCF: 80 万元,则该项目包括建设期的静态投资回收期为（　　）年。

　　A. 6.375　　　B. 8.375　　　C. 5.625　　　D. 7.625

20. 某公司 2009 年年末正在考虑出售现有的一台闲置设备,该设备 5 年前以 10 万元购入,税法规定使用年限为 10 年,按直线法计提折旧,预计净残值率为 10%。目前可以按 3 万元价格卖出,所得税税率为 25%,卖出设备对本期现金流量的影响是（　　）元。

　　A. 增加 23 750　　　　　　　　B. 增加 36 250

　　C. 减少 23 750　　　　　　　　D. 减少 36 250

(二) 多项选择题

1. 下列项目中,属于现金流入量项目的有（　　）。

　　A. 营业收入　　　　　　　　　B. 建设投资

　　C. 回收流动资金　　　　　　　D. 经营成本节约额

2. 以下各项中,可以构成建设投资内容的有（　　）。

　　A. 固定资产投资　　　　　　　B. 无形资产投资

　　C. 流动资金投资　　　　　　　D. 付现成本

3. 项目投资决策程序一般包括（　　）。

　　A. 选择投资机会　　　　　　　B. 收集和整理资料

　　C. 投资项目财务评价　　　　　D. 投资项目决策标准

4. 计算投资方案的增量现金流量时,一般需要考虑方案的（　　）。

　　A. 机会成本　　　　　　　　　B. 沉没成本

　　C. 付现成本　　　　　　　　　D. 可能发生的未来成本

5. 下列各项中,属于揭示现金流量指标优点的说法有（　　）。

　　A. 可以序时动态地反映项目的投入产出关系

　　B. 便于完整、准确、全面地评价项目的效益

　　C. 能克服利润信息相关性差的缺点

　　D. 便于采用货币时间价值

6. 如果某项目分两次投入流动资金,第一次投入 100 万元,第二次投入 180 万元,经营期内没有发生提前回收流动资金的现象。则下列说法中,正确的有（　　）。

　　A. 该项目流动资金投资合计为 280 万元

B. 第一次投资时的流动资金需用额为 100 万元

  C. 第二次投资时的流动资金需用额为 180 万元

  D. 终结点回收的流动资金为 280 万元

7. 项目投资决策评价指标的主要作用包括(　　)。

  A. 衡量比较投资项目可行性　　　B. 衡量企业的财务状况

  C. 反映项目的投入与产出关系　　D. 反映长期投资的效益

8. 下列因素中,会影响动态指标的有(　　)。

  A. 建设期　　　B. 投资方式　　　C. 回收额　　　D. 现金净流量

9. 在应用公式法计算静态投资回收期时,必须具备的条件包括(　　)。

  A. 全部投资均在建设期发生

  B. M 年内累计的经营现金净流量大于或等于原始投资额

  C. 投产后每年的经营现金净流量相等

  D. 投产后若干年内经营现金净流量相等

10. 若某投资方案以内含报酬率作为评价指标,保证投资方案可行的要求是内含报酬率(　　)。

  A. 大于零　　　　　　　　　　　B. 大于 1

  C. 大于资金成本　　　　　　　　D. 大于基准贴现率

11. 原始投资额不同的互斥方案的选优可采用(　　)。

  A. 净现值法　　　　　　　　　　B. 净现值率法

  C. 年等额净回收额法　　　　　　D. 差额内含报酬率法

12. 下列各项指标中,(　　)指标属于正指标。

  A. 净现值　　　B. 现值指数　　　C. 内含报酬率　　D. 静态回收期

13. 下列指标中,可以直接依据项目现金净流量信息计算出来的有(　　)。

  A. 投资利润率　　　　　　　　　B. 静态投资回收期

  C. 内部收益率　　　　　　　　　D. 净现值

14. 下列表述中,正确的说法有(　　)。

  A. 当净现值等于零时,项目的内含报酬率等于贴现率

  B. 当净现值大于零时,现值指数大于零

  C. 当净现值大于零时,说明投资方案可行

  D. 当净现值大于零时,项目贴现率大于投资项目本身的报酬率

15. 已知某项目投资方案的建设期为零,投产后每年经营现金净流量相等,终结点无回收额。在此情况下,可以按简便算法求得的项目投资决策评价指标包括(　　)。

  A. 投资利润率　　　　　　　　　B. 静态投资回收期

  C. 净现值　　　　　　　　　　　D. 内含报酬率

16. 下列项目投资决策评价指标中,需要以已知的行业基准贴现率作为计算依据的包括( )。

    A. 净现值率   B. 现值指数

    C. 内含报酬率   D. 投资利润率

17. 项目投资方案按其相互间的从属关系可以划分为( )。

    A. 常规投资方案   B. 非常规投资方案

    C. 独立方案   D. 互斥方案

18. 下列各项与现值指数有关的表述中,正确的说法有( )。

    A. 当原始投资在建设期内全部投入时,现值指数等于 1 加上净现值率

    B. 现值指数等于净现值占原始投资的现值合计的百分比

    C. 该指标无法直接反映项目的实际收益率

    D. 该指标是一个动态指标

19. 已知甲、乙两个互斥方案的原始投资额、项目计算期均相同,如果决策结论是:"无论从什么角度看,甲方案均优于乙方案",则必然存在的关系有( )。

    A. 甲方案的净现值大于乙方案

    B. 甲方案的净现值率大于乙方案

    C. 甲方案的投资回收期大于乙方案

    D. 差额投资内含报酬率小于设定折现率

20. 利用评价指标对进行单一的独立投资项目财务可行性评价时,能够得出完全相同结论的指标有( )。

    A. 净现值   B. 净现值率

    C. 静态投资回收期   D. 内含报酬率

(三) 判断题

1. 财务管理研究的项目投资决策通常会对企业本身未来的生产经营能力和创利能力产生直接的影响。   ( )

2. 在不考虑所得税因素情况下,同一投资方案分别采用快速折旧法、直线法计提折旧不会影响各年的现金净流量。   ( )

3. 流动资金的首次投资必须发生在建设期期末。   ( )

4. 如果固定资产投资是分次投入的,则意味着该项目的建设期一定大于或等于1年。   ( )

5. 只有在经营期才存在现金净流量。   ( )

6. 终结点现金净流量等于终结点那一年的经营现金净流量与该年回收额之和,其回收额必须大于零。   ( )

7. 在更新改造项目中,因旧设备提前报废发生处理固定资产净损失而引起的所

得税抵减不但不会减少当期现金净流量,相反会增加现金净流量。　　　(　)

8. 投资项目评价所运用的内含报酬率指标的计算结果与项目预定的贴现率高低有直接关系。　　　(　)

9. 年平均投资报酬率和静态的投资回收期这两个静态指标其优点是计算简单,容易掌握,且均考虑了现金流量。　　　(　)

10. 折旧对投资决策产生影响,实际上是由于所得税的存在而引起的。　(　)

11. 某一方案年等额净现值等于该方案净现值与相关的年金现值系数的积。

(　)

12. 非折现指标又称为动态评价指标,包括:净现值、净现值率、获利指数和内含报酬率等。　　　(　)

13. 如果两个投资方案的投资额不同,可通过差量净现值来决策。　(　)

14. 无论在什么情况下,都可以采用列表法直接求得不包括建设期的投资回收期。　　　(　)

15. 净现值是指项目投产后各年报酬的现值合计与投资现值合计之间的差额。

(　)

16. 在互斥方案的选优分析中,若差额内含报酬率指标大于基准折现率或设定的折现率时,则原始投资额较小的方案为较优方案。　　　(　)

17. 在更新改造投资项目决策中,如果差额投资内含报酬率小于设定折现率,就应当进行更新改造。　　　(　)

18. 如果某一投资项目所有的正评价指标均小于或等于相应的基准指标,反指标大于或等于基准指标,则可以断定该投资项目完全具备财务可行性。　(　)

19. 如果某投资方案净现值指标大于零,则该方案的静态投资回收期一定小于基准回收期。　　　(　)

20. 现金净流量是现金流入量与现金流出量的差额,其数值一定大于0。(　)

(四) 计算与分析题

1. 某企业为开发新产品拟投资 1 000 万元建设一条生产线,现有甲、乙、丙三个方案可供选择。

甲方案的现金净流量为:$NCF_0 = -1\,000$(万元),$NCF_1 = 0$,$NCF_{2\sim6} = 250$(万元)。

乙方案的相关资料为:在建设起点用 800 万元购置不需要安装的固定资产,同时垫支 200 万元流动资金,立即投入生产;预计投产后第 1～10 年每年新增 500 万元营业收入,每年新增的经营成本和所得税分别为 200 万元和 50 万元;第 10 年回收的固定资产余值和流动资金分别为 80 万元和 200 万元。

丙方案的相关资料为:固定资产投资需 860 万元,当年可以投产,预计可以持续

5年。估计每年固定成本(不含折旧)为40万元,变动成本是每件160元。固定资产折旧采用直线法,估计净残值为60万元。

营销部门估计每年销售量均为6万件。售价为每件250元,生产部门估计需要140万元的流动资金投资,并于项目终结点全部收回。企业所得税税率为25%。该企业所在行业的基准折现率为8%。

要求:(1)指出甲方案项目计算期,并说明该方案第2~6年的现金净流量($NCF_{2~6}$)属于何种年金形式。

(2)计算乙方案项目计算期各年的现金净流量。

(3)计算丙方案项目计算期各年的现金净流量。

2. 已知某更新改造项目中,购置新设备需要投资500 000元;旧设备的变价净收入与旧设备账面价值相同,均为100 000元,预计其5年后的净残值与新设备的净残值相等。与处理旧设备有关固定资产清理损益为0。该项目不影响企业的正常经营,投入使用后不会增加收入,但每年会降低经营成本100 000元。假定不考虑所得税因素。

要求:计算该更新改造项目的差量现金净流量。

3. 宏伟公司准备投资A项目,预计投资总额为500万元。其中固定资产投资420万元,建设期1年,在建设期第1年年初和年末各投入50%;无形资产投资50万元,在建设期初一次投入;流动资金投资30万元,在建设期末投入。该项目经营期8年,固定资产采用"直线法"计提折旧,预计8年后期满残值为20万元;无形资产于投产开始分5年平均摊销;流动资金在项目终止时一次可全部收回。预计项目投产后,第1和第2年发生营业收入各150万元,付现成本各70万元;第3、第4年和第5年发生营业收入各200万元,总成本各120万元;第6、第7年和第8年发生经营现金净流量各150万元。投资人要求最低投资报酬率为10%。企业享受国家免税政策。

要求:(1)年折旧额和年摊销额。

(2)项目计算期的 NCF。

4. 某企业购入机器一台,价值24 000元,可使用年限为5年,每年销售收入48 000元,总成本42 800元,贴现率10%。

要求计算:(1)投资利润率。

(2)静态投资回收期。

(3)净现值。

(4)净现值率和现值指数。

(5)内含报酬率。

5. A公司是一个钢铁企业,现找到一个投资机会,预计该项目需固定资产投资750万元,当年可以投产,预计可以持续5年,会计部门估计每年固定成本为(不含折旧)40万元,变动成本是每件180元,固定资产折旧采用直线法,估计净残值为50万元,营销部门估计各年销售量均为4万件,销售为250元/件,生产部门估计需要250万元的流动资金投资,预计项目终结点可全部回收,设投资人要求的最低投资报酬率为10%,企业所得税税率为25%。

要求:(1)计算项目各年的现金净流量。

(2)计算项目的净现值。

6. 某公司于两年前购置一台价值为100 000元的机床,累计已提折旧32 000元,目前尚可使用3年,采用直线法折旧,使用期满有残值20 000元。现有更先进的机床售价300 000元,使用期限为3年,期满有残值60 000元,折旧采用直线法,使用新机床可使每年销售收入增加100 000元,付现变动成本每年增加60 000元,除折旧以外的固定成本不变,目前就设备变现收入40 000元,假设贴现率为12%,所得税税率25%。

要求计算:售旧购新方案的差额净现值,并作出决策。

7. 已知某企业投资项目有两个备选方案,其相关资料如下:

A方案:投资项目投资总额为150万元,其中固定资产投资110万元,建设期为2年,在建设期第1年年初和第2年年初平均投入。无形资产投资20万元,于建设起点投入。流动资金投资20万元,于投产开始垫付。该项目经营期10年,固定资产按直线法计提折旧,期满有10万元净残值;无形资产于投产开始分5年平均摊销;流动资金在项目终结时可一次全部收回,另外,预计项目投产后,前5年每年可获得40万元的营业收入,并发生38万元的总成本,后5年每年可获得60万元的营业收入,发生40万元的付现成本。贴现率为10%,不考虑所得税因素。

B方案的现金净流量为:$NCF_0 = -180(万元)$,$NCF_{1\sim9} = 30(万元)$,$NCF_{10} = 40(万元)$。

要求:(1)计算A方案投资项目在项目计算期内各年的现金净流量。

(2)计算B方案投资项目的净现值。

(3)假定A方案的净现值为-42.913万元,判断应采用哪一方案。

8. 某企业拟在计划年度更新某设备。原有设备账面净值6 000元,尚可使用5年,5年后残值为1 000元,每年付现成本为15 000元。拟购置的新设备价款为35 000元,预计使用年限为5年,5年后的残值为5 000元,每年付现成本为1 500元。假如更新设备年初即可投入使用,原有设备即可变现,变现价值为800元,新、旧设备均采用直线法计提折旧,所得税税率为25%,贴现率为12%。

要求:以净现值指标为决策依据,判断该企业是否应该采用售旧购新方案。

9. 某公司正面临印刷设备的选择决策。它可以购买10台甲型印刷机,每台价格8 000元,且预计每台设备每年末支付的修理费为2 200元。甲型设备将于每4年末更换,预计无残值收入。另一个选择是购买11台乙型设备来完成同样的工作,每台价格5 000元,每台每年末支付的修理费用分别为2 000元、2 500元、3 000元。乙型设备需于3年后更换,在第3年年末预计有500元/台的残值变现收入。

该公司此项投资的机会成本为10%,不考虑所得税因素,税法规定的该类设备折旧年限为3年,残值率为10%,预计选定设备型号后,公司将长期使用该种设备,更新时不会随意改变设备型号,以便与其他作业环节协调。

要求:分别计算采用甲、乙设备的平均年成本,并据此判断应当购买哪一种设备。

10. 某企业计划进行某项投资活动,有甲、乙两个备选方案。有关资料为:

甲方案需原始投资150万元,其中固定资产投资100万元,流动资金投资50万元,全部资金于建设起点一次投入。该项目经营期5年,到期残值收入5万元。预计投产后年营业收入90万元,年总成本60万元。

乙方案需要原始投资210万元,其中固定资产投资120万元,无形资产投资25万元,于建设起点一次投入。流动资金投资65万元,于建设期末一次投入。该项目建设2年,经营期5年,到期残值收入8万元,无形资产自投产年份起分5年摊销完毕。该项目投产后,预计年营业收入170万元,年经营成本80万元。

该企业按直线法折旧,全部流动资金于终结点一次回收,所得税税率为25%,贴现率为10%。

要求:根据以上资料计算:

(1) 甲、乙两个方案的净现值。

(2) 采用年均净现值确定该企业究竟应选哪一方案。

案 例 分 析 (A)

一、案例资料

假定你是ABC公司的财务顾问。该公司正在考虑购买一套新的生产线,估计投资为3 000万元,当年购入当年投产。预期每年可产生500万元的税前利润(按税法规定生产线应以5年期直线法折旧,净残值率为10%,会计政策与此相同),并已用净现值法评价方案可行。然而,董事会对该生产线能否使用5年展开了激烈的争论。董事长认为该生产线只能使用4年,总经理认为能使用5年,还有人说类似生产线使用6年也是常见的。假设所得税税率25%,资本成本10%。无论使用几年实际残值与预计的残值一致。

二、思考分析

请你就下列问题发表意见:

(1) 该项目可行的最短使用寿命是多少年(假设使用年限与净现值呈线性关系,

插补法求解,计算结果保留小数点后两位)?

(2) 他们的争论是否有意义(是否影响该生产线的购置决策)? 为什么?

案例分析 (B)

一、案例资料

康元葡萄酒厂是生产葡萄酒的中型企业,该厂生产的葡萄酒,酒香纯正,价格合理,长期以来供不应求。为了扩大生产能力,康元葡萄酒厂准备新建一条生产线。负责这项投资决策工作的财务经理经过调查研究后,得到如下相关资料:

(1) 该生产线的初始投资为 12.5 万元,分两年投入,第 1 年年初投入 10 万元,第 2 年年初投入 2.5 万元。第 2 年项目完工并正式投产使用。投产后销售收入每年增加均为 29 万元,投资项目可使用 5 年,5 年后残值为 2.5 万元。在生产线运作期间要垫支流动资金 2.5 万元,这笔资金在项目结束时可全部收回。

表 6-1 投资项目现金净流量计算表
单位:元

项 目	第 0 年	第 1 年	第 2~5 年	第 6 年
原始投资额	−100 000	−25 000		
垫支流动资金		−25 000		
营业现金净流量			35 000	35 000
销售收入			290 000	290 000
付现成本			250 000	250 000
其中:材料费用			200 000	200 000
人工费用			30 000	30 000
制造费用			20 000	20 000
折旧费用			20 000	20 000
税前利润			20 000	20 000
所得税(税率25%)			5 000	5 000
税后利润			15 000	15 000
设备残值				25 000
流动资金回收				25 000
NCF	−100 000	−50 000	35 000	85 000

(2) 该项目生产的产品总成本构成如下：

材料费用：20 万元 人工费用：3 万元

制造费用(不含折旧)：2 万元 折旧费用：2 万元

(3) 假设无风险报酬率为 6%，该方案风险程度为 0.1，同类方案的风险报酬斜率为 0.4，用风险调整贴现率进行贴现。

(4) 公司所得税税率为 25%。

根据上述资料，财务经理计算出该项目的现金净流量和净现值，发现该项目净现值大于 0，认为项目可行。并把表 6-1 中的数据资料提供给全厂各方面领导参加的投资决策会议。

经计算：

$$风险调整贴现率 = 6\% + 0.1 \times 0.4 = 10\%$$
$$NPV = -100\,000 - 50\,000 \times (P/F,10\%,1) + 35\,000 \times$$
$$[(P/A,10\%,5) - (P/A,10\%,1)] + 85\,000 \times (P/F,10\%,6) = 3\,387(元)$$

在厂领导会议上，财务经理将新建项目投资决策的分析作了必要的说明，他认为，建设新生产线有 3 387 元净现值，故这个项目是可行的。

厂领导会议对财务经理提供的资料进行分析研究，认为财务经理在搜集资料方面作了很大努力，计算方法正确，但却忽略了物价变动问题，这使得财务经理提供的信息失去了客观性和准确性。厂各部门负责人对该方案提出了以下的意见：

(1) 经营副总经理认为，在项目投资和使用期间，通货膨胀率在 10% 左右，将对投资项目的各方面产生影响。

(2) 基建部经理认为，由于物价变动的影响，原始投资将增长 10%，投资项目终结后，设备残值也将增加到 37 500 元。

(3) 生产部经理认为，由于受物价变动的影响，材料费用每年将增长 14%，人工费用也将增长 10%，扣除折旧后的制造费用每年增长 4%，折旧费用不变。

(4) 销售部经理认为，产品销售收入每年可增长 10%。

二、思考分析

厂长要求财务经理根据各部门经理意见，重新计算该项目的现金净流量和净现值，提交下次会议讨论。

四、复习题参考答案

(一) 单项选择题

1. A 2. D 3. A 4. C 5. D 6. B 7. D 8. D 9. B 10. B 11. B

12. C 13. C 14. D 15. B 16. C 17. B 18. C 19. D 20. B

（二）多项选择题

1. AC 2. ABC 3. ABCD 4. ACD 5. ABCD 6. ABD 7. ABCD
8. ABCD 9. ABC 10. CD 11. CD 12. ABC 13. BCD 14. AC
15. BCD 16. AB 17. CD 18. ACD 19. AB 20. ABD

（三）判断题

1. √ 2. √ 3. √ 4. √ 5. × 6. × 7. √ 8. × 9. × 10. √
11. × 12. × 13. × 14. × 15. × 16. × 17. × 18. × 19. ×
20. ×

（四）计算与分析题

1. (1) 甲方案的项目计算期为 6 年。

甲方案第 2~6 年的现金净流量 $NCF_{2\sim6}$ 属于递延年金。

(2) 乙方案：

$$NCF_0 = -(800 + 200) = -1\,000(万元)$$
$$NCF_{1\sim9} = 500 - (200 + 50) = 250(万元)$$
$$NCF_{10} = 250 + 200 + 80 = 530(万元)$$

(3) 丙方案：

$$NCF_0 = -860 - 140 = -1\,000(万元)$$
$$年折旧额 = (860 - 60) \div 5 = 160(万元)$$
$$NCF_{1\sim4} = [6 \times (250 - 160) - 40 - 160] \times (1 - 25\%) + 160 = 415(万元)$$
$$NCF_5 = 415 + 60 + 140 = 615(万元)$$

2. $\Delta NCF_0 = -500\,000 + 100\,000 = -400\,000(元)$

$\Delta NCF_{1\sim5} = 100\,000 + (500\,000 - 100\,000) \div 5 = 180\,000(元)$

3. (1) 折旧 $= (420 - 20) \div 8 = 50(万元)$

摊销 $= 50 \div 5 = 10(万元)$

(2) $NCF_0 = -210 - 50 = -260(万元)$

$NCF_1 = -210 - 30 = -240(万元)$

$NCF_{2\sim3} = 150 - 70 = 80(万元)$

$NCF_{4\sim6} = 200 - 120 + 50 + 10 = 140(万元)$

$NCF_{7\sim8} = 150(万元)$

$NCF_9 = 150 + 50 = 200(万元)$

4. 年折旧额 $= 24\,000 \div 5 = 4\,800(元)$

利润 $= 48\,000 - 42\,800 = 5\,200(元)$

$NCF_{1\sim5} = 5\,200 + 4\,800 = 10\,000(元)$

(1) 投资利润率 $= 5\,200 \div (24\,000 \div 2) = 43.33\%$

(2) 静态投资回收期 $= 24\,000 \div 10\,000 = 2.4(年)$

(3) 净现值 $= 10\,000 \times (P/A, 10\%, 5) - 24\,000 = 13\,908(元)$

(4) 净现值率 $= 13\,908 \div 24\,000 = 0.5795$

　　现值指数 $= 1 + 0.5795 = 1.5795$

(5) 内含报酬率:

$(P/A, IRR, 5) = 24\,000 \div 10\,000 = 2.4$

$IRR = 28\% + [(2.5320 - 2.4) \div (2.5320 - 2.3452)] \times (32\% - 28\%) = 30.83\%$

5. (1) 年折旧 $= (750 - 50) \div 5 = 140(万元)$

　　　　各年净利润 $= (4 \times 250 - 4 \times 180 - 40 - 140) \times (1 - 25\%) = 75(万元)$

　　　　$NCF_0 = -750 - 250 = -1\,000(万元)$

　　　　$NCF_{1\sim4} = 75 + 140 = 215(万元)$

　　　　$NCF_5 = 210 + 50 + 250 = 515(万元)$

(2) 净现值 $= -1\,000 + 215 \times (P/A, 10\%, 5) + 300 \times (P/F, 10\%, 5) =$

　　　　$-1\,000 + 215 \times 3.7908 + 300 \times 0.6209 =$

　　　　$-1\,000 + 815.022 + 186.27 = 1.292(万元)$

6. $\Delta NCF_0 = -[30 - 4 - (10 - 3.2 - 4) \times 25\%] = -25.3(万元)$

新设备年折旧额 $= (30 - 6) \div 3 = 8(万元)$

旧设备年折旧额 $= (10 - 3.2 - 2) \div 3 = 1.6(万元)$

$\Delta NCF_{1\sim2} = (10 - 6) \times (1 - 25\%) + (8 - 1.6) \times 25\% = 4.6(万元)$

$\Delta NCF_3 = 4.6 + 6 - 2 = 8.6(万元)$

$\Delta NPV = 4.6 \times (P/A, 12\%, 2) + 8.6 \times (P/F, 12\%, 3) - 25.3 = -8.13(万元)$

所以,设备不应该更新。

7. (1) A 方案。

建设期现金净流量:

$$NCF_0 = -55 - 20 = -75(万元)$$

$$NCF_1 = -55(万元)$$

$$NCF_2 = -20(万元)$$

经营期经营现金净流量:

$$固定资产年折旧额 = \frac{110 - 10}{10} = 10(万元)$$

$$无形资产年摊销额 = \frac{20}{5} = 4(万元)$$

$$NCF_{3\sim7} = 40 - 38 + 10 + 4 = 16(万元)$$

$$NCF_{8\sim11} = 60 - 40 = 20(万元)$$

经营期终结点现金净流量：

$$NCF_{12} = 20 + 10 + 20 = 50(万元)$$

（2）B方案。

净现值 $= 30 \times (P/A, 10\%, 9) + 40 \times (P/S, 10\%, 10) - 180 = 8.21(万元)$

（3）因为A方案的净现值小于零，所以财务上是不可行的。B方案的净现值大于零，所以财务上是可行的，应采用B方案。

8. 原设备：

$$旧设备出售损失少缴所得税 = (6\,000 - 800) \times 25\% = 1\,300(元)$$

$$NCF_0 = -800 - 1\,300 = -2\,100(元)$$

$$NCF_{1\sim4} = -15\,000 \times (1 - 25\%) + 1\,000 \times 25\% = -11\,000(元)$$

$$NCF_5 = -11\,000 + 1\,000 = -10\,000(元)$$

新设备：

$$NCF_0 = -35\,000(元)$$

$$年折旧额 = \frac{35\,000 - 5\,000}{5} = 6\,000(元)$$

$$NCF_{1\sim4} = -1\,500 \times (1 - 25\%) + 6\,000 \times 25\% = 375(元)$$

$$NCF_5 = 375 + 5\,000 = 5\,375(元)$$

$$\Delta NCF_0 = -35\,000 - (-2\,100) = -32\,900(元)$$

$$\Delta NCF_{1\sim4} = 375 - (-11\,000) = 11\,375(元)$$

$$\Delta NCF_5 = 5\,375 - (-10\,000) = 15\,375(元)$$

$$\Delta NPV = 11\,375 \times (P/A, 12\%, 4) + 15\,375 \times (P/F, 12\%, 5) - 32\,900 = 10\,363.5(元)$$

售旧购新方案可行。

9. （1）甲型设备：

购置成本 $= 10 \times 8\,000 = 80\,000(元)$

成本现值 $= 80\,000 + (10 \times 2\,200) \times (P/A, 10\%, 4) = 149\,738(元)$

年均成本 $= 149\,738 \div (P/A, 10\%, 4) = 47\,237.39(元)$

(2) 乙型设备：

购置成本 $= 11 \times 5\,000 = 55\,000(元)$

残值收入 $= 500 \times 11 = 5\,500(元)$

成本现值 $= 55\,000 + 11 \times 2\,000 \times (P/F,\,10\%,\,1) + 11 \times 2\,500 \times$
$\qquad (P/F,\,10\%,\,2) + 11 \times 3\,000 \times (P/F,\,10\%,\,3) - 5\,500 \times$
$\qquad (P/F,\,10\%,\,3) = 118\,387(元)$

年均成本 $= 118\,387 \div (P/A,\,10\%,\,3) = 47\,604.25(元)$

因为甲型设备的年均成本 47 237.39 元 < 乙型设备的年均成本 47 604.25 元。所以应购买甲型设备。

10. (1) 甲方案：

固定资产投资 $= 100(万元)$

固定资产年折旧 $= (100-5) \div 5 = 19(万元)$

原始投资 $= 150(万元)$

年经营现金净流量 $= (90-60) \times (1-25\%) + 19 = 41.5(万元)$

终结点回收额 $= 5 + 50 = 55(万元)$

$NCF_0 = -150(万元)$

$NCF_{1 \sim 4} = 41.5(万元)$

$NCF_5 = 41.5 + 55 = 96.5(万元)$

净现值 $= 41.5 \times (P/A,10\%,4) + 96.5 \times (P/F,10\%,5) - 150 =$
$\qquad 41.5 \times 3.170 + 96.5 \times 0.621 - 150 = 41.4815(万元)$

乙方案：

固定资产投资 $= 120(万元)$

固定资产年折旧 $= (120-8) \div 5 = 22.4(万元)$

无形资产摊销 $= 25 \div 5 = 5(万元)$

原始投资 $= 210(万元)$

年经营现金净流量 $= (170-80-22.4-5) \times (1-25\%) + 22.4 + 5 =$
$\qquad\qquad 74.35(万元)$

终结点回收额 $= 65 + 8 = 73(万元)$

$NCF_0 = -145(万元)$

$NCF_1 = 0$

$NCF_2 = 65(万元)$

$NCF_{3 \sim 6} = 74.35(万元)$

$NCF_7 = 74.35 + 73 = 147.35(万元)$

净现值 $= 74.35 \times [(P/A,10\%,6) - (P/A,10\%,2)] + 147.35 \times$
$\qquad (P/F,10\%,7) - 145 - 65 \times (P/F,10\%,2) = 74.35 \times$
$\qquad (4.355 - 1.736) + 147.35 \times 0.516 - 145 - 65 \times 0.826 =$
$\qquad 72.0653(万元)$

(2) 甲方案年均净现值 $= 41.4815 \div 3.791 = 10.9421(万元)$

乙方案年均净现值 $= 72.0653 \div 4.868 = 14.8039(万元)$

乙方案年均净现值大于甲方案年均净现值。因此,该企业应选择乙方案。

案例分析参考答案(略)

第七章　证　券　投　资

一、内容概要解析

（一）证券与证券投资

证券是指具有一定票面金额，代表财产所有权和债权，可以有偿转让的凭证。本章介绍的证券投资包括投资股票、债券、基金等。投资要对所投资的对象进行评估，包括价值评估、收益和风险的估计等。

（二）证券的价值与收益率

1. 债券的价值

债券的价值又称债券的内在价值，是指进行债券投资时投资者预期可获得的现金流入的现值。债券的现金流入主要包括利息和到期收回的本金或出售时获得的现金两部分。所以，对投资者而言，当债券价值高于其购买价格时，才值得投资。

（1）债券价值计算的基本模型。

$$BV = \sum_{t=1}^{n} \frac{i \cdot F}{(1+K)^t} + \frac{F}{(1+K)^n} = \sum_{t=1}^{n} \frac{I_t}{(1+K)^t} + \frac{F}{(1+K)^n} =$$
$$i \cdot F \cdot (P/A, K, n) + F \cdot (P/F, K, n) = I \cdot (P/A, K, n) + F \cdot (P/F, K, n)$$

（2）一次还本付息的单利债券价值模型。我国很多债券属于一次还本付息、单利计算的存单式债券，其价值模型为：

$$BV = F \cdot (1+i \cdot n)/(1+K)^n = F \cdot (1+i \cdot n) \cdot (P/F, K, n)$$

（3）零息债券的价值模型。零息债券的价值模型是指到期只能按面值收回，期内不计息债券的估价模型。其价值模型为：

$$BV = F/(1+K)^n = F \cdot (P/F, K, n)$$

2. 债券的收益率

债券的收益率是指能使债券的未来现金流入现值等与债权购买价格的贴现率，它可以反映债券投资按复利计算的实际收益率。如果债券的收益率高于投资人要求的必要报酬率，则可购进债券；否则就应放弃此项投资。

（1）短期债券收益率的计算。短期债券由于期限较短，一般不用考虑货币时间价值因素，只需考虑债券价差及利息，将其与投资额相比，即可求出短期债券收益率。

其基本计算公式为:

$$K = \frac{BV_1 - BV_0 + I}{BV_0}$$

(2) 长期债券收益率的计算。对于长期债券,由于涉及时间较长,需要考虑货币时间价值,其投资收益率一般是指购进债券后一直持有至到期日可获得的收益率,它是使债券利息的年金现值和债券到期收回本金的复利现值之和等于债券购买价格时的贴现率。

对于无法直接计算收益率,必须采用逐步测试法来计算,再用插入法求出收益率。当然插入法比较麻烦,也可用下面的简便法求出近似结果:

$$K = \frac{I + (F - P)/N}{(F + P)/2} \times 100\%$$

3. 股票的价值

股票的价值是进行股票投资所获得的现金流入的现值。股票带给投资者的现金流入包括两部分:股利收入和股票出售时的资本利得。

(1) 股票价值的基本模型。

$$P_0 = \sum_{t=1}^{n} \frac{d_t}{(1+K)^t} + \frac{P_n}{(1+K)^n}$$

(2) 股利零增长、长期持有的股票价值模型。

$$P_0 = d/K$$

(3) 长期持有股票,股利固定增长的股票价值模型。

设上年股利为 d_0,本年股利为 d_1,每年股利增长率为 g,则股票价值模型为:

$$P_0 = \sum_{t=1}^{\infty} \frac{d_0 \cdot (1+g)^t}{(1+K)^t}$$

当 g 为常数,且 $K > g$ 时,上式可简化为:

$$P_0 = \frac{d_0 \cdot (1+g)}{K - g} = \frac{d_1}{K - g}$$

(4) 非固定成长股票的价值。如果股票在一段时间里高速成长,在另一段时间里又正常固定增长或固定不变,这样就要分段计算,才能确定股票的价值。

4. 股票的收益率

(1) 根据股票长期持有、股利固定增长的收益率的计算。固定增长股利价值模型为:

$$P_0 = \frac{d_1}{K - g}$$

将公式移项整理,可得到股利固定增长收益率的计算模型:

$$K = \frac{d_1}{P_0} + g$$

(2)根据股票价值的基本模型采用先逐步测试然后再用插入法计算投资收益率。

5.基金的价值

基金的价值是指在基金投资上所能带来的现金净流量。确定基金的价值有以下几个要素:

(1)基金价值的内涵。基金的价值取决于目前能给投资者带来的现金流量,这种目前的现金流量用基金的净资产价值来表达。

(2)基金单位净值。基金单位净值也称为单位净资产值或单位资产净值。基金的价值取决于基金净资产的现在价值,因此基金单位净值是评价基金业绩最基本和最直观的指标,也是开放型基金申购价格、赎回价格以及封闭型基金上市交易价格确定的重要依据。

基金单位净值是在某一时点每一基金单位(或基金股份)所具有的市场价值,计算公式为:

基金单位净值 =(基金资产总额-基金负债总额)/ 基金单位总份额

在基金净资产价值的计算中,基金的负债除了以基金名义对外的融资借款以外,还包括应付投资者的分红、基金应付给基金经理公司的首次认购费、经理费用等各项基金费用。

(3)基金的报价。从理论上说,基金的价值决定了基金的价格,基金的交易价格是以基金单位净值为基础的,基金单位净值高,基金的交易价格也高。封闭型基金在二级市场上交易,其交易价由供求关系和基金业绩决定,围绕着基金单位净值上下波动。开放型基金的柜台交易价格则完全以基金单位净值为基础,通常采用两种报价形式:认购价(卖出价)和赎回价(买入价)。

开放型基金柜台交易价格的计算方式为:

基金认购价 = 基金单位净值 + 首次认购费
基金赎回价 = 基金单位净值 - 基金赎回费

基金认购价也就是基金经理公司的卖出价,卖出价中的首次认购费是支付给基金经理公司的发行佣金。基金赎回价也就是基金经理公司的买入价,赎回价低于基金单位净值是由于抵扣了基金赎回费,以此提高赎回成本,防止投资者的赎回,保持基金资产的稳定性。收取首次认购费的基金,一般不再收取赎回费。

6. 基金的收益率

基金收益率用以反映基金增值的情况,它通过基金净资产的价值变化来衡量。基金净资产的价值是以市价计量的,基金资产的市场价值增加,意味着基金的投资收益增加,基金投资者的权益也随之增加。基金收益率的计算公式为:

$$基金收益率 = \frac{年末持有份数 \times 年末基金单位净值 - 年初持有份数 \times 年初基金单位净值}{年初持有份数 \times 年初基金单位净值}$$

上式中,持有份数是指基金单位的持有份数。如果年末和年初基金单位的持有份数相同,基金收益率就简化为基金单位净值在本年年内的变化幅度。

年初的基金单位净值相当于是购买基金的本金投资,基金收益率也就相当于一种简便的投资报酬率。

(三) 风险与收益和资本资产定价模型

1. 证券投资的风险

风险性是投资的基本特征之一,而且风险的大小决定着收益的多少。在证券投资中,投资者为了规避风险,采用证券投资组合,然而证券投资组合只能抵消非系统性风险,不能抵消系统性风险。

2. 证券投资组合

(1) 证券组合投资的期望收益率。

$$\overline{K_p} = \sum_{i=1}^{n} \overline{K_i} \cdot W_i$$

(2) 两个证券投资组合的风险。证券组合投资的风险可能具有一定的相互抵消或增强的作用,不是各个证券标准差的加权平均数,其计算公式为:

$$\sigma_p^2 = W_i^2 \cdot \sigma_i^2 + W_j^2 \cdot \sigma_j^2 + 2W_i \cdot W_j \cdot \sigma_{ij}$$

式中:σ_{ij} 为证券 i、j 的协方差,即证券 i 和 j 的实际报酬率与期望报酬率的离差之积的期望值,用来反映两种证券收益之间的互动性。

为了计算上的方便,引入相关系数 ρ_{ij} 来表示投资组合中两种证券之间的相关性,且

$$\rho_{ij} = \frac{\sigma_{ij}}{\sigma_i \cdot \sigma_j} = \frac{n \cdot \sum X_i \cdot X_j - \sum X_i \cdot \sum X_j}{\sqrt{n \sum X_i^2 - (\sum X_i)^2} \times \sqrt{n \sum X_j^2 - (\sum X_j)^2}}$$

由 $\rho_{ij} = \frac{\sigma_{ij}}{\sigma_i \cdot \sigma_j}$,则 $\sigma_{ij} = \rho_{ij} \cdot \sigma_i \cdot \sigma_j$

引入相关系数之后,两个证券组合风险就可以用下列公式来衡量。

$$\sigma_p^2 = W_i^2 \cdot \sigma_i^2 + W_j^2 \cdot \sigma_j^2 + 2W_i \cdot W_j \cdot \rho_{ij} \cdot \sigma_i \cdot \sigma_j$$

当相关系数为-1时,表明证券之间是完全负相关;

当相关系数为$+1$时,表明证券之间是完全正相关;

当相关系数为0时,表明证券之间是完全不相关;

当相关系数大于0而大于1时,表明证券之间是正相关;

当相关系数小于0而大于-1时,表明证券之间是负相关。

两个证券投资组合在不同相关系数下的有效前沿说明:当$\rho_{ij} = 1$时,该组合的收益与风险关系为直线;当$-1 < \rho_{ij} < 1$时,该组合的收益与风险关系为一条向左弯曲的曲线,ρ_{ij}越小,弯曲的程度越大;当$\rho_{ij} = -1$时,该组合的收益与风险关系为折线。当ρ_{ij}为-1时风险分散效应最强,ρ_{ij}为1时无风险分散效应。

在实践中,证券投资组合往往会包含多种证券,其风险可以用下列公式来衡量:

$$\sigma_p^2 = \sum_{i=1}^{n} W_i^2 \cdot \sigma_i^2 + \sum_{i=1}^{n} \cdot \sum_{j=1}^{n} W_i \cdot W_j \cdot \sigma_{ij}$$
$$(\text{其中 } i \neq j)$$

多项证券构成的各种投资组合填充了图$7-1$中整个阴影部分的面积。$M \sim P$段曲线就是多个证券投资组合有效前沿。最优投资组合一定在这一曲线上,至于究竟是哪一点,取决于投资者对待风险的态度。

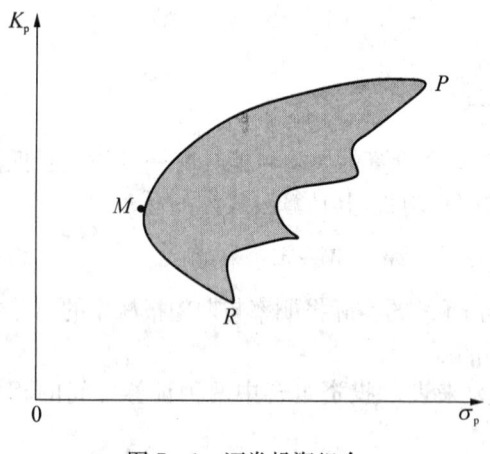

图 7-1 证券投资组合

3. 资本资产定价模型

资本资产定价模型(Capital Assets Pricing Model,简称 CAPM)试图揭示多样化投资组合中资产的风险与所要求的收益之间的关系。在当代财务理论中占有重要地位。证券的期望收益与系统风险之间的关系是资本资产定价模型的核心内容。

(1) 风险资产与无风险资产的组合。通过引入无风险资产与市场组合构成的一个新的投资组合,这个新的投资组合的有效前沿是一条直线即资本市场线(The Capital Market Line, CML),它描述了期望收益率与风险之间的线性关系,表达式为:

$$R_P = R_f + \frac{(R_m - R_f)}{\sigma_m} \cdot \sigma_p$$

(2) 证券市场线。根据资本资产定价模型的理论及其核心内容,个别证券 i 的系统风险可用 β 系数来衡量,且该系统风险与其期望收益率 K_i 与其之间的关系可用证券市场线(Security Market Line 或 SML)来表示。其表达式为:

$$K_i = R_f + (K_m - R_f) \cdot \beta_i$$

其中,β 系数就是用来测定一种证券的收益随整个证券市场平均收益水平变化程度的指标,它反映了一种证券收益相对于整个市场平均收益水平的变动性或波动性,是衡量系统性风险的工具。同时,资本资产定价模型还可用于资本成本的计算,确定项目投资贴现率等,且 β 系数的变化将导致股东必要报酬率 K_i 的变化。

第 i 项资产的 β_i 系数表达式如下:

$$\beta_i = \frac{\sigma_{im}}{\sigma_m^2}$$

由 $\sigma_{im} = \rho_{im} \cdot \sigma_i \cdot \sigma_m$,得:

$$\beta_i = \rho_{im} \cdot \frac{\sigma_i}{\sigma_m}$$

证券投资组合的 β 值则可由证券组合投资中各组成证券 β 值加权计算而得,其计算公式为:

$$\beta_p = \sum_{i=1}^{n} w_i \cdot \beta_i$$

证券市场线的斜率反映了投资者对风险的厌恶程度,其斜率越陡,则市场上投资者对风险的厌恶程度越高。这是因为随着对风险厌恶程度的增加,投资者要求有更高的风险补偿。

资本资产定价模型是用以计算投资者所要求的回报率的工具。在固定资产等项目的投资决策中,资本资产定价模型可以用于估计固定资产投资方案的机会成本,在固定资产投资决策中,用估计的资金机会成本作为折现率对固定资产投资方案的预期现金流量进行折现,计算其净现值,并根据计算结果的大小对投资方案做出取舍。

二、背景资料

(一) 实务中的证券价值与收益率

现实中的债券的发行价格则是债券原始投资者购入债券时应支付的市场价格,

它与债券的面值可能一致也可能不一致,存在折价发行或溢价发行。债券的实际发行价格的确定,还要结合发行公司自身的信誉情况。投资债券时,为了精确衡量债券收益,除了本章介绍的内容外,债券收益包括利息收入,买卖盈亏差价,债券出售者的收益率、债券购买者的收益率和债券持有期间的收益率。

股票内在价值即股票未来收益的现值,取决于预期股息收入和市场收益率。股票市场中股票的价格是由股票的内在价值所决定的,当市场步入调整的时候,市场资金偏紧,股票的价格一般会低于股票内在价值,当市场处于上升期的时候,市场资金充裕,股票的价格一般高于其内在价值。关于股票的内在价值,除了本章介绍的方法外,还有市盈率法即股市中平均市盈率是由 1 年期的银行存款利率所确定的,如果高于这个市盈率的股票,其价格就被高估,低于这个市盈率的股票,其价格就被低估;资产评估值法即把上市公司的全部资产进行评估一遍,扣除公司的全部负债,然后除以总股本,得出的每股股票价值,如果该股的市场价格小于这个价值,该股票价值被低估,如果该股的市场价格大于这个价值,该股票的价格被高估;销售收入法即用上市公司的年销售收入除以上市公司的股票总市值,如果大于 1,该股票价值被低估,如果小于 1,该股票的价格被高估。关于股票收益率的计算,除本章介绍的方法之外,还有股利收益率、持有期收益率和拆股后持有期收益率等方法,除此之外,著名美国基金经理彼得·林奇还得出一个计算股票价值的公式:预期净资产收益率=预期市盈率。

基金投资是一种间接的证券投资方式。基金管理公司通过发行基金份额,集中投资者的资金,由基金托管人(即具有资格的银行)托管,由基金管理人管理和运用资金,从事股票、债券等金融工具投资,然后共担投资风险、分享收益。除了本教材介绍的开放式基金、封闭式基金、公司型基金与契约型基金等基金类型之外,根据投资对象的不同,投资基金还可分为股票基金、债券基金、混合基金、货币市场基金、期货基金、期权基金、认股权证基金等;根据投资目标的不同,证券投资基金可分为成长型基金、收入型基金和平衡型基金;根据投资理念的不同,证券投资基金可分为主动型基金与被动(指数型)基金等。

(二)投资组合与资本资产定价模型

"不要把鸡蛋都放在一个篮子里"——分散风险的哲理。证券投资中如股票投资不仅要对不同的公司分散投资,而且这些不同的公司也不宜都是同行业的或相邻行业的;证券投资者还可根据投资的不同目的而分散自己的投资时间,以将风险分散在不同阶段上。另外,在不能预测股票淡旺程度的情况下,投资者应把投资或收回投资的时间拉长,用数月或更长的时间来完成此项购入或卖出计划,以降低风险程度。虽然采用证券投资组合可以规避风险,然而证券投资组合只能抵消非系统性风险,不能抵消系统性风险。

资本资产定价模型〔Capital Assets Pricing Model，简称 CAPM，表达式为：$K_i = R_f + (K_m - R_f) \cdot \beta_i$〕是由美国学者夏普（William Sharpe）、林特尔（John Lintner）、特里诺（Jack Treynor）和莫辛（Jan Mossin）等人在资产组合理论的基础上发展起来的，该模型给出了投资高风险的股票会使投资者得到更高回报的结论。在资本资产定价模型现代财务金融理论里占据着主导地位，在投资界仍然被广泛利用。按照 CAPM 的规定，β 系数是用来衡量一种证券或一个投资组合相对总体市场的波动性的一种风险评估工具。然而事实上，有很多研究也表示对资本资产定价模型的正确性的质疑，而且 β 系数值是非常难准确计算的。世界著名经济学家法玛（Eugene Fama）和弗兰奇（Kenneth French）研究 1963～1990 年期间纽约证交所、美国证交所以及纳斯达克市场（NASDAQ）里的股票回报时发现：在长时期里 β 值并不能充分解释股票的表现。单个股票的 β 和回报率之间的线性关系在短时间内也不存在。他们的发现似乎表明了资本资产定价模型并不能有效地运用于现实的股票市场内。

尽管如此，投资者仍然相信 β 值比较大的股票组合会比市场价格波动性大，不论市场价格是上升还是下降；而 β 值较小的股票组合的变化则会比市场的波动小。因为在市场价格下降的时候，他们可以投资于 β 值较低的股票。而当市场上升的时候，他们则可投资 β 值大于 1 的股票上。

总之，资本资产定价模型不是完美的，但是它提供了一个可以衡量风险大小的模型，来帮助投资者决定所得到的额外回报是否与当中的风险相匹配。

阅 读 文 献

1. Alan J. Auerbach，Wealth Maximization and the Cost of Capital，The Quarterly Journal of Economics，Vol. 93，No. 3，Aug.，1979，pp. 433－446.

2. Torben G. Andersen1，Tim Bollerslev，Francis X. Diebold and Heiko Ebens，The distribution of realized stock return volatility，Journal of Financial Economics，Vol. 61，Issue 1，Jul. 2001，pp. 43－76.

3. Martin Lettau and Sydney Ludvigson，Resurrecting the（C）CAPM：A Cross－Sectional Test When Risk Premia Are Time－Varying，The Journal of Political Economy，Vol. 109，No. 6，Dec. 2001，pp. 1238－1287.

4. Art Durnev，Randall Morck and Bernard Yeung，Value－Enhancing Capital Budgeting and Firm－Specific Stock Return Variation，The Journal of Finance，Vol. 59，No. 1，Feb.，2004，pp. 1705－1745.

5. Christopher A. Hennessy and Toni M. Whited，How Costly Is External Financing? Evidence from a Structural Estimation，The Journal of Finance，Vol. 62，No. 4，Aug.，2007，pp. 1705－1745.

三、复习题

(一) 单项选择题

1. 如果广大公司的 β 系数约为 1,则( )。

    A. 该公司股票收益率等于无风险收益率

    B. 该公司股票价格相对稳定

    C. 该公司股票收益率与市场收益率大约相同

    D. 该公司股票价格波动不大

2. 申民公司上年已宣告发放每股现金股利 3 元,该公司将来股利以每年 9% 增长,该公司每股市价为 36 元,用固定股利增长模型计算出的该公司股票收益率为( )。

    A. 9.08%   B. 17.33%

    C. 18.08%   D. 19.88%

3. 续上题,如果无风险报酬率为 5%,以下正确的是( )。

    A. 当 β 系数为 1 时,市场收益率为 18.08%

    B. 当 β 系数大于 1 时,市场收益率小于 13.08%

    C. 当 β 系数小于 1 时,市场收益率大于 12.33%

    D. 当 β 系数为 1 时,市场收益率等于 14.88%

4. 债券甲和债券乙是两只刚发行的平息债券,债券的面值和票面利率相同,票面利率均高于必要报酬率,以下说法中,错误的是( )。

    A. 如果两债券的必要报酬率和利息支付频率相同,偿还期限长的债券价值低

    B. 如果两债券的必要报酬率和利息支付频率相同,偿还期限长的债券价值高

    C. 如果两债券的偿还期限和必要报酬率相同,利息支付频率高的债券价值高

    D. 如果两债券的偿还期限和利息支付频率相同,必要报酬率与票面利率差额大的债券价值高

5. 某股票为固定成长股票,年增长率为 4%,预计 1 年后的股利为每股 6.5 元,现行无风险收益率为 11%,市场收益率为 16%,该股票的 β 系数为 1.2,那么作为理性的投资者应该等到( )。

    A. 当股票市价为 55 元时进行投资

    B. 当股票市价为 58 元时进行投资

    C. 当股票市价为 53 元时进行投资

    D. 当股票市价为 49 元时进行投资

6. 一个资产组合中的两个资产的收益率成正相关时,那么图(　　)是正确的。

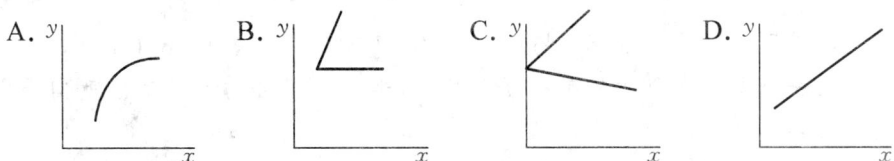

7. 公司进行长期债券投资的主要目的是(　　)。

    A. 获得稳定收益　　　　　　　　B. 改变公司性质

    C. 调剂现金余额　　　　　　　　D. 支付银行长期贷款

8. 假设丙公司在今后不增发股票,预计可以维持 2008 年的经营效率和财务政策,不断增长的产品能为市场所接受,不变的销售净利率可以涵盖不断增加的利息,若 2008 年的销售可持续增长率是 10%,A 公司 2008 年支付的每股股利是 0.5 元,2002 年年末的股价是 40 元,股东期望的收益率为(　　)。

    A. 10%　　　　　　　　　　　　B. 11.25%

    C. 11.38%　　　　　　　　　　　D. 12.40%

9. 债券到期收益率计算原理是(　　)。

    A. 到期收益率是债券票面利息率与资本利得收益率之和

    B. 到期收益率是购买债券后一直持有至到期的内含报酬率

    C. 到期收益率的计算以债券每年末计算并支付利息为前提

    D. 到期收益率是能使债券每年利息收入的现值等债券买入价格的折现率

10. 若股票的相关系数为-1,则形成的证券组合(　　)。

    A. 可降低市场风险　　　　　　　B. 可降低所有分散风险

    C. 可降低可分散风险和市场风险　D. 不能降低任何风险

11. 与股票内在价值呈正方向变化的因素是(　　)。

    A. 股利支付率　　　　　　　　　B. 投资者必要报酬率

    C. β 系数　　　　　　　　　　　D. 无风险报酬率

12. 投资基金证券由(　　)发行。

    A. 投资人　　　B. 托管人　　　C. 管理人　　　D. 发起人

13. 下列不属于公司型基金的特点的是(　　)。

    A. 投资者虽然是基金公司的股东,但是并没有管理基金资产的权力

    B. 投资者虽然申购了基金,但并不是公司股东

    C. 基金公司本身依法注册为法人但委托专业的基金管理公司来经营与管理

    D. 把受益人(即投资者)、管理人、托管人三者作为基金的当事人

14. 一投资组合中两个证券的期望报酬率分别为 12% 和 8%,其收益率的标准

差均为 9%,且两证券的投资比率均为 50%,在相关系数为 0 的情况下,投资组合的标准差为(   )。

    A. 4.5%   B. 6.4%   C. 7.8%   D. 8.1%

15. 若一个资产组合所包含的资产越多,那么该组合的有效前沿就向下图中的(   )区域移动。

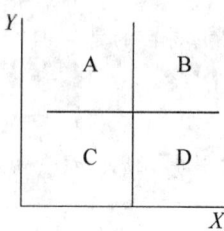

16. 一股票的未来股利不变,当股票市价高于股票价值时,则预期报酬率(   )投资人要求的最低报酬率。

    A. 高于   B. 低于

    C. 等于   D. 可能高于也可能低于

17. 债券 A 和债券 B 是两只在同一资本市场上刚发行的按年付息的平息债券,它们的面值和票面利率均相同,只是到期时间不同,假设两只债券的风险相同,并且等风险投资的必要报酬率低于票面利率,则(   )。

    A. 偿还期限长的债券价值低

    B. 偿还期限长的债券价值高

    C. 两只债券的价值相同

    D. 两只债券价值不同,但不能判其高低

18～20 题基本条件:某长期投资项目所需资金 700 000 元,福民公司投资该项目后,在其 6 年的使用期限内,能使付现成本每年节约 200 000 元,但是折旧费用增加了 60 000 元,目前公司所得税税率为 25%。若福民公司准备向银行借款 600 000元,同时,用自有资金 400 000 元以筹集资金来投资该项目,已知银行借款利率为6%,福民公司所在行业的 β 系数为 0.8,另知国库券利率为 5%,上证指数平均收益率为 12%。

18. 福民公司预计投资必要报酬率为(   )。

    A. 5%   B. 6%   C. 10.6%   D. 12%

19. 最适合作为福民公司投资该项目贴现率的约为(   )。

    A. 6%   B. 7%   C. 11%   D. 12%

20. 该项目的净现值约为(   )元。

    A. 283 400   B. 86 555   C. −83 350   D. −1 885

（二）多项选择题

1. 以下证券的投资风险中,属于非系统风险的有(　　)。

　　A. 信用风险　　　B. 财务风险　　　C. 政治风险　　　D. 宏观经济风险

　　E. 公司高管道德风险

2. 债券价值由(　　)构成。

　　A. 市场价格　　　　　　　　　B. 票面利率

　　C. 各期利息现值　　　　　　　D. 购入价值

　　E. 票面价值现值

3. 估算股票价值时的贴现率,可使用(　　)。

　　A. 股票市场的平均收益率

　　B. 债券收益率加上适当的风险报酬率

　　C. 国库券的利息率加上适当的风险报酬率

　　D. 投资人要求的必要报酬率

　　E. 利用资本市场线(CML)测算的报酬率

4. 投资基金与债券相比(　　)。

　　A. 风险与收益较大　　　　　　B. 存续时间不同

　　C. 体现的权利关系不同　　　　D. 发行主体不同

　　E. 变现能力更佳

5. 在复利计息,到期一次还本的条件下,债券票面利率与到期收益率一致的情况有(　　)。

　　A. 债券平价发行,每年付息一次　　B. 债券溢价发行,每年付息两次

　　C. 债券平价发行,每年付息两次　　D. 债券折价发行,每年付息一次

　　E. 债券溢价发行,每年付息一次

6. 影响股票内在价值的因素有(　　)。

　　A. 市场收益率　　　　　　　　B. 政治风险

　　C. 股利政策　　　　　　　　　D. 股利增长率

　　E. 每股收益

7. 下列有关证券市场线(SML)表述中,错误的有(　　)。

　　A. 证券市场线的余率表示了系统风险程度

　　B. 反映了每单位整体风险的超额收益

　　C. 测量证券或证券组合每单位系统风险的超额收益

　　D. 证券市场线是资本市场线的特例

　　E. 其斜率是 β 系数

8. 根据组合理论,下图中有效组合的有(　　)。

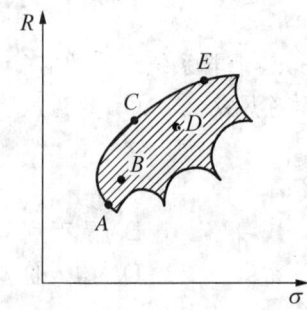

9. 根据组合理论,下图中有效组合包括( )。

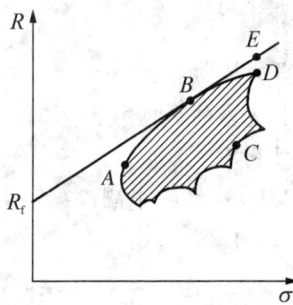

10. 图(a)代表股票 a 的收益率变化,图(b)代表股票 b 的收益率变化。

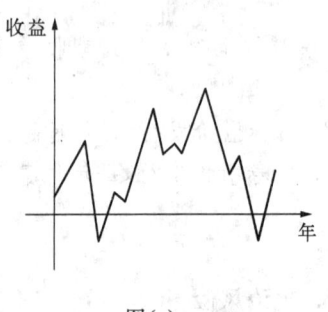

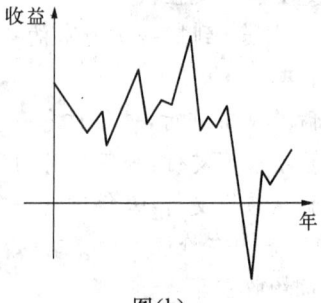

图(a)   图(b)

若将股票 a、b 作为一个投资组合,则该组合的有效前沿有可能会经过下图中的( )点。

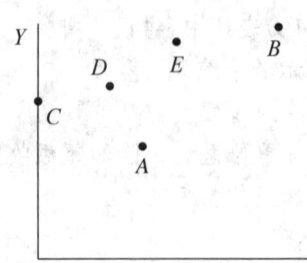

11. 下列说法中,正确的有( )。

A. 股票的预期收益率与 β 值线性相关

B. 在其他条件相同时,经营杠杆较大的公司 β 值较大

C. 在其他条件相同时,财务杠杆较高的公司 β 值较大

D. 若投资组合 β 值等于1,表明该组合没有市场风险

E. 若投资组合 β 值小于1,说明该组合是无风险组合

12. 下列各项因素中,能够影响无风险报酬率的有( )。

A. 平均资金利润率   B. 资金供求关系

C. 国家宏观调控   D. 预期通货膨胀率

13. 下列关于平息债券价值的表达中,错误的有( )。

A. 如果等风险利率不变,平价债券、债券付息期越长债券价值越高

B. 如果等风险利率不变,平价债券、债券付息期越短债券价值越低

C. 如果等风险利率不变,折价债券、债券付息期越短债券价值越高

D. 随着到期时间缩短,必要报酬率变动对债券价值影响越小

E. 在债券估价模型中,折现率实际上就是必要报酬率,折现率越大,债券价值越低

14. 下列关于 β 值和标准差的表述中,错误的有( )。

A. β 值测量系统风险,而标准差测量非系统风险

B. β 值测量系统风险,而标准差测量整体风险

C. β 值测量财务风险,而标准差测量经营风险

D. β 值测量市场风险,标准差反映特有风险

E. β 值测量市场风险,标准差测量财务风险

15. 两个投资项目期望投资收益率相同时,下列说法中,错误的有( )。

A. 两个项目的风险程度一定不同   B. 两个项目的风险程度一定相同

C. 方差大的项目风险大   D. 标准差大的项目风险大

E. 标准离差率大的项目风险小

16. 根据资本资产定价模型,影响特定股票预期收益率的因素有( )。

A. 市场投资组合收益率   B. 无风险收益率

C. 特定股票的 β 值   D. 特定股票的非系统风险

E. 个别特定组合的收益率

17. 进行证券投资,应考虑的风险有( )。

A. 信用风险   B. 利息率风险

C. 流动性风险   D. 通货膨胀风险

E. 违约风险

18. 投资基金按能否赎回,可以分为(　　　)。

    A. 股权式　　　　B. 债权式　　　C. 封闭式　　　D. 开放式

    E. 公司型

19. 资本资产定价模型可用于(　　　)。

    A. 计算股票收益率　　　　　　　B. 计算公司债券权益率

    C. 计算风险型项目净现值　　　　D. 计算基金价值

    E. 计算综合资金成本

20. 假定无风险报酬率为10%,市场投资组合的必要报酬率为15%,而股票A的β值为1.6。若下年度的预期股利为2.50元/股,则以下说法中,正确的有(　　　)。

    A. 若股利成长率固定为每年4%,则股票A的每股市价为17元时值得投资

    B. 若无风险报酬由10%降为8%,则股票A的每股市价为15元时值得投资

    C. 若市场投资组合的必要报酬率由15%下降到12%,则股票A每股市价为25元时值得投资

    D. 若A公司改变经营策略,使该公司的固定股利成长率由4%上升为6%,而β值也由1.6下降到1.4。则股票A每股市价为20元时值得投资

    E. 若无风险报酬由10%升为12%,则股票A的每股市价为18元时值得投资

(三) 判断题

1. 股票是股份公司发给股东的所有权凭证,是股东借以取得股利的一种有价证券。　　　　　　　　　　　　　　　　　　　　　　　　　　(　　)

2. 随着到期时间的缩短,折现率变动对证券价值的影响越来越大。　(　　)

3. 如果不考虑影响股价的其他因素,零增长股票的价值与市场利率成正比,与其股利成反比。　　　　　　　　　　　　　　　　　　　　　　　(　　)

4. 非固定增长股票期望收益率可用逐步测试结合内插法来求得。　(　　)

5. 某企业发行的5年期公司债券;每半年付息一次,票面年利率为8%,平价发行,则该证券的到期收益率为4%。　　　　　　　　　　　　　　　(　　)

6. 投资者购进被低估的证券,会使证券价格上升,回归到其内在价值。(　　)

7. 如果市场不是完全有效的,一项资产的内在价值与市价会在一段时间里不等。　　　　　　　　　　　　　　　　　　　　　　　　　　　　(　　)

8. 两种债券的面值、到期时间和票面利率相同,一年内复利次数越多对投资者越不利。　　　　　　　　　　　　　　　　　　　　　　　　　　　(　　)

9. 一个证券的系统性风险是由这个证券收益率的标准差衡量的。　(　　)

10. 只要债券价值大于市价,就值得投资。　　　　　　　　　　　(　　)

11. 基金的管理需要投资人和发起人来参与。　　　　　　　　　　(　　)

12. β值的测标中,整个股票市场收益率为因变量,个别股票收益率为自变量。
( )

13. 当两种证券完全负相关时,在任何情况下都能分散非系统性风险。 ( )

14. 资本资产定价模型既能估算有效组合的收益率,也能估算非有效组合的收益率。 ( )

15. 组合理论中的一个缺陷是投资者不一定能按风险利率来借得款项。( )

16. 用资本资产定价模型来衡量权益资金成本时不考虑筹资费用。 ( )

17. 风险型项目投资时,在选择贴现率时要考虑该项目的β值和该项目的资本结构。 ( )

18. 市场风险溢价时影响资本成本的因素。 ( )

19. 对折价发行的债券,如果加快付息频率,则债券价值上升。 ( )

20. 如果误将国债收益率用作估算股票价值的折现率,则会使股票价值高估。
( )

(四) 计算与分析题

1. 广大公司 2003 年 4 月 1 日发行公司债券,每张面值 1 000 元,票面利率 10%,5 年期。

要求:(1)假定到期一次还本付息,单利计息。乙公司 2006 年 4 月 1 日按每张 1 380 元的价格购入该债券并持有至到期,计算债券的到期收益率。

(2)假定每年 4 月 1 日付息一次,到期按面值偿还。乙公司 2006 年 4 月 1 日按每张 1 120 元的价格购入该债券并持有至到期,计算债券的到期收益率。

(3)假定每年 4 月 1 日付息一次,到期按面值偿还。必要报酬率为 12%。乙公司 2005 年 4 月 1 日打算购入并持有至到期,计算债券价格低于什么水平时,乙公司才值得购买。

2. 2005 年 2 月,华利公司购买某上市公司的股票,其购买价格为 60 元/股,2006

表 7－1 证券组合资料表

公司名称	股票(股)	β 值	股价(元)	股利与股价之比	期望报酬率
R	70 000	1.27	3.75	4.8%	12%
J	150 000	1.53	4.25	6.2%	16%
S	100 000	1.01	2.5	4.2%	14%
B	80 000	0.95	4.5	3.5%	9.5%
I	130 000	0.82	3.5	4.8%	15%

年1月,利华公司持有该股票获得现金股利为2元/股,2006年2月,利华公司以70元/股的价格出售该股票。

要求:计算该股票的投资收益率。

3. 信计公司准备利用闲置投资一个权益证券组合,如表7-1所示。

现在股票市场报酬率为12%,国债利息率为5%。

要求判断:(1)信计公司的风险是否比市场组合的高?

(2)信计公司是否需要对其现在的投资组合进行调整,即出售或保留组合中的股票?

4. 已知:某公司发行票面金额为1 000元、票面利率为8%的3年期债券,该债券每年计息一次,到期归还本金,当时的市场利率为10%。

要求:(1)计算该债券的理论价值。

(2)假定投资者甲以940元的市场价格购入该债券,准备一直持有至期满,若不考虑各种税费的影响,计算到期收益率。

(3)假定该债券约定每季度付息一次,投资者乙以940元的市场价格购入该债券,持有9个月,收到利息60元,然后以965元将该债券卖出。计算:① 持有期收益率;② 持有期年均收益率。

5. 甲公司是一家上市公司,有关资料如下:

2008年3月31日,甲公司股票每股市价25元,每股收益2元;股东权益项目构成如下:普通股4 000万股,每股面值1元,共计4 000万元;资本公积500万元;留存收益9 500万元。公司实行稳定增长的股利政策,股利年增长率为5%,目前1年期国债利息率为4%,市场组合风险收益率为6%,不考虑通货膨胀因素。

要求:(1)计算甲公司股票的市盈率;

(2)若甲公司股票所含系统风险与市场组合的风险一致,确定甲公司股票的β值;

(3)若甲公司股票的β值为1.05,运用资本资产定价模型计算其必要收益率。

6. 股票甲和股票乙组成的股票组合。已知股票组合的标准差为0.1;股票甲的期望报酬率是22%,β系数是1.3,与股票组合的相关系数是0.65;股票乙的期望报酬率是16%,β系数是0.9,标准差是0.15。

要求:(1)根据资本资产定价模型,计算无风险报酬率和股票组合的报酬率;

(2)计算股票甲的标准差;

(3)计算股票乙与市场的相关系数。

7. A公司2008年年初打算购买某公司债券,要求的必要收益率为6%。现有三家公司的面值均为1 000元的债券可供选择。其中:

(1)甲公司债券的票面利率为8%,2006年年初发行,5年期,每年年末付息一次,到期还本,目前价格为1 030元。

(2)乙公司债券的票面利率为8%,5年期,单利计息,到期一次还本付息,2012

年年初到期,目前价格为 1 150 元。

(3) 丙公司债券的票面利率为零,5 年期,2005 年年初发行,目前价格为 900 元,到期按面值还本。

要求:(1) 如果打算持有至到期日,计算三种债券目前的价值和甲债券的持有期年均收益率。

(2) 如果打算持有至到期日,根据上述计算结果,评价甲、乙、丙三种公司债券是否具有投资价值,并为 A 公司作出购买何种债券的决策。

(3) 若 A 公司购买并持有甲公司债券,0.5 年后将其以 1 080 元的价格出售,计算持有期收益率。

8. 现有甲、乙两股票组成的股票投资组合。已知股票组合的标准差为 0.1;股票甲的期望报酬率为 22%,β 系数是 1.3,股票组合的相关系数是 0.65;股票乙的期望报酬率是 16%,β 系数是 0.9,标准差是 0.15。

要求:(1) 根据资本资产定价模型,计算无风险报酬率和股票组合的平均报酬率。

(2) 计算股票甲的标准差。

(3) 计算股票乙与市场的相关系数。

9. 在资本资产定价模型假设成立的条件下,得到表 7 - 2。

表 7 - 2　证券组合资料表

证券名称	收益率的标准差	各证券收益率与市场组合收益率的相关系数	β 系数	必要收益率
无风险证券				
市场组合	8%			
股票 1	16%		0.5	10%
股票 2		0.8	2	25%
股票 3		0.5		30%

甲决定以 200 万元购入股票 1;乙决定以 200 万元购入股票 2;丙决定以 200 万元购入股票 3;丁预计如果分别以 100 万元购入股票 1 和 400 万元购入股票 2 组成投资组合,则可实现年均 20% 的收益率。

要求:(1) 填写表中的空格。

(2) 上述甲、乙、丙所预计的股票 1、股票 2 和股票 3 的期望收益率分别处于什么水平?

(3) 计算丁的投资组合的 β 系数和必要报酬率,并据以判断丁是否会投资该组合。

10. 已知政府短期债券的收益率为 2.7%,某公司现有甲、乙两个投资项目可供选择,甲项目的预期收益率为 16%,收益率的标准差为 3.10%,标准离差率为 0.19,乙项目有关资料如表 7-3 所示。

表 7-3　乙项目资料表

市场销售情况	概　率	乙项目的收益率
很　好	0.3	30%
一　般	0.4	10%
很　差	0.3	−10%

要求:(1) 计算乙项目的预期收益率、收益率的标准差和标准离差率。

(2) 如果决策者是风险中立者,说明该公司会选择哪个项目。

(3) 假设资本资产定价模型成立,证券市场平均收益率为 9%,市场组合收益率的标准差为 8%,计算市场风险溢酬、乙项目的 β 系数以及它的收益率与市场组合收益率的相关系数。

(4) 如果甲公司没有经过选择,对于甲、乙两个项目均投资了,投资的比例为 1:1.5,甲、乙两个项目收益率的相关系数为 0.6,计算投资组合的预期收益率、甲和乙两个项目收益率的协方差、投资组合收益率的标准差。

11. 据爱牧公司透露,该公司近期准备进行一项扩张计划,这项计划将对未来现金股利政策产生影响。具体表现为从现在开始每股 4 元的现金股利将维持 4 年,4 年后由于扩张计划的完成,每股股利将有 3 年的持续增长期,估计每年增长率为 30%,之后,股利预计将以每年 2% 持续增长。如果投资的必要报酬率为 11%。

要求计算:爱牧公司目前的每股价值为多少元。

12. 沙朗公司 5 年股票收益率与同期上证指数收益率如表 7-4 所示。

表 7-4　沙朗公司收益率资料表

年　份	股票收益率(%)	上证指数收益率(%)
20×6	18	10
20×7	21	11
20×8	20	8
20×9	25	12
20×0	26	14

另知,国债利率为 4%,上证指数收益率为 12%;该公司预计 20×1 年每股股利为 2 元,而且自此股利以平均每年 5% 增长。

要求计算：该公司每股价值为多少。

13. 美国 E-世界出版公司(E-World)主要有两个部门：彩印与光碟构成,彩印部门由利率为 5% 银行贷款融资成立,光碟部门资产由权益融资成立,而且后者的总资产是前者的两倍。图 7-2 中,(a)、(b)显示了 E-世界出版公司股票收益率与 S&P500 股价指数收益率的关系。

（注：S&P500 指数是美国 500 家上市公司的一个股票指数,由美国 McGraw Hill 公司,自纽约证交所、美国证交所及上柜等股票中选出 500 家,其中包含 400 家工业类股、40 家公用事业、40 家金融类股及 20 家运输类股,经由股本加权后所得到的指数。）

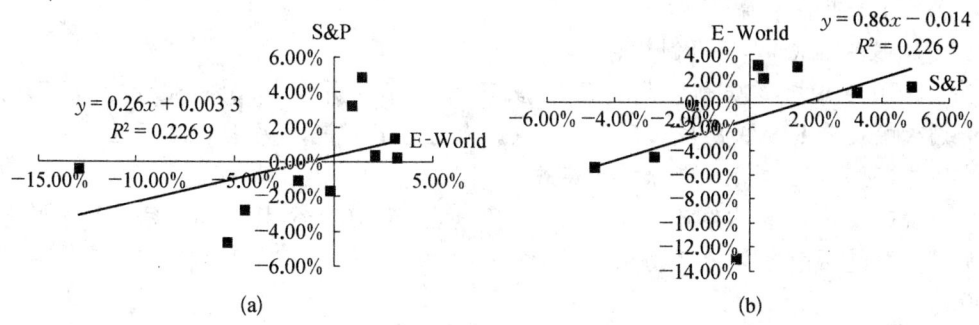

图 7-2 股票收益率与 S&P500 股价指数收益率的关系

目前 E-世界出版公司准备进行项目投资,假设公司有足够的资金投资以下项目,而且投资决策是在公司总部引导下,由各部门进行决策。各投资项目的投资额、内含报酬率指标如表 7-5 所示。

表 7-5 各投资项目资料表

项 目	项 目	投 资 额	内含报酬率
出 版	P1	$1 000 000	3%
	P2	$3 000 000	12%
	P3	$2 000 000	6%
光 碟	E1	$4 000 000	8%
	E2	$6 000 000	7%
	E3	$5 000 000	4%

另知,美国短期国债报酬率为 3%,股票市场平均报酬率为 8%,公司所得税税率为 40%。

要求：根据以上信息分别计算部门资金成本和公司整体资金成本，并调查公司总部与部门再投资决策上是否有分歧。

案 例 分 析

一、案例资料

东方航空：6月客座率创历史新高——2010年7月13日《每日经济新闻》。

东方航空(600115)(收盘价6.85元)公布了6月份运营数据。数据显示，6月东航客座率不但创出历年月度新高，而且也是公司近10年来首次突破80%。光大证券(601788)指出，东航客座率创新高，主要受益于世博会带来游客大幅增加，因此预计公司中报有望大增。

1. 受益世博，客座率创新高

2010年6月，东方航空载运率、客座率、货载率分别为71.3%、80.1%、59.7%，分别大幅提升8.3、9.8和6.5个百分点。尤为可喜的是，6月客座率不但创历年月度新高，而且是公司近十年来首次突破80%。

就航线分析，国内客座率提升8.4个百分点，至81.9%，提升幅度呈逐月递增态势；国际、地区航线客座率分别为75.7%、76.9%，同比分别提升13.3、17.8个百分点。

今年上半年，东方航空客座率为75.8%，同比提升5个百分点。其中，国内航线客座率提升2.6个百分点，至77.2%；国际、地区航线客座率均为72.5%，分别提升10.9、6.7个百分点，国际航线客座率表现尤为突出。

光大证券指出，6月份在世博会的带动下，公商务及休闲游客增长明显，东方航空旅客运输量同比增长了69.5%，其中国内航线增长61.4%，而国际、地区航线增幅在100%左右，较5月增速提升明显。同时，由于上海市场的"火爆"，尽管公司运力投放增速明显，但仍然不及运量增长。

2. 中报有望大幅增长

光大证券认为，当前航空业已步入暑期旺季，各项数据将更加"亮丽"，主业盈利有望创历史新高；在目前股价下，航空股市盈率估值处于历史低位；并且在7月下旬，市场有望迎来一轮中报行情，航空股中期业绩大幅增长将是大概率事件。因此，航空板块有望持续获得超额收益。

至于东航的业绩，光大证券预计2010年、2011年每股收益分别为0.40元、0.44元，鉴于公司盈利能力持续改善、中期业绩大幅增长预期以及引进战略投资者等题材，维持公司"买入"评级，目标价为10元。

二、思考分析

根据所学知识分析，东航的业绩是否会永久性利好。

四、复习题参考答案

(一) 单项选择题

1. C　2. C　3. B　4. A　5. D　6. D　7. A　8. C　9. B　10. B　11. A
12. D　13. B　14. B　15. A　16. B　17. B　18. C　19. B　20. B

(二) 多项选择题

1. CD　2. CE　3. ABCDE　4. ABCD　5. AC　6. ABCDE　7. ABDE
8. CE　9. BE　10. BDE　11. ABC　12. ABCD　13. AB　14. ACE
15. ABE　16. ABC　17. ABCDE　18. CD　19. ABCE　20. ABC

(三) 判断题

1. √　2. ×　3. ×　4. √　5. √　6. √　7. √　8. ×　9. ×　10. ×
11. ×　12. ×　13. ×　14. √　15. √　16. √　17. √　18. √　19. ×
20. √

(四) 计算与分析题

1. (1) 根据 $1\,380 = 1\,000 \times (1 + 5 \times 10\%) \times (P/F, K, 2)$，得 $K = 4.3\%$

(2) 令 $1\,120 = 1\,000 \times (P/F, K, 2) + 1\,000 \times 10\% \times (P/A, K, 2)$

当 $i = 3\%$，$BV = 1\,133.95$，当 $i = 4\%$，$BV = 1\,113.21$

用内插法计算，得 $i = 3.7\%$

(3) $BV = 1\,000 \times (P/F, 12\%, 3) + 1\,000 \times 10\% \times (P/A, 12\%, 3) = 952.2$(元)

即当价格低于 952.2 元时，乙公司才值得购买。

2. $K = [(70 - 60 + 2) \div 60] \times 100\% = 20\%$

该股票的投资收益率为 20%。

3. (1)

表 7-6　信计公司证券组合 β 值计算表

公司名称	股　数	股　价	股本市价 β 值	加权平均 β 值
R	70 000	3.75	262 500×1.27	0.1697
J	150 000	4.25	637 500×1.53	0.4964
S	100 000	2.50	250 000×1.01	0.1285
B	80 000	4.50	360 000×0.95	0.1740
I	130 000	3.50	455 000×0.82	0.1899
			1 965 000	1.1585

加权平均 β 值为 1.1585＞1，比市场组合风险大。

(2)

表7-7 信计公司证券投资预计报酬率计算表

公司名称	预计报酬率	期望报酬率	建 议
R	$5\% + 7\% \times 1.27 = 13.89\%$	12%	售
J	$5\% + 7\% \times 1.53 = 15.71\%$	16%	留
S	$5\% + 7\% \times 1.01 = 12.07\%$	14%	留
B	$5\% + 7\% \times 0.95 = 11.65\%$	9.5%	售
I	$5\% + 7\% \times 0.82 = 10.74\%$	15%	留

4. (1) 该债券的理论价值 $= 1\,000 \times 8\% \times (P/A, 10\%, 3) + 1\,000 \times$
$$(P/F, 10\%, 3) = 950.25(元)$$

(2) 设到期收益率为 K，则 $940 = 1\,000 \times 8\% \times (P/A, K, 3) + 1\,000 \times (P/F, K, 3)$

当 $K = 12\%$ 时：$1\,000 \times 8\% \times (P/A, K, 3) + 1\,000 \times (P/F, K, 3) = 903.94(元)$

利用内插法可得：

$$(940 - 903.94) \div (950.25 - 903.94) = (K - 12\%) \div (10\% - 12\%)$$

解得：$K = 10.44\%$

(3) 持有期收益率 $= (60 + 965 - 940) \div 940 \times 100\% = 9.04\%$

持有期年均收益率 $= 9.04\% \div (9 \div 12) = 12.05\%$

5. (1) 市盈率 $= 25 \div 2 = 12.5$

(2) 甲股票的 β 值 $= 1$

(3) 甲股票的必要收益率 $= 4\% + 1.05 \times 6\% = 10.3\%$

6. (1) $22\% = $ 无风险报酬率 $+ 1.3 \times$（股票组合报酬率 $-$ 无风险报酬率）

$16\% = $ 无风险报酬率 $+ 0.9 \times$（股票组合报酬率 $-$ 无风险报酬率）

解上述两个方程式，无风险报酬率 $= 2.5\%$，股票组合报酬率 $= 17.5\%$

(2) 股票甲 $\beta = $ 股票甲与市场组合的协方差 $\div$ 市场组合的方差

则：$1.3 = $ 股票甲与市场组合的协方差 $= 1.3 \times 0.01 = 0.013$

相关系数 $= $ 股票甲与市场组合的协方差 $\div$（股票甲的标准差 $\times$
市场组合的标准差）

则：$0.65 = 0.013 \div$（股票甲的标准差 $\times 0.1$）

所以股票甲的标准差 $= 0.013 \div (0.65 \times 0.1) = 0.2$

(3) 股票乙与市场组合的协方差 $= 0.9 \times 0.01 = 0.009$

股票乙的相关系数 $= 0.009 \div (0.15 \times 0.1) = 0.6$

7. (1) 甲公司债券的价值 $= 1\,000 \times (P/F, 6\%, 3) + 1\,000 \times 8\% \times$
$$(P/A, 6\%, 3) = 1\,000 \times 0.8396 +$$
$$1\,000 \times 8\% \times 2.6730 = 1\,053.44(元)$$

用 7% 进行测试：

$$1\,000 \times 8\% \times (P/A, 7\%, 3) + 1\,000 \times (P/F, 7\%, 3) =$$
$$1\,000 \times 8\% \times 2.6243 + 1\,000 \times 0.8163 = 1\,026.24(元)$$

假设甲债券的持有期年均收益率为 r，则：

$$(r - 6\%) \div (7\% - 6\%) = (1\,030 - 1\,053.44) \div (1\,026.24 - 1\,053.44)$$

解得：$r = 6.86\%$

乙公司债券的价值 $= (1\,000 + 1\,000 \times 8\% \times 5) \times (P/F, 6\%, 4) =$
$$(1\,000 + 1\,000 \times 8\% \times 5) \times 0.7921 = 1\,108.94(元)$$

丙公司债券的价值 $= 1\,000 \times (P/F, 6\%, 2) =$
$$1\,000 \times 0.89 = 890(元)$$

(2) 因为只有甲债券目前的价格低于其价值,所以,只有甲债券具有投资价值,A 公司应当选择购买甲债券。

(3) 持有期收益率 $= (1\,080 - 1\,030) \div 1\,030 \times 100\% = 4.85\%$

8. (1) 根据资本资产定价模型,得到下列两式：

$22\% =$ 无风险报酬率 $+ 1.3 \times$ (市场股票组合平均报酬率 $-$ 无风险报酬率)

$16\% =$ 无风险报酬率 $+ 0.9 \times$ (市场股票组合平均报酬率 $-$ 无风险报酬率)

解上述两个方程式,无风险报酬率 $= 2.5\%$

股票组合平均报酬率 $= 17.5\%$

(2) 甲股票的 β 值 $=$ 甲股票与市场组合的协方差 $\div$ 市场组合的方差,即 $1.3 =$ 甲股票与市场组合的协方差 $\div 0.12$

甲股票与市场组合的协方差 $= 1.3 \times 0.01 = 0.013$

相关系数 $=$ 甲股票与市场组合的协方差 $\div$ (甲股票的标准差 $\times$ 市场组合的标准差)

即 $0.65 = 0.013 \div$ (甲股票的标准差 $\times 0.1$)

甲股票的标准差 $= 0.013 \div (0.65 \times 0.1) = 0.2$

(3) 乙股票与市场组合的协方差 $= 0.9 \times 0.12 = 0.009$

乙股票的相关系数 $= 0.009 \div (0.15 \times 0.1) = 0.6$

9. (1)

表 7 - 8　证券组合有关指标计算表

证券名称	收益率的标准差	各证券收益率与市场组合收益率的相关系数	β 系数	必要收益率
无风险证券	0	0	0	5%
市场组合	8%	1	1	15%
股票1	16%	0.25	0.5	10%
股票2	20%	0.8	2	25%
股票3	40%	0.5	2.5	30%

(2) 因为只有期望收益率不低于必要收益率时,投资者才会投资,故上述投资行为表明:

甲预计股票 1 的期望收益率不低于 10%,但股票 2 的期望收益率低于 25%,股票 3 的期望收益率低于 30%;

乙预计股票 2 的期望收益率不低于 25%,但股票 1 的期望收益率低于 10%,股票 3 的期望收益率低于 30%;

丙预计股票 3 的期望收益率不低于 30%,但股票 1 的期望收益率低于 10%,股票 2 的期望收益率低于 25%。

(3) 丁的投资组合的 β 系数 $= 100 \div (100 + 400) \times 0.5 + 400 \div (100 + 400) \times 2 = 1.7$

投资组合的必要报酬率 $= 5\% + 1.7 \times (15\% - 5\%) = 22\%$

或:投资组合的必要报酬率 $= 100 \div (100 + 400) \times 10\% + 400 \div (100 + 400) \times 25\% = 22\%$

由于投资组合的期望收益率(20%)小于必要报酬率(22%),故丁不会投资该组合。

10. (1) 乙项目的预期收益率 $= 30\% \times 0.3 + 10\% \times 0.4 - 10\% \times 0.3 = 10\%$

乙项目收益率的标准差 $=$

$$\sqrt{(30\% - 10\%)^2 \times 0.3 + (10\% - 10\%)^2 \times 0.4 + (-10\% - 10\%)^2 \times 0.3} = 15.49\%$$

乙项目收益率的标准离差率 $= 15.49\% \div 10\% = 1.55$

(2) 由于甲项目的预期收益率高于乙项目,所以,该公司会选择甲项目。

(3) 市场风险溢酬 $=$ 证券市场平均收益率 $-$ 无风险收益率 $=$
$$9\% - 2.7\% = 6.3\%$$

因为资本资产定价模型成立,所以,预期收益率 = 必要收益率 = 无风险收益率 $+\beta$ 系数 $\times$ 市场风险溢酬

即:$10\% = 2.7\% +$ 乙项目的 β 系数 $\times 6.3\%$

解得:乙项目的 β 系数 $=1.16$

根据 β 系数的计算公式可知:

乙项目的 β 系数 $=$ 乙项目的收益率与市场组合收益率的相关系数 $\times$ 乙项目收益率的标准差/市场组合收益率的标准差

即:$1.16=$ 乙项目的收益率与市场组合收益率的相关系数 $\times 15.49\% \div 8\%$

解得:乙项目的收益率与市场组合收益率的相关系数 $=0.60$

(4) 对甲项目的投资比重 $=1 \div (1+1.5)=0.4$

对乙项目的投资比重 $=1-0.4=0.6$

投资组合的预期收益率 $=0.4 \times 16\% + 0.6 \times 10\% = 12.4\%$

甲、乙两个项目收益率的协方差 $=0.6 \times 3.10\% \times 15.49\% = 0.29\%$

投资组合收益率的标准差 $= (0.4 \times 0.4 \times 3.10\% \times 3.10\% + 2 \times 0.4 \times 0.6 \times 0.29\% + 0.6 \times 0.6 \times 15.49\% \times 15.49\%)^{\frac{1}{2}} = 10.09\%$

11. $P = 4.00 \div 1.11 + 4.00 \div (1.11)^2 + 4.00 \div (1.11)^3 + 4.00 \div (1.11)^4 + 4.00 \times 1.3 \div (1.11)^5 + 4.00 \times (1.3)^2 \div (1.11)^6 + 4.00 \times (1.3)^3 \div (1.11)^7 + 4.00 \times (1.3)^3 \times (1.02) \div (0.11-0.02) \times (1.11)^7 = 71.32(元)$

或 $P = \dfrac{4}{(1+10\%)} + \dfrac{4}{(1+10\%)^2} + \dfrac{4}{(1+10\%)^3} + \dfrac{4}{(1+10\%)^4} +$

$\dfrac{4 \times (1+30\%)}{(1+10\%)^5} + \dfrac{4 \times (1+30\%)^2}{(1+10\%)^6} + \dfrac{4 \times (1+30\%)^3}{(1+10\%)^7} +$

$\dfrac{4 \times (1+30\%)^3 \times (1+2\%)}{(11\%-2\%)(1+10\%)^7} = 71.32(元)$

12. β 系数为 1.25,权益收益率为 14%,每股价值 $= 2 \div (14\%-5\%) = 22.22(元)$

13. 出版部门资金成本:$5\% \times (1-40\%) = 3\%$

光碟部门资金成本:$3\% + (8\%-3\%) \times 0.86 = 7.3\%$

公司整体资金成本 $-WACC = 1/3 \times 3\% + 2/3 \times 7.3\% = 5.86\%$

出版部门将会选择:P2,P3,而对于 P1 是无所谓的。

光碟部门将会选择:E1

公司总部将会选择:P2,P3,E1,E2。

分歧体现在 E2 项目的选择上。

案例分析参考答案(略)

第八章　营运资金管理

一、内容概要解析

(一)营运资金概述

(1)营运资金的概念。营运资金是指流动资产减去流动负债后的余额,是企业用以维持正常经营活动所需的资金,即企业在生产经营中可用流动资产的净额。营运资金的存在表明企业的流动资产占用的资金除了可通过流动负债筹集外,还可通过长期负债或权益资金筹集。

(2)营运资金的特点。流动负债的特点已在第四章中介绍,流动资产的特点包括:投资回收期短、流动性、并存性和波动性。

(3)营运资金管理的基本要求。既要保证有足够的资金满足生产经营的需要,又要保证能按时偿还各种到期债务,要做到合理确定并控制流动资金的需要量、合理确定流动资金的来源构成以及加快资金周转、提高资金效益。

(二)货币资金管理

1. 置存货币资金的原因和成本

企业置存货币资金的原因,主要是满足交易性需要、预防性需要和投机性需要。货币资金的持有成本主要包括管理成本、机会成本、转换成本和短缺成本。

2. 最佳货币资金持有量的确定

最佳货币资金持有量就是使有关成本之和最小的货币资金持有数额,主要包括成本分析模式、存货模式、货币资金周转模式和随机模式。

(1)成本分析模式。成本分析模式是根据货币资金的有关成本,分析预测其总成本最低时货币资金持有量的一种方法。最佳持有量的计算,可先分别算出各种方案的管理成本、机会成本、短缺成本之和,再从中选出成本之和最低的持有量,即最佳货币资金持有量。

(2)存货模式。存货模式是将存货经济订货批量模型用于确定目标货币资金持有量的一种方法。这种模式下总成本的最低点所对应的货币资金持有量就是最佳货币资金持有量,此时,机会成本与转换成本相等。利用存货模式确定最佳货币资金持有量的模型为:

$$最佳货币资金持有量(Q) = \sqrt{2TF \div K}$$

$$最佳货币资金管理总成本(TC) = \sqrt{2TFK}$$

式中：T 为一个周期内货币资金总需求量，F 为每次转换有价证券的固定成本，Q 为最佳货币资金持有量（每次证券变现的数量），K 为有价证券利息率（机会成本），TC 为货币资金总成本。

（3）货币资金周转模式。货币资金周转模式是从货币资金周转的角度出发，根据货币资金的周转速度来确定最佳货币资金持有量。货币资金周转期是指企业从购买材料支付货币资金开始，到销售商品收回货币资金的时间。利用货币资金周转模式确定最佳持有量的模型为：

$$货币资金周转期 = 应收账款周转期 - 应付账款周转期 + 存货周转期$$

$$货币资金周转率 = \frac{360}{货币资金周转期}$$

$$最佳货币资金持有量 = \frac{年货币资金需求量}{货币资金周转率}$$

（4）随机模式。企业根据历史经验和现实需要，测算出一个货币资金持有量的控制范围，即制定出货币资金持有量的上限和下限，将货币资金控制在上下限之内。货币资金存量的上限 H、目标控制线 R 可按下列公式计算：

$$R = \sqrt[3]{\frac{3b\delta^2}{4i}} + L$$

$$H = 3R - 2L$$

式中：b 为每次有价证券的固定转换成本，i 为有价证券的日利息率，δ 为预期每日货币资金余额变化的标准差。

下限 L 的确定，受企业每日的最低货币资金、管理人员的风险承受倾向等因素的影响。

3. 货币资金的日常管理

（1）货币资金收入的管理。货币资金收入的管理重在缩短收款时间，使应收款项尽早进入本企业的银行账户。

（2）货币资金支出的管理。货币资金支出的管理重在推迟付款日期，该付的钱推迟支付等于在推迟期间筹借到一笔可用资金。在诸多结算付款方式中如有可能则优先考虑用汇票结算，在异地结算中应选用有利的结算手段。

（3）闲置货币资金的利用。企业应该合理使用货币资金浮游量，在保证主营业务的现金需求的前提下，企业应将闲置资金投入到流动性强、风险性低、交易期限短的证券中，以期获得较多的收入。

（三）应收账款管理

1. 应收账款的作用和成本

应收账款主要作用是增加销售和减少存货。应收账款的成本包括机会成本、管

理成本和坏账成本。其中,机会成本为重点内容,指将资金投放在应收账款上所丧失的潜在收益。其计算公式为:

$$应收账款机会成本 = 维持赊销业务所需资金 \times 资金成本率$$

其中,资本成本率可用有价证券利息率来计算。

$$维持赊销业务所需资金 = 应收账款平均余额 \times 变动成本率$$

$$应收账款平均余额 = \frac{赊销收入净额}{应收账款周转率} = \frac{赊销收入净额}{\dfrac{360}{应收账款周转期}} = \frac{赊销收入净额 \times 应收账款周转期}{360}$$

2. 信用政策

制定合理的信用政策,是加强应收账款管理,提高应收账款投资效益的重要前提。信用政策包括信用标准、信用条件和收账政策三部分内容。

(1)信用标准。信用标准是客户获得企业商业信用所应具备的最低条件,通常以预期的坏账损失率表示。

企业在制定或选择信用标准时应考虑的基本因素包括:① 同行业竞争对手的情况;② 企业承担风险的能力;③ 客户的资信程度。

(2)信用条件。信用条件指企业接受客户信用订单时所提出的付款要求,主要包括信用期限、折扣期限及现金折扣等。

只有当企业延长信用期限增加的销售利润大于增加的应收账款机会成本、坏账损失以及收账费用时,企业才应当延长信用期限。

在有现金折扣的情况下,信用条件优化的要点是:增加的销售利润能否超过增加的机会成本、管理成本、坏账成本和折扣成本之和。其中,现金折扣成本的计算公式为:

$$现金折扣成本 = 赊销净额 \times 折扣期内付款的销售额比例 \times 现金折扣率$$

(3)收账政策。收账政策是指当客户违反信用条件,拖欠甚至拒付账款时企业所采取的收账策略与措施。制定收账政策就是要在增加收账费用与减少坏账损失和机会成本之间进行权衡,若前者小于后者,则说明制定的收账政策是可取的。

3. 应收账款的日常管理

应收账款的日常管理主要包括建立客户档案、加强应收账款追踪分析、定期对账和实地催收账款。

(四)存货管理

1. 存货与存货成本

企业的存货主要包括原材料、半成品、产成品、库存商品等,储备这些存货会发生资金占用、储存保管费用等,这就构成了存货成本。具体包括以下内容:

（1）进货成本。进货成本主要由存货的进价成本、进货费用两方面构成。进货费用包括固定性进货费用和变动性进货费用（与订货次数有关，如办公费、差旅费、邮寄费、电报电话费）。

（2）储存成本。储存成本即企业为持有存货而发生的费用，主要包括：固定性储存成本和变动性储存成本（如存货资金应计利息、存货的破损变质损失、存货保险费等）。

（3）缺货成本。缺货成本指因存货不足而给企业造成的停产损失、延误发货的信誉损失及丧失销售机会的损失等。

2. 存货控制的方法

如何取得存货、管理存货，使存货在使用和周转过程中相关成本最小，效益最大，就是存货的控制。存货控制的方法有多种，主要包括经济批量模型、陆续到货模型、商业折扣模型、存货 ABC 控制法、分级归口控制及适时性管理。

（1）经济批量模型。在存货能够集中到货、不允许出现缺货、采购单价不变等假设情况下，变动性订货成本与变动性储存成本总和最低时的进货批量，就是经济进货批量。经济批量模型的最优解为：

$$最优订货批量(Q^*) = \sqrt{\frac{2P \cdot A}{C_1}}$$

$$最小相关总成本(TC^*) = \sqrt{2P \cdot A \cdot C_1}$$

式中：A 为存货年需要量，P 为每次订货的变动性订货成本，C_1 为存货年平均单位变动性储存成本。

（2）陆续到货模型。放开经济批量模型中"集中到货"的假设，存货陆续到达情况下的最优决策模型为：

$$最优订货量(Q^*) = \sqrt{\frac{2P \cdot A}{C_1 \cdot \left(1 - \dfrac{n}{m}\right)}}$$

$$最小相关总成本(TC^*) = \sqrt{2P \cdot A \cdot C_1 \cdot \left(1 - \frac{n}{m}\right)}$$

式中：m 为存货每日到货量，n 为存货每日耗用量。

（3）商业折扣模型。放开经济批量模型中"采购单价不变"的假设，存在商业折扣情况下，存货相关总成本由存货进价、变动性进货费用以及变动性储存成本构成。应按下列步骤求最优解：

第一步，按经济批量模型求出订货批量；

第二步，按商业折扣条款查出与步骤一求得的批量对应的采购单价及相关总成本；

第三步，按商业折扣条款中采购单价低于步骤二求得的单价的各档次的最低批量对应的相关总成本；

第四步，比较相关总成本，最低的为最优解。

（4）存货 ABC 控制法。按照一定的标准，将企业的存货划分为 A、B、C 三类，三类存货的金额比重大致为 A：B：C=0.7：0.2：0.1，而品种数量比重大致为 A：B：C=0.1：0.2：0.7。

（5）分级归口控制。将存货资金定额按照各职能部门所涉及的业务归口管理，各个职能部门再将资金定额计划层层分解到车间、班组乃至个人，实行分级管理。

（6）适时性管理。企业在生产经营过程中努力实现经营需要与存货供应同步，存货传送与存货消耗同步，使存货库存最小化。

二、背景资料

（一）货币资金的安全性控制措施

企业的一切经营管理行为都需要相应的制度和操作流程加以约束和规范，只有通过系统化的制度和流程才能把企业经营意图和管理原则转化为具体的实际行动，货币资金的管理也不例外。企业应加强对货币资金安全性的管理，制定相应的货币资金安全管理和内部控制措施，增强内部控制和管理的可操作性，确保货币资金经营管理合法、有效。

货币资金安全性控制的范围包括：现金、银行存款、其他货币资金。货币资金安全性的控制措施主要包括以下几种。

1. 账实盘点控制

账实盘点控制是通过定期或不定期对货币资金进行盘点，以确保企业资产安全的一种常见的控制制度。如编制银行存款余额调节表。账实盘点按盘点的时间分为定期盘点和不定期盘点，但不定期盘点的控制效果通常较定期盘点好。不定期盘点的主要特点就是突击性强，会给货币资金相关岗位产生一种无形的、无时无刻、无不存在的压力。

2. 库存限额控制

库存限额控制是利用核定企业每日货币资金余额，超过库存限额的货币资金送存银行或汇缴某一银行账户，从而降低货币资金安全性控制风险的一种方法。利用此方法还能高度集中货币资金，统筹使用，特别适用于货币资金短缺的企业。

3. 实物隔离控制

实物隔离控制是采取妥善措施确保除实物保管之外的人员不得接触实物的控制方法。比如，现金只能由出纳保管，银行承兑汇票只能由一人专管，否则将导致责任不清,不法分子很可能浑水摸鱼,侵占货币资金。同时,还应采取选择合格的保险箱,选择安全的场所等保障措施,以确保货币资金实物安全。

4. 岗位分离控制

岗位分离控制是将不相容岗位分别由不同的人负责,以达到相互牵制、相互监督作用的一种控制制度。比如,货币资金收支与记账分离(即出纳不得登记会计总账);货币资金收支与编制记账凭证分离(即出纳不得编制记账凭证);空白支票与印章保管分离,银行对账单取回,余额调节表编制与复核分离等。在具体运用中,应结合本单位实际情况,根据成本与效益原则设计各控制岗位。

(二)我国企业应收账款的现状

20世纪90年代以来,信用营销方式已经在我国各个行业里普遍采用,在绝大多数竞争激烈的行业赊销比例已经达到销售额的60%～90%。但由于我国市场经济体制的不完善以及传统管理方式的滞后,企业间的赊销行为呈现一种严重信用失控的混乱局面。为了抢占市场,扩大业务,一些企业在进入当地市场之初,为了尽快地打开营销局面,在事先未对付款人资信度作深入调查、对应收账款风险进行正确评估的情况下,采取与客户签订短期的、一定赊销额度的销售合同来吸引客户,扩大其市场份额,于是产生了较高的账面利润,忽视了大量被客户拖欠占用的流动资金不能及时收回的问题,导致流动资金不够用,最终形成恶性循环,造成企业财务状况不佳。

信用风险和账款拖欠使许多企业成为惊弓之鸟,无奈之下,这些企业只能放弃信用销售方式,即使赊销能给企业带来巨大的商机。在西方国家,所有商业贸易的90%都是采用信用方式进行,只有不到10%的贸易采用现汇结算,信用结算方式已经成为商品交易中绝对的主流。我国的情况却恰恰相反,信用交易方式仅占所有交易方式的20%左右,现金交易达到80%。“不赊销等死,赊销找死!”已成为困扰我国绝大多数企业的一个噩梦:一方面,买方市场条件下,信用交易成为企业获得客户的必要手段和方式;另一方面,巨大的信用风险又使企业大量账款被客户拖欠,不能及时回收,造成现金流量不足,资金紧张,甚至产生大量呆账、坏账,企业虚盈实亏,被迫陷入销售与收款两难的困境。这种情况下,企业要么是由于盲目赊销导致应收账款的风险得不到良好控制而面临经营困境,要么是由于不敢赊销而裹足不前,其结果仍然是因不能适应市场经济的发展而逃避不了被市场淘汰的厄运。

当前彻底解决这种问题的出路主要不在宏观而在微观。信用风险和应收账款被拖欠的问题,是当前制约和影响我国企业健康快速发展的一个全局性的问题,应当引起企业管理者的高度重视。解决这一问题,应当从促进企业尽快建立一套健全的信用风险管理机制入手,使企业的经营管理尽快适应现代市场经济的特点,走出拖欠和亏损的困境。企业只有在有效的信用管理模式及相关制度框架下,才能使销售转化为利润,否则销售可能仅仅是增加了企业成本。

阅 读 文 献

1. 中国海洋大学营运资金管理研究课题组:"中国上市公司营运资金管理调查:2009",《会计研究》2010 年第 9 期。

2. 王竹泉、逄咏梅、孙建强:"国内外营运资金管理研究的回顾与展望",《会计研究》2007 年第 2 期。

3. 毛付根:"论营运资金管理的基本原理",《会计研究》1995 年第 1 期。

三、复习题

(一) 单项选择题

1. 企业置存现金的原因,主要是为了满足(   )。
   A. 交易性、预防性、收益性需要　　B. 交易性、投机性、收益性需要
   C. 交易性、预防性、投机性需要　　D. 预防性、收益性、投机性需要

2. 下列项目中,属于持有现金的机会成本的是(   )。
   A. 现金管理人员工资　　　　　　　B. 现金安全措施费用
   C. 现金被盗损失　　　　　　　　　D. 现金的再投资收益

3. 下列有关现金的成本中,属于固定成本性质的是(   )。
   A. 现金管理成本　　　　　　　　　B. 占用现金的机会成本
   C. 转换成本中的委托买卖佣金　　　D. 现金短缺成本

4. 最佳现金持有量的存货模式中,应考虑的相关成本主要有(   )。
   A. 机会成本和固定性转换成本　　　B. 固定性转换成本和短缺成本
   C. 机会成本和短缺成本　　　　　　D. 持有成本和短缺成本

5. 成本分析模式下的最佳现金持有量是使(   )之和最小的货币资金持有量。
   A. 机会成本和转换成本　　　　　　B. 机会成本和短缺成本
   C. 持有成本和转换成本　　　　　　D. 持有成本、短缺成本和转换成本

6. 在货币资金管理成本中,与货币资金转换成本呈线性相关的是(   )。
   A. 商品周转次数　　　　　　　　　B. 应收账款周转次数
   C. 证券变现次数　　　　　　　　　D. 应收票据变现次数

7. 某企业货币资金收支状况比较稳定,全年的货币资金需要量为 200 000 元,每次转换有价证券的转换成本为 400 元,有价证券的年利率为 10%。达到最佳货币资金持有量的全年机会成本是(   )元。
   A. 1 000　　　　　　　　　　　　B. 2 000
   C. 3 000　　　　　　　　　　　　D. 4 000

8. 下列各项中,属于应收账款机会成本的是(   )。

A. 应收账款占用资金的应计利息　　B. 客户资信调查费用

C. 坏账损失　　　　　　　　　　D. 收账费用

9. 对应收账款信用期限的叙述中,正确的是(　　)。

A. 信用期限越长,企业坏账风险越小

B. 信用期限越长,表明客户享受的信用条件越优越

C. 延长信用期限,不利于销售收入的扩大

D. 信用期限越长,应收账款的机会成本越低

10. 假设某企业预测的年赊销额为 2 000 万元,应收账款平均收账天数为 45 天,变动成本率为 60%,资金成本率为 8%,1 年按 360 天计,则应收账款的机会成本为(　　)万元。

A. 250　　　　　B. 200　　　　　C. 15　　　　　D. 12

11. 在其他因素不变的情况下,企业采用积极的收账政策,可能导致的后果是(　　)。

A. 坏账损失增加　　　　　　　B. 应收账款投资增加

C. 收账费用增加　　　　　　　D. 平均收账期延长

12. 下列各项中,企业制定信用标准时不予考虑的因素是(　　)。

A. 同行业竞争对手的情况　　　B. 企业自身的资信程度

C. 客户的资信程度　　　　　　D. 企业承担违约风险的能力

13. 预计销售额将由 3 600 万元变为 7 200 万元,收账期为 60 天,若该企业变动成本率为 60%,机会成本率为 10%,假设成本水平保持不变,则该企业应收账款占用资金增加(　　)万元。

A. 3 600　　　　　B. 36　　　　　C. 360　　　　　D. 600

14. 下列关于现金折扣的表述中,正确的是(　　)。

A. 现金折扣又叫商业折扣

B. 现金折扣率越低,企业付出的代价越高

C. 现金折扣是为了加快账款的回收而给予顾客的一定优惠

D. 为了增加利润,应当取消现金折扣

15. 某企业采用 30 天信用期的产品销售量为 10 000 件,若将信用期放宽至 45 天,产品销售量增加到 12 000 件,产品的单价 5 元,单位变动成本 4 元,该企业由于放宽信用而增加的收益为(　　)元。

A. 12 000　　　　B. 2 000　　　　C. 1 000　　　　D. 20 000

16. 已知 B 公司应收账款周转为 70 天,应付账款周转期为 30 天,存货周转期为 80 天,则货币资金周转期为(　　)天。

A. 100　　　　　B. 120　　　　　C. 150　　　　　D. 180

17. 某企业全年需用 A 材料 2 400 吨,每次的订货成本为 400 元,每吨材料年储备成本 12 元,则每年最佳订货次数为(   )次。

    A. 12   B. 6   C. 3   D. 4

18. 基本经济进货批量模式所依据的假设不包括(   )。

    A. 一定时期的进货总量可以准确预测

    B. 存货进价稳定

    C. 存货耗用或销售均衡

    D. 允许缺货

19. 存货 ABC 分类管理法下,最基本的分类标准是(   )。

    A. 金额   B. 品种   C. 数量   D. 体积

20. 公司持有的有价证券的年利率为 6%,每次固定转换成本为 45 元,公司的货币资金最低余额为 2 500 元,根据历史资料分析,货币资金余额波动的方差为 28 800 元,如果公司现有货币资金 21 200 元,则根据随机模式应将其中的(   )元投资于证券。

    A. 7 900   B. 13 300   C. 18 700   D. 19 400

(二)多项选择题

1. 流动资产又称经营性投资,与固定资产相比,具有的特点包括(   )。

    A. 投资回报期短   B. 流动性强

    C. 具有并存性   D. 具有波动性

2. 影响预防动机的因素有(   )。

    A. 企业愿意承担风险的程度   B. 企业临时举债能力的强弱

    C. 企业的销售水平   D. 企业对现金流量预测的可靠程度

3. 下列各项中,(   )属于货币资金的转换成本。

    A. 委托买卖佣金   B. 委托手续费

    C. 证券过户费   D. 交割手续费

4. 利用存货模式确定最佳货币资金持有量时,不予考虑的因素有(   )。

    A. 机会成本   B. 短缺成本   C. 转换成本   D. 管理成本

5. 下列表述中,不正确的有(   )。

    A. 现金持有量越大,资金成本越高   B. 现金持有量越大,短缺成本越高

    C. 现金持有量越大,资金成本越低   D. 现金持有量越大,短缺成本越低

6. 为实现现金收支管理的目的,企业可以采取的措施有(   )。

    A. 力争现金流量同步   B. 使用现金浮游量

    C. 加速收款   D. 推迟应付款的支付

7. 信用标准过高的可能结果包括(   )。

A. 丧失很多销售机会　　　　　　　B. 降低违约风险

C. 扩大市场占有率　　　　　　　　D. 减少坏账费用

8. 下列各项中,属于应收账款管理成本的有(　　)。

A. 坏账损失　　　　　　　　　　　B. 收账费用

C. 客户信誉调查费　　　　　　　　D. 应收账款占用资金的应计利息

9. 应收账款的成本主要有(　　)。

A. 机会成本　　　B. 管理成本　　　C. 短缺成本　　　D. 坏账损失

10. 与应收账款机会成本有关的因素有(　　)。

A. 应收账款平均余额　　　　　　　B. 变动成本率

C. 管理成本　　　　　　　　　　　D. 资金成本率

11. 提供比较优惠的信用条件,可增加销售量,但也会付出一定代价,主要有(　　)。

A. 应收账款机会成本　　　　　　　B. 坏账损失

C. 收账费用　　　　　　　　　　　D. 现金折扣成本

12. 下列有关信用期限的表述中,正确的有(　　)。

A. 缩短信用期限可能增加当期现金流量

B. 延长信用期限会扩大销售

C. 降低信用标准意味着将延长信用期限

D. 延长信用期限将增加应收账款的机会成本

13. 制定收账政策,要在(　　)之间做出权衡。

A. 增加坏账损失　　　　　　　　　B. 减少机会成本

C. 增加收账费用　　　　　　　　　D. 减少坏账损失

14. 企业信用政策的内容包括(　　)。

A. 信用标准　　　B. 信用条件　　　C. 收账政策　　　D. 信用期限

15. 某企业每年需耗用甲材料 360 000 千克,该材料的单位采购成本 100 元,单位年储存成本 4 元,平均每次进货费用 200 元,则下列表述中,正确的有(　　)。

A. 经济进货批量是 6 000 千克

B. 经济进货批量相关的总成本是 24 000 元

C. 经济进货批量平均占用资金为 300 000 元

D. 年度最佳进货批次为 60 次

16. 下列各项中,属于建立存货经济进货批量基本模型假设前提的有(　　)。

A. 一定时期的需求总量可以较为准确地预测

B. 允许出现缺货

C. 能够集中到货

D. 存货的价格保持不变

17. 在享受数量折扣条件下经济进货批量模型中,属于决策相关成本的有( )。

    A. 进价成本　　　B. 订货成本　　　C. 储存成本　　　D. 缺货成本

18. 下列各项中,( )属于存货的储存变动成本。

    A. 存货占用资金的应计利息　　　B. 紧急额外购入成本

    C. 存货的破损变质损失　　　　　D. 存货的保险费用

19. 存货缺货成本指由于不能及时满足生产经营需要而给企业带来的损失,它们包括( )。

    A. 信誉损失　　　　　　　　　　B. 延期交货的罚金

    C. 丧失销售机会的损失　　　　　D. 停工损失

20. 存货成本包括( )。

    A. 购置成本　　　B. 进货费用　　　C. 储存成本　　　D. 缺货成本

(三) 判断题

1. 能够使企业的进货成本、储存成本和缺货成本之和最低的进货批量,便是经济进货批量。　　　　　　　　　　　　　　　　　　　　　　　( )

2. 企业在进行货币资金管理时,可利用的货币资金浮游量是指企业实际货币资金余额超过最佳货币资金持有量的部分。　　　　　　　　　　　　( )

3. 因为货币资金的管理成本是相对固定的,所以在确定货币资金最佳持有量时,可以不考虑它的影响。　　　　　　　　　　　　　　　　　　( )

4. 赊销是扩大销售的有利手段之一,企业应尽可能放宽信用条件,增加赊销量。　　　　　　　　　　　　　　　　　　　　　　　　　　　　( )

5. 在正常业务活动现金需要量的基础上,追加一定数量的现金余额以应付未来货币资金流入和流出的随机波动,这是出于投机动机。　　　　　　( )

6. 企业在不影响自己信誉的前提下,尽可能地推迟应付账款的支付期,是企业日常货币资金管理措施之一。　　　　　　　　　　　　　　　　( )

7. 一般来讲,当某种存货品种数量比重达到 70% 左右时,可将其划分为 A 类存货,进行重点管理和控制。　　　　　　　　　　　　　　　　( )

8. 在存货的 ABC 分类管理法下,应当重点管理的是虽然品种数量较少,但金额较大的存货。　　　　　　　　　　　　　　　　　　　　　　( )

9. 企业为满足交易动机所持有的货币资金余额主要取决于企业的销售水平。　　　　　　　　　　　　　　　　　　　　　　　　　　　　　( )

10. 应收账款的机会成本的大小与企业维持赊销业务所需要的资金和资金成本率有关。　　　　　　　　　　　　　　　　　　　　　　　　( )

11. 信用条件是客户获得企业商业信用所应具备的最低条件,通常以预期的坏账损失率表示。　　　　　　　　　　　　　　　　　　　　　( )

12. 在存货模式下,持有货币资金的机会成本与现金固定性转换成本相等时的持有量为最佳货币资金持有量。　　　　　　　　　　　　　　　　　　( )

13. 在年需要量确定的情况下,经济订货批量越大,进货间隔期越长。　( )

14. 现金折扣是企业为了鼓励客户多买商品而给予的价格优惠,每次购买的数量越多,价格也就越便宜。　　　　　　　　　　　　　　　　　　　　( )

15. 企业营运资金余额越大,说明企业风险越小,收益率越高。　　　( )

16. 存货的储存成本是指为持有存货而发生的成本,其中也包括存货占用的资金的资本成本,储存成本中既有一部分变动性成本,又存在一部分固定性成本,例如仓库折旧、人员工资等。　　　　　　　　　　　　　　　　　　　　　( )

17. 企业的信用标准严格,给予客户的信用期很短,使得应收账款周转率很高,将有利于增加企业的利润。　　　　　　　　　　　　　　　　　　　( )

18. 在存货经济进货批量的基本模型中,存货的进价成本、订货固定成本和储存固定成本均为常量,但短缺成本是决策相关成本。　　　　　　　　　　( )

19. 企业花费的收账费用越多,坏账损失就一定越少。　　　　　　( )

20. 在确定信用标准时,只要提供商业信用增加的成本低于扩大销售增加的利益,企业就可以进一步提供商业信用。　　　　　　　　　　　　　　　( )

(四) 计算与分析题

1. 某公司的原材料购买和产品销售均采用信用方式,其应收账款的平均收账期为 80 天,应付账款的平均收账期为 95 天,从原材料购买到产成品销售的期限为 105 天。

要求:(1) 计算该公司的货币资金周转期。

(2) 计算公司的货币资金周转次数。

(3) 若该公司货币资金年度需求量为 480 万元,计算最佳货币资金持有量。

2. 某公司货币资金收支平衡,预计货币资金年需求量为 250 000 元,现金与有价证券的交易成本每次为 500 元,有价证券年利率为 10%。

要求:(1) 计算最佳货币资金持有量。

(2) 计算最低货币资金成本。

(3) 计算全年有价证券转换次数。

3. 某公司预测 2010 年度销售收入净额为 4 500 万元,现销与赊销比例为 1∶4,应收账款平均收账天数为 60 天,变动成本率为 50%,企业的资金成本率为 10%。

要求:(1) 计算 2010 年度赊销额。

(2) 计算 2010 年度应收账款的平均余额。

(3) 计算 2010 年度维持赊销业务所需要的资金额。

(4) 计算 2010 年度应收账款的机会成本。

（5）若 2010 年应收账款需控制在 400 万元,在其他因素不变的条件下,应收账款平均收账天数应调整为多少天?

4. C 公司生产和销售甲、乙两种产品。目前的信用政策为"2/15,N/30",有占销售额 60% 的客户在折扣期内付款并享受公司提供的折扣;不享受折扣的应收账款中,有 80% 可以在信用期内收回,另外 20% 在信用期满后 10 天(平均数)收回。逾期账款的收回,需要支出占逾期账款额 10% 的收账费用。如果明年继续保持目前的信用政策,预计甲产品销售量为 4 万件,单价 100 元,单位变动成本 60 元;乙产品销售量为 2 万件,单价 300 元,单位变动成本 240 元。

如果明年将信用政策改为"5/10,N/20",预计不会影响产品的单价、单位变动成本和销售的品种结构,而销售额将增加到 1 200 万元。与此同时,享受折扣的比例将上升至销售额的 70%;不享受折扣的应收账款中,有 50% 可以在信用期内收回,另外 50% 可以在信用期满后 20 天(平均数)收回。这些逾期账款的收回,需要支出占逾期账款额 10% 的收账费用。

该公司应收账款的资金成本为 12%。

要求:(1)假设公司继续保持目前的信用政策,计算其平均收现期和应收账款应计利息(1 年按 360 天计算,计算结果以万元为单位,保留小数点后四位,下同)。

(2)假设公司采用新的信用政策,计算其平均收现期和应收账款应计利息。

(3)计算改变信用政策引起的损益变动净额,并据此说明公司应否改变信用政策。

5. 某材料年需用量 16 000 吨,单价 200 元,每次订货成本 1 200 元,单位存货年储存成本 60 元。如果每次订货量超过 1 600 吨,可以有 2% 的价格优惠,如果每次订货量超过 3 000 吨,可以有 3% 的价格优惠。

要求:确定最优订货批量。

6. 某企业全年需采购甲材料 3 600 吨,甲材料每吨进价 1 500 元,每次订货成本为 1 800 元,每吨甲材料年平均储存保管费用为 100 元。

要求:(1)计算甲材料经济订货批量和全年订货次数。

(2)若甲材料由一次性批量供应改为陆续供货,每日送货量为 30 吨,该企业每日耗用甲材料 22.5 吨,求甲材料陆续供应和使用条件下的最优订货量和该订货批量下的最小相关总成本。

案 例 分 析

一、案例资料

长城公司是一家电脑公司,主要业务是向小规模公司出售自己开发生产的小型和微处理电脑。为促进产品销售,增加公司的盈利,总经理想改变公司的信用政策。

现行的信用政策是 40 天内全额付款,赊销额平均占销售额的 75%,其余部分为立即付现购买。目前的应收账款周转天数为 45 天(假设 1 年为 360 天,根据赊销额和应收账款期末余额计算,下同)。总经理今年 1 月初提出,将信用政策改为 50 天内全额付款,改变信用政策后,预期总销售额可增 20%,赊销比例增加到 90%,其余部分为立即付现购买。预计应收账款周转天数将延长到 60 天。

改变信用政策预计不会影响存货周转率和销售成本率(目前销货成本占销售额的 70%)。工资由目前的每年 200 万元,增加到 380 万元。除工资以外的营业费用和管理费用目前为每年 300 万元,预计不会因信用政策改变而变化。上年末的资产负债表如表 8-1 所示。

表 8-1 资产负债表

2010 年 12 月 31 日 单位:万元

资　　产	金　　额	负债和所有者权益	金　　额
货币资金	200	应付账款	100
应收账款	450	银行借款	600
存　　货	560	实收资本	1 500
固定资产	1 000	未分配利润	10
资产合计	2 210	负债和所有者权益合计	2 210

二、思考分析

假设该投资要求的必要报酬率为 8.9597%,你作为公司财务经理,判断总经理的决策是否有理?

四、复习题参考答案

(一)单项选择题

1. C 2. D 3. A 4. A 5. B 6. C 7. B 8. A 9. B 10. D 11. C 12. B 13. C 14. C 15. B 16. B 17. B 18. D 19. A 20. B

(二)多项选择题

1. ABCD 2. ABD 3. ABCD 4. BC 5. AD 6. ABCD 7. ABD 8. BC 9. ABD 10. ABD 11. ABCD 12. ABD 13. BCD 14. ABC 15. ABCD 16. ACD 17. ABC 18. ACD 19. ABCD 20. ABCD

(三)判断题

1. √ 2. × 3. √ 4. × 5. × 6. √ 7. × 8. √ 9. √ 10. √ 11. × 12. √ 13. √ 14. × 15. × 16. √ 17. × 18. × 19. ×

20. ✓

(四) 计算与分析题

1. (1) 货币资金周转期 $= 105 + 80 - 95 = 90$(天)

(2) 货币资金周转次数 $= 360 \div 90 = 4$(次)

(3) 最佳货币资金余额 $= 480 \div 4 = 120$(万元)

2. (1) 最佳货币资金持有量 $= \sqrt{2 \times 250\,000 \times 500 \div 10\%} = 50\,000$(元)

(2) 最低货币资金成本 $= \sqrt{2 \times 250\,000 \times 500 \times 10\%} = 5\,000$(元)

(3) 有价证券转换次数 $= 250\,000 \div 50\,000 = 5$(次)

3. (1) 赊销额 $= 4\,500 \times 4 \div (1 + 4) = 3\,600$(万元)

(2) 应收账款平均余额 $= 3\,600 \div 360 \times 60 = 600$(万元)

(3) 维持赊销业务所需要的资金额 $= 600 \times 50\% = 300$(万元)

(4) 应收账款的机会成本 $= 300 \times 10\% = 30$(万元)

(5) 调整后的应收账款平均收账天数 $= 400 \div (3\,600 \div 360) = 40$(天)

4. (1) 不改变信用政策的平均收现期和应收账款应计利息:

销售额 $= 4 \times 100 + 2 \times 300 = 1\,000$(万元)

变动成本 $= 4 \times 60 + 2 \times 240 = 720$(万元)

变动成本率 $= 720 \div 1\,000 = 72\%$

平均收现期 $= 60\% \times 15 + 40\% \times 80\% \times 30 + 40\% \times 20\% \times 40 = 21.8$(天)

应收账款应计利息 $= 1\,000 \div 360 \times 21.8 \times 72\% \times 12\% = 5.2320$(万元)

(2) 改变信用政策后的平均收现期和应收账款应计利息:

平均收现期 $= 70\% \times 10 + 30\% \times 50\% \times 20 + 30\% \times 50\% \times 40 = 16$(天)

应收账款应计利息 $= 72\% \times 1\,200 \div 360 \times 16 \times 12\% = 4.6080$(万元)

(3) 每年损益变动额:

增加的销售利润 $= (1200 - 1\,000) \times (1 - 72\%) = 56$(万元)

增加的现金折扣 $= 1\,200 \times 70\% \times 5\% - 1\,000 \times 60\% \times 2\% = 30$(万元)

增加的应收账款应计利息 $= 4.608 - 5.232 = -0.624$(万元)

增加的收账费用 $= 1\,200 \times 30\% \times 50\% \times 10\% - (4 \times 100 + 2 \times 300) \times$
$$40\% \times 20\% \times 10\% = 10(万元)$$

增加的净收益 $= 56 - 30 - (-0.624) - 10 = 16.624$(万元)

由于信用政策改变后增加的收益额大于零,所以,公司应该改变信用政策。

5. 无数量折扣时的经济订货量

$$Q^* = \sqrt{2 \times 1\,200 \times 16\,000 \div 60} = 800(吨) < 1\,600(吨)$$

此时的单价为 200 元。

$$TC(800) = \frac{16\,000}{800} \times 1\,200 + \frac{800}{2} \times 60 + 16\,000 \times 200 = 3\,248\,000(元)$$

$$TC(1\,600) = \frac{16\,000}{1\,600} \times 1\,200 + \frac{1\,600}{2} \times 60 + 16\,000 \times 200 \times (1-2\%) =$$
$$3\,196\,000(元)$$

$$TC(3\,000) = \frac{16\,000}{1\,600} \times 1\,200 + \frac{3\,000}{2} \times 60 + 16\,000 \times 200 \times (1-3\%) =$$
$$3\,206\,000(元)$$

经比较,$TC(1\,600)$ 最小,最优订货量应为 1 600 吨。

6. (1) 甲材料经济订货批量 $= \sqrt{2 \times 3\,600 \times 1\,800 \div 100} = 360(吨)$

全年订货次数 $= 3\,600 \div 360 = 10(次)$

(2) 陆续到货情况下
的最优订货批量 $= \sqrt{2 \times 3\,600 \times 1\,800 \div \left[100 \times \left(1 - \frac{22.5}{30} \right) \right]} = 720(吨)$

陆续到货情况下的
最小相关总成本 $= \sqrt{2 \times 3\,600 \times 1\,800 \times 100 \times \left(1 - \frac{22.5}{30} \right)} =$
$$18\,000(元)$$

案例分析参考答案(略)

第九章　利润分配管理

一、内容概要解析

（一）利润分配概述

利润分配是指企业如何分配其所实现的利润总额，是一项政策性较强的工作，必须严格按照国家的法规和制度执行。利润分配的结果，形成了国家的所得税收入，投资者的投资报酬和企业的留存收益等不同的项目。由于税法具有强制性和严肃性，缴纳税款是企业必须履行的义务，因此，财务管理中的利润分配，主要指企业的净利润分配，利润分配的实质就是确定给投资者的分红与企业留存收益的比例。

1. 利润分配的基本原则

利润分配的基本原则包括：① 依法分配原则；② 分配与积累并重原则；③ 投资与收益对等原则。

2. 利润分配的一般程序

利润分配程序是指企业根据适用法律、法规或规定，对企业一定期间实现的净利润进行分派必须经过的先后步骤。根据我国《公司法》等有关规定，企业向投资者（股东）分配利润（支付股利）应按一定的顺序进行。

（1）确定可供分配的利润。只有可供分配的利润大于零时，企业才能进行后续分配。

（2）提取法定盈余公积。法定盈余公积以净利润扣除以前年度亏损为基数，按 10% 提取。

（3）发放优先股股利。如果企业有发行在外的优先股，应按事先约定的股利率向优先股股东发放优先股股利。

（4）提取任意盈余公积。任意盈余公积是根据企业发展的需要自行提取的公积金，其提取基数与计提法定盈余公积的基数相同，计提比例由股东大会根据需要决定。

（5）向投资者（股东）分配利润（发放股利）。企业本年净利润在经过上述（1）～（4）程序后的余额，加上年初未分配利润，即为企业本年可供投资者分配的利润，可根据企业的利润分配政策确定应向投资者分配的利润数额。

（二）股利分配政策

股份有限公司的利润分配政策比较具有代表性，这里就以股份有限公司的利润分配政策即股利分配政策为背景展开讨论。

1. 股利理论

股利分配是否会影响公司的价值,存在着不同的两种观点。

(1) 股利无关论。股利无关论认为股利分配的多少不会影响股东对公司的态度,因而不会影响股票价格,也就是与公司价值无关。这种理论的代表人物是 M. Miller 和 F. Modigliani(MM)。

(2) 股利相关论。股利相关论认为公司的股利分配对公司价值有影响。公司的股利分配是在种种制约因素下进行的,影响股利分配的主要因素有法律因素、股东因素和企业因素等,此外,影响股利政策的其他因素有:不属于法规规范的债务合同约束、政府对机构投资者的投资限制以及因通货膨胀带来的企业对重置实物资产的特殊考虑等。

2. 股利分配政策与内部筹资

股利分配政策的核心问题是确定支付股利与留存收益的比例,两者存在着此长彼消的关系。增加发放会减少留存收益,将增加外部筹资需求,因此,股利分配政策同时也是内部筹资决策。

目前财务管理实务中,常用的股利政策主要有以下几种类型。

(1) 剩余股利政策。这种政策认为,公司的利润首先应该根据设定的目标资本结构测算出未来盈利性投资项目的权益资本需要,如果还有剩余,可将剩余部分作为股利发放给股东。

(2) 固定股利政策。这种政策是将每年发放的股利固定在某一固定的水平上并在较长时期内保持不变,除非公司预期未来的收益将有显著的、不可逆转的增加,而且未来的盈利足以支付更多的股利时,企业才会提高每股股利支付额。

(3) 固定股利支付率政策。固定股利支付率政策是将每年盈利的某一固定百分比作为股利分配给股东的股利分配政策。

(4) 低正常股利加额外股利政策。这种股利政策是介于固定股利与固定股利支付率之间的一种股利政策。其特征是:公司一般每年都支付较低的固定股利,当盈利增长较多时,再根据实际情况加付额外股利;当公司盈余较低或现金投资较多时,可维持较低的固定股利。

以上各种股利政策各有所长,公司在确定其股利分配政策时,应充分考虑各种股利政策的优缺点,确定适合本公司实际情况的股利分配政策。

(三) 股利种类及其支付

1. 股利种类

公司通常以多种形式发放股利,股利支付形式一般有现金股利、股票股利、财产股利和负债股利,其中最为常见的是现金股利和股票股利。目前,我国上市公司的股利分配只存在现金股利和股票股利两种形式。

（1）现金股利。现金股利是指公司以现金的方式向股东支付股利，也称为红利。现金股利是公司最常见的、也是最易被投资者接受的股利支付方式。采用现金股利形式公司必须具备两个基本条件：① 要有足够的可供分配的利润；② 要有足够的现金。因此，公司在支付现金前，必须做好财务上的安排，以便有充足的现金支付股利。因为，公司一旦向股东宣告发放股利，就对股东承担了支付的责任，必须如期履约，否则，不仅会丧失公司信誉，而且会带来不必要的麻烦。

（2）股票股利。股票股利俗称送股，是指公司以股票形式向股东发放股利。发放股票股利时，在账面上，一方面减少未分配利润项目金额，另一方面增加股本和资本公积等项目金额。它并不增加股东财富，企业的财产价值，股东的股权结构也不会改变，改变的只是股东权益内部各项目的金额。

在实务中，西方国家一般都以股票市价为基础发放股票股利，而我国则以股票面值为基础发放股票股利。

2. 股利支付程序

企业通常在年度末计算出当期盈利之后，才决定向股东发放股利。但是，在资本市场中，股票可以自由交换，公司的股东也经常变换。那么，哪些人应该领取股利，对此，公司必须事先确定与股利支付相关的时间界限。这个时间界限包括：

（1）股利宣告日。股利宣告日是指公司董事会将股利支付予以公告的日期。在公告中将宣布每股股利、股权登记日、除息日和股利支付日等事项。

（2）股权登记日。股权登记日是指有权领取股利的股东资格登记截止日期。只有在股权登记日前在公司股东名册上有名的股东，才有权分享本次股利，在股权登记日以后列入名单的股东无权领取本次股利。

（3）除息日。除息日是指领取股利的权利与股票相互分离的日期。在除息日前，股利权从属于股票，持有股票者即享有领取股利的权利；从除息日开始，股利权与股票相分离，新购入股票的人不能享有本次股利。在我国，由于采用次日交割方式，则除息日为股权登记日的下一个工作日。

（4）股利发放日。即向股东发放股利的日期。

（四）股票分割

股票分割是将一股面值较大的股票交换成若干股面值较小的股票的行为，俗称"拆细"。例如将 1 股面值为 100 元的股票交换成 100 股面值为 1 元的股票。股票分割不属于股利分配，但其产生的影响与发放股票股利相近。

二、背景资料

在我国的市场经济中，以现金股利、股票股利以及股票回购等形式体现的股利，特别是现金股利，不仅是广大投资者获取投资回报最基本、最主要的渠道之一，而且作为股东权利的现实体现,也是股份公司制度具有旺盛的生命力并得以维持、发展的一个重要基石。但无论是与西方股利理论,还是与发达国家、甚至与很多发展中国家的股利实践相比,我国上市公司股利分配政策的实践近年来却表现出许多独特之处。无论上市公司奉行何种股利分配政策,持有流通股股份的广大小股东与控股股东相比,都处于一种被忽视、被掠夺的不公平地位。具体表现如下。

（一）股利分配政策缺乏长远规划和相对稳定性

股利作为对公司投资者的一种补偿,是上市公司的责任之一。为了维持公司形象,国外上市公司一般都倾向于对股利分配政策进行阶段性规划,保持相对稳定的股利分配政策,均衡某一阶段的股利水平。然而,我国大多数上市公司没有按照企业发展的生命周期规律对股利分配进行中长期规划,而是各年临时制定决策,股利分配政策缺乏战略性方针的指导。有的公司直接根据再融资行为来决定当年是分派现金股利还是送股或配股,有的公司甚至随意更改分配方案。所以我国上市公司股利分配形式均频繁多变,缺乏连续性,未形成相对稳定的股利分配政策。上市公司股利分配的这种行为,限制了金融市场对投资者的信息传递作用,减弱了市场的有效性,可能引起二级市场的混乱和股价的异常波动,严重侵害了广大小股东的利益。

（二）股利支付率较低且送股配股盛行

我国上市公司股利分配的一个重要特点是总体支付率较低,不分配的现象带有普遍性。虽然派现公司的股利支付率水平尚可,但平均支付率约为 30％,且呈不断下降的趋势。股利不分配现象盛行,甚至有些有能力分配的公司也倾向于不分配股利。另外,我国上市公司高度关注的是实现股本扩张,很多上市公司选择以"送股"为主,而较少派现的分配方式,而且往往伴随着配股行为。这一股利分配特点虽然是我国上市公司在利润分配方面富有创造性的表现,但是却容易给投资者造成一种分配方案良好的假象,导致股市鱼龙混杂,影响投资者作出理性的投资决策,干扰市场秩序。从公司本身来讲,过分反复送股将不可避免地引起每股净资产和每股盈余的下降,很难达到高价位股票购买者的预期,使广大小股东的收益偏离预期水平。

（三）滥用股利信号传递作用

上市公司管理层通过发放股利向股东发送相关信息就是股利的信号传递作用。特别是股利分配政策的变化对股票价格和投资者行为有影响。国内一些学者的研究表明,我国确实存在股利信号传递效应,而且送股有明显效应,但现金股利却不太明显。然而,我国上市公司表现出滥用股利信号的倾向。国外上市公司在利用股利信号时往往比较慎重,大多采用相对稳定的股利分配政策,只有当公司的持久盈利受到非暂时性冲击时才改变股利分配政策,以向公众表明这种持久性的变化。如果变化是暂时性的,多采用额外股利等价值信号较小的方式来反映短期变化。而我国多数上市公司采用非稳定的股利分配政策,在公司持久盈利能力没有多大变化或出现暂时性冲击时,就频繁变动股利发放形式和数量来向市场传递信息。很多公司纷纷推出送股的分配方案,而研究表明我国送股具有显著的信号作用,这两者的相符也说明上市公司企图利用送股来传送信号以促使股价上涨,但这种股价的上涨却不代表公司价值的真正提升。上市公司滥用股利信号的行为会误导小股东投资者产生某种错觉,影响其决策的合理性,降低市场资源配置效率。

（四）部分股利分配行为不规范

我国上市公司的股利分配还存在一些很不规范的行为,主要表现在同股不同利方面。"同股同权、同股同利"是股份公司应遵循的基本原则,而我国特殊的体制决定上市公司存在国有股、法人股、内部职工股和公众股等多种股票种类。考虑到不同投资主体的特点,有些公司的股利分配方案中对国有股和其他股区别对待。通常对国有股份派现金股利,对其他非国有股送股或配股;或不同投资主体的股利形式相同但金额不同;甚至提供多种方案供股东自主选择,严重损害小股东的利益。

股利分配政策的制定过程就是各相关利益主体为使各自的收益最大化而进行博弈的过程。小股东处于竞争中的劣势,所以,必须采取相应措施遏制控股股东侵害小股东利益的行为。

阅 读 文 献

1. 许日:"上市公司股利分配政策理论研究综述",《财会研究》2010年第1期。

2. 张雪乔:"从我国上市公司股利分配问题看企业的资本结构优化",《经营管理者》2010年第5期。

3. 李腊生、李倩:"股利分配政策信号的有效性探讨——基于我国上市公司分红效应的分析与验证",《现代财经(天津财经大学学报)》2009年第2期。

4. 杨瑞龙、魏梦:"股票分割的经济学解释",《财经研究》2000年第4期。

5. 张莉芳、赵敏、张小玲:"股利分配政策与公司盈余——基于稳定性研究",《财会通讯(学术版)》2005年第11期。

三、复习题

（一）单项选择题

1. 可最大限度满足企业对再投资的权益资金需要的股利政策是(   )。

A. 固定股利政策　　　　　　B. 剩余股利政策

C. 固定股利支付率政策　　　D. 正常股利加额外股利政策

2. 下列选项中,属于影响股利分配的法律因素的是(   )。

A. 资本保全限制　　　　　　B. 资产的流动性

C. 筹资能力　　　　　　　　D. 资本成本

3. 下列选项中,影响股利政策的企业因素有(　　)。

    A. 资产的流动性　　　　　　　B. 资本积累限制

    C. 股权稀释　　　　　　　　　D. 避税考虑

4. 有权领取股利的股东资格登记截止日称为(　　)。

    A. 股利宣告日　　B. 股权登记日　　C. 除息日　　　　D. 股利发放日

5. 企业法定盈余公积达到注册资本的(　　)时,可不再提取。

    A. 10%　　　　　B. 5%　　　　　C. 25%　　　　　D. 50%

6. 剩余股利政策的缺点是(　　)。

    A. 最大限度满足企业对再投资的权益资金需要

    B. 有利于保持理想的资本结构

    C. 能使综合资本成本最低

    D. 可能影响股东对企业的信心

7. 固定股利支付率政策的优点是(　　)。

    A. 使股利与企业盈利脱节　　　B. 会增强股东对企业未来经营的信心

    C. 使股利与企业盈利结合　　　D. 有利于股价的稳定与上涨

8. 债务合同约束是影响股利政策的(　　)。

    A. 法律因素　　B. 企业因素　　C. 股东因素　　D. 其他因素

9. 支付股票股利(　　)。

    A. 会减少所有者权益　　　　　B. 会增加所有者权益

    C. 不会变动所有者权益总额　　D. 要求企业必须有足够的现金

10. 企业为了稀释流通在外的公司股票价值以吸引更多的投资者,会采用(　　)的股利支付形式。

    A. 现金股利　　B. 财产股利　　C. 股票股利　　D. 负债股利

11. 公司以现金形式发放股利,可能带来的结果是(　　)。

    A. 引起公司资产减少　　　　　B. 引起公司负债减少

    C. 股东权益不变　　　　　　　D. 引起股东权益与负债同时减少

12. 采用低正常加额外股利政策的理由是(　　)。

    A. 有利于保持最优资本结构　　B. 使企业具有较大的灵活性

    C. 降低资本成本　　　　　　　D. 保证控制权不被稀释

13. 在确定企业的收益分配政策时,应当考虑相关因素的影响,其中"资本保全约束"属于(　　)。

    A. 股东因素　　B. 公司因素　　C. 法律因素　　D. 债务契约因素

14. 某公司近年来经营业务不断拓展,目前处于成长阶段,预计现有的生产经营能力能够满足未来10年稳定增长的需要,公司希望其股利与公司盈余紧密配合。基于以上条件,最为适宜该公司的股利政策是(　　)。

  A. 剩余股利政策   B. 固定股利政策

  C. 固定股利支付率政策   D. 低正常股利加额外股利政策

15. 能很好地将灵活性与稳定性结合起来的股利政策是(　　)。

  A. 剩余股利政策   B. 固定股利政策

  C. 固定股利支付率政策   D. 低正常股利加额外股利政策

16. 体现"多盈多分"、"少盈少分"的股利政策是(　　)。

  A. 剩余股利政策   B. 固定股利政策

  C. 固定股利支付率政策   D. 正常股利加额外股利政策

17. 极易造成股利的支付与企业的盈余相脱节的股利政策是(　　)。

  A. 剩余股利政策   B. 固定股利政策

  C. 固定股利支付率政策   D. 低正常股利加额外股利政策

18. 固定股利政策的优点是(　　)。

  A. 有利于树立公司良好形象,增强投资者信心

  B. 使公司可灵活安排资金支出

  C. 能使股利与公司盈余紧密配合,多盈多分,少盈少分

  D. 有利于机构投资者安排股利收入

19. 如果上市公司以其应付票据作为股利支付给股东,则这种股利的方式称为(　　)。

  A. 现金股利   B. 股票股利   C. 负债股利   D. 财产股利

20. 公司发放现金股利,带来的结果是(　　)。

  A. 引起负债与股东权益同时变化 B. 资产负债率下降

  C. 资产负债率提高   D. 引起资产与负债同时变化

(二)多项选择题

1. 剩余股利政策(　　)。

  A. 可最大限度满足企业对再投资的权益资金需要

  B. 使综合资本成本最低

  C. 有可能影响股东对企业的信心

  D. 不利于保持理想的资本结构

2. 固定股利政策(　　)。

  A. 有助于消除投资者的不确定感 B. 股利的支付与盈利相脱节

  C. 有可能使企业财务状况恶化   D. 适用于盈利稳定的企业

3. 固定股利支付率政策(　　)。

  A. 能使股利与企业盈利紧密结合 B. 股利随盈利波动

C. 会增强股东对企业的信心　　D. 有利于股票价格的稳定

4. 正常股利加额外股利政策（　　）。

A. 能保证股利的稳定性

B. 使股利与盈利结合

C. 适用于盈利与现金流不够稳定的企业

D. 适用于盈利稳定或处于成长期的企业

5. 影响企业股利政策的法律因素有（　　）。

A. 资本保全限制　　　　　　B. 资本积累限制

C. 避税考虑　　　　　　　　D. 偿债能力限制

6. 影响企业股利政策的企业因素有（　　）。

A. 偿债能力限制　　　　　　B. 资产的流动性

C. 投资机会　　　　　　　　D. 盈利的稳定性

7. 现金股利（　　）。

A. 是最常见的股利支付方式

B. 最易为投资者接受的股利支付方式

C. 会减少企业的资产和所有者权益

D. 常被资金短缺的企业采用

8. 股票股利（　　）。

A. 常被资金短缺的企业采用

B. 可节约企业的现金支出

C. 会减少企业的资产和所有者权益

D. 不会减少企业的资产和所有者权益

9. 股票股利对股东的好处有（　　）。

A. 若股价不同比例下降可增加利得收益

B. 可获得纳税上的好处

C. 股价的下降可吸引更多的投资者

D. 可增加企业的所有者权益

10. 企业股利政策的影响因素主要有（　　）。

A. 法律因素　　B. 企业因素　　C. 股东意愿　　D. 其他因素

11. 支付现金股利（　　）。

A. 会使企业的现金减少　　　　B. 会使企业的未分配利润减少

C. 不会使企业的所有者权益减少　　D. 会使企业的所有者权益减少

12. 支付股票股利（　　）。

A. 实际是向投资者再融资的一种方式

B. 只涉及所有者权益的内部调整

C. 不改变所有者权益总额

D. 只对企业有好处,对股东没好处

13. 为吸引机构投资者,企业应采用的股利政策有(　　)。

A. 剩余股利政策　　　　　　　B. 正常股利加额外股利政策

C. 固定股利支付率政策　　　　D. 稳定股利政策

14. 采用正常股利加额外股利政策的理由包括(　　)。

A. 使企业有较大的灵活性

B. 能保持理想的资本结构

C. 能吸引偏好稳定收入的投资者

D. 有利于降低资本成本

15. 企业采用稳定股利政策的考虑是(　　)。

A. 避免股利变动大给外界造成不良猜测

B. 使以股利收入为生活来源的股东满意

C. 吸引机构投资者对本企业投资

D. 抵消通货膨胀的影响

16. 发放股票股利对公司产生的影响有(　　)。

A. 引起公司资产流出　　　　　B. 减少未分配利润

C. 股东权益总额不变　　　　　D. 增加公司股本额和股份数

17. 从企业的角度看,制约股利分配的因素有(　　)。

A. 控制权稀释　　　　　　　　B. 筹资能力大小

C. 盈利的稳定性　　　　　　　D. 未来投资机会

18. 甲上市公司发放股票股利前的每股收益为 1.2 元,每股市价为 24 元;发放 20%的股票股利后,下列相关指标中,正确的有(　　)。

A. 每股市价 20 元　　　　　　B. 每股收益 1 元

C. 每股收益 2 元　　　　　　　D. 市盈率为 20

19. 甲公司本年度利润分配方案为:按规定提取 20%的盈余公积后,向全体股东分配 20%的股票股利,即每 10 股派发 2 股。该公司发放股票股利前的股东权益资料如下:

股本(每股面值 1 元,1 000 万股)	1 000 万元
资本公积	200 万元
盈余公积	400 万元
上年未分配利润	3 200 万元
本年税后利润	2 400 万元

股东权益合计 7 200 万元

每股市价 24 元

甲公司发放股票股利后的下列相关指标中,正确的有(　　)。

　　A. 每股市价 20 元　　　　　　　B. 每股收益 2 元

　　C. 每股净资产 6 元　　　　　　 D. 市盈率为 10

20. 上市公司按照剩余股利政策发放股利的好处有(　　)。

　　A. 有利于公司合理安排资本结构

　　B. 满足公司未来投资对资金的需要

　　C. 降低资金成本

　　D. 有利于公司树立良好的形象

(三) 判断题

1. 盈利的稳定性是影响企业股利政策必须注重的企业因素。 (　　)

2. 筹资能力是影响企业股利政策的股东层面的因素之一。 (　　)

3. 企业发放股票股利可节约企业的现金支出,股东也愿意接受。 (　　)

4. 股票股利对股东的好处是可以吸引更多的投资者,增加企业的所有者权益。

(　　)

5. 剩余股利政策和固定股利政策是公司股东乐意接受的股利政策。 (　　)

6. 支付股票股利只是对企业有好处,对股东没有什么好处。 (　　)

7. 企业采用稳定股利政策,可以吸引机构投资者对本企业投资。 (　　)

8. 采用正常股利加额外股利政策的理由是该股利政策有利于降低资本成本。

(　　)

9. 支付股票股利实际是向投资者再融资的一种方式,只涉及所有者权益的内部

调整。 (　　)

10. 股票股利对企业的好处是股东可获得纳税上的好处,有利于吸引更多的投

资者。 (　　)

11. 在除息日之前,股利权属于原股东;从除息日开始,新购入股票的人不能分

享本次已宣告发放的股利。 (　　)

12. 固定股利支付率政策,可使企业的股利支付与盈利状况紧密地结合起来。

(　　)

13. 采用固定股利支付率政策分配股利,股利分配不受经营状况的影响,有利于

股票价格的稳定。 (　　)

14. 所谓剩余股利政策,就是在公司有着良好的投资机会时,公司的盈余首先应

满足投资方案的需要。在满足投资方案需要后,如果还有剩余,再进行股利分配。

(　　)

15. 若要保持目标资本结构,应采用固定股利支付率政策。　　　　（　　）

16. 股票分割后公司股东权益总额、股东的持股比例都不变。　　　　（　　）

17. 股利支付形式有多种,股票股利虽然会增加股东权益总额,但不会改变股东权益各项目的结构。　　　　（　　）

18. 公司发放的股票股利,将增加股东权益总额,但不改变股东的持股比例。

　　　　（　　）

19. 企业发生亏损时,只能用企业的税后利润弥补,不能用税前利润弥补。（　　）

20. 在其他条件不变的情况下,股票分割会使发行在外的股票总数增加,进而降低公司资产负债率。　　　　（　　）

(四) 计算与分析题

1. 某公司 2009 年发放股利 450 万元。过去 10 年间该公司的盈利以 10％的固定速度持续增长,2009 年净利为 1 500 万元。2010 年预期净利为 2 400 万元,而投资总额为 1 800 万元。预计 2010 年以后增长率仍保持 10％。

要求:公司采用下列不同的股利政策,请分别计算 2010 年的股利:

(1) 股利按照盈利的长期成长率稳定增长。

(2) 维持 2009 年的股利支付率。

(3) 2010 年的投资 30％用外部权益投资,30％用负债,40％用保留盈余。未投资的盈余用于发放股利。

2. 某公司目标资本结构为权益资本占 60％,负债占 40％,本年度净利润为 100 万元,下年度计划固定资产投资 120 万元,该公司执行剩余股利政策。

要求:计算该公司需留存的利润和发放的股利金额及需对外筹资的金额。

3. N 公司 2009 年总资产为 200 000 万元,营业收入为 25 250 万元,变动成本率为 60％,固定成本为 500 万元,负债利率为 10％,所得税税率为 25％。为进一步增加利润,2010 年拟投资 600 万元扩大生产能力。

要求:(1) 计算 2009 年公司实现的净利润。

(2) 该公司产品销路稳定,执行剩余股利政策,目标最佳资本结构是保持资产负债率为 45％,计算 2009 年净利润用于下年投资的数额和向投资人分配的股利。

(3) 假设 2009 年净利润全部用于投资,计算公司能支持的最大投资项目金额。

4. 某股份公司发行在外的普通股为 300 万股,该公司 2008 年的税后利润为 320 万元。2009 年的税后利润为 360 万元。该公司准备在 2010 年再投资 250 万元,目前的资金结构为最佳资金结构,资金总额为 10 000 万元,其中,权益资金为 6 000 万元,负债资金为 4 000 万元。另已知该企业 2008 年的每股股利为 0.8 元。

要求:(1) 计算该公司资产负债率。

(2) 如果该公司采用剩余股利政策,计算 2009 年的每股股利。

（3）如果该公司采用固定股利政策，计算 2009 年的每股股利。

（4）如果该公司采用固定股利支付率政策，计算 2009 年的每股股利。

案 例 分 析

一、案例资料

南方公司是一家大型钢铁公司，其产品生产规模逐年扩大，产品的市场占有率逐年提高，公司盈利增长率为 10%。其中 2008 年度实现的净利润为 1 000 万元，分配现金股利 450 万元。2009 年度实现的净利润为 1 100 万元（不考虑计提法定盈余公积的因素）。2010 年度计划增加一条产品生产流水线，所需资金为 900 万元。公司目标资本结构为权益资金占 60%，负债资金占 40%。该公司可供选择的股利分配政策有剩余股利政策和固定股利支付率政策。

二、思考分析

你作为一名财务管理人员，请你帮助计算与分析。

（1）在保持目标资本结构的前提下，2010 年投资方案所需的权益资金和需要从外部借入的资金额。

（2）在保持目标资本结构的前提下，如果公司执行剩余股利政策，2009 年度应分配的现金股利。

（3）在不考虑目标资本结构的前提下，如果公司执行固定股利支付率政策，该公司的股利支付率和 2009 年度应分配的现金股利。

（4）假定公司 2010 年面临着从外部筹资的困难，只能从内部筹资，不考虑目标资本结构，该公司 2009 年度应分配的现金股利。

（5）比较剩余股利政策和固定股利支付率政策的优点。

四、复习题参考答案

（一）单项选择题

1. B　2. A　3. D　4. B　5. D　6. D　7. C　8. D　9. C　10. C　11. A
12. B　13. C　14. C　15. D　16. C　17. B　18. A　19. C　20. C

（二）多项选择题

1. ABC　2. ABCD　3. AB　4. ABC　5. AB　6. BCD　7. ABC　8. ABD
9. AB　10. ABCD　11. ABD　12. ABC　13. BD　14. AC　15. ABC
16. BCD　17. BCD　18. ABD　19. ABD　20. ABC

（三）判断题

1. ×　2. ×　3. √　4. ×　5. ×　6. ×　7. √　8. ×　9. √　10. √
11. √　12. √　13. ×　14. ×　15. ×　16. √　17. ×　18. ×　19. ×　20. ×

(四) 计算与分析题

1. (1) 支付股利 $= 450 \times (1 + 10\%) = 495(万元)$

(2) 2009 年股利支付率 $= 450 \div 1\,500 = 30\%$

2010 年支付股利 $= 2\,400 \times 30\% = 720(万元)$

(3) 内部权益融资 $= 1\,800 \times 40\% = 720(万元)$

2010 年支付股利 $= 2\,400 - 720 = 1\,680(万元)$

2. 留存利润 $= 120 \times 60\% = 72(万元)$

发放股利 $= 100 - 72 = 28(万元)$

对外筹资 $= 120 - 72 = 28(万元)$

3. (1) $[25\,250 \times (1 - 60\%) - 500 - 200\,000 \times 45\% \times 10\%] \times$

$(1 - 25\%) = 450(万元)$

(2) $600 \times (1 - 45\%) = 330(万元)$

$450 - 330 = 120(万元)$

(3) $450 \div (1 - 45\%) = 818.18(万元)$

4. (1) 资产负债率 $= 4\,000 \div 10\,000 = 40\%$

(2) 净利润用于支付股利 $= 360 - 250 \times (1 - 40\%) = 210(万元)$

每股股利 $= 210 \div 300 = 0.7(元)$

(3) 每股股利 $=$ 2008 年的每股股利 $= 0.8(元)$

(4) 2008 年的股利支付率 $= 0.8 \times 300 \div 320 \times 100\% = 75\%$

2009 年的每股股利 $= (360 \times 75\%) \div 300 = 0.9(元)$

案例分析参考答案(略)

第十章　企业价值评估

一、内容概要解析

（一）企业价值评估概述

企业价值评估简称价值评估，是一种经济评估方法，目的是分析和衡量企业（或企业内部的一个经营单位、分支机构）的公平市场价值并提供有关信息，以帮助投资人和管理当局改善决策。

企业价值评估的对象一般是指企业整体的经济价值。准确理解企业整体价值的观念要把握好以下几个方面：① 整体不是各部分的简单相加；② 整体价值来源于要素的结合方式；③ 部分只有在整体中才能体现出其价值；④ 整体价值只有在运行中才能体现出来。

企业的经济价值则是指一项资产的公平市场价值，通常用该资产所产生的未来现金流量的现值来计量。准确把握企业经济价值，要注意区分会计价值与经济价值、现时市场价值与公平市场价值几个关键概念。

会计价值是指资产、负债和所有者权益的账面价值。会计价值与市场价值是两回事。市场价值是按照未来售价计价，也称未来现金流量计价。从交易属性上看，未来售价属于产出计价类型；从时间属性看，未来售价属于未来价格，它也经常被称为资本化价值，即一项资产未来现金流量的现值。除非特别指明，企业价值评估的"价值"是指未来现金流量现值。

企业价值评估的目的是确定一个企业的公平市场价值。所谓"公平的市场价值"是指在公平交易中，熟悉情况的双方，自愿进行资产交换或债务清偿的金额。资产被定义为未来的经济利益。所谓"经济利益"其实就是现金流入。资产的公平市场价值就是未来现金流入的现值。而现时市场价格可能是公平的，也可能是不公平的。

企业整体经济价值可以分为不同的类别。

（1）实体价值与股权价值。企业实体价值＝股权价值＋债务价值。其中股权价值不是所有者权益的会计价值（账面价值），而是股权的公平市场价值。债务价值也不是它们的会计价值（账面价值），而是债务的公平市场价值。

（2）持续经营价值与清算价值。企业能够给所有者提供的价值的方式有两种：一种是由营业所产生的未来现金流量的现值，称为持续经营价值；另一种是停止经营，出售资产产生的现金流，称为清算价值。这两者的评估方法和评估结果有明显区别。一个企业的公平市场价值,应当是持续经营价值与清算价值中较高的一个,一个企业持续经营的基本条件,是其持续经营价值超过清算价值。

(3) 少数股权价值与控股权价值。企业的所有权和控制权是两个极为不同的概念,首先,少数股权对于企业事务发表的意见无足轻重,只有获取控制权的人才能决定企业的重大事务。其次,从世界范围看,多数上市企业的股权高度分散化,没有哪一个股东可以控制企业,此时有效控制权被授予董事会和高层管理人员。

从少数股权投资者来看,用 $V_{当前}$ 表示在现有管理和战略条件下企业能够给股票投资人带来的现金流量现值。对于谋求控股权的投资者来说,用 $V_{新的}$ 表示企业进行重组、改进管理和经营战略后可以为投资人带来的未来现金流量的现值。新的价值与当前价值的差额称为控股权溢价,它是由于转变控股权增加的价值。

(二) 现金流量折现法

1. 基本模型的种类

股利现金流量模型的基本形式为:

$$股权价值 = \sum_{t=1}^{n} \frac{股利现金流量_t}{(1+股权资本成本)^t}$$

股权现金流量模型的基本形式为:

$$股权价值 = \sum_{t=1}^{n} \frac{股权现金流量_t}{(1+股权资本成本)^t}$$

实体现金流量模型的基本形式为:

$$实体价值 = \sum_{t=1}^{n} \frac{实体现金流量_t}{(1+加权平均资本成本)^t}$$

$$实体价值股权价值 = 股权价值 + 债务价值$$

$$债务价值 = \sum_{t=1}^{n} \frac{偿还债务现金流量_t}{(1+等风险债务利率)^t}$$

2. 需要注意的问题

(1) 在数据假设相同情况下,不同模型的结果是相同的。

(2) 如果假设企业不保留多余的现金,而将股权现金全部作为股利发放,则股权现金流量等于股利现金流量。股权流量模型可以取代股利现金流量模型,避免对股利政策进行估计的麻烦。因此大多数的企业估价使用股权现金流量模型或实体流量模型。

3. 现金流量模型参数估计

1) 预测期的估计。为了避免预测无限期的现金流量,大部分估价将预测的时间分为两个阶段:一个阶段是有限的、明确的预测时期,称为"预测期",在此期间需要对现金流量进行详细的预测；另一个阶段是预测期以后的无限时期，称为"后续期"，在此期间假设企业进入稳定状态，可按简便算法估计其永续价值。

判断企业进入稳定状态的主要标志有：① 具有稳定的销售增长率，它大约等于宏观经济的名义增长率；② 企业有稳定的投资资本回报率，它与资本成本接近。在稳定状态下，实体现金流量、股权现金流量、债权人现金流的增长率和销售收入的增长率相同，因此可以根据销售增长率估计现金流量增长率。

2）现金流量的估计。现金流量的估计需分成企业实体现金流量的估计、股权现金流量的估计、债权现金流量的估计三个方面。

（1）企业实体流量估计有以下三种方法：

一是剩余现金流量法。

$$实体现金流量 = 税后经营利润 + 折旧摊销 - 经营营运资本增加 - 资本支出 =$$
$$经营现金毛流量 - 经营营运资本增加 - 资本支出 =$$
$$经营现金净流量 - 资本支出$$

二是加总全部投资人的流量法。

$$实体现金流量 = 股权现金流量 + 债权人现金流量$$

三是净投资扣除法。

$$实体现金流量 = 税后经营利润 - 净投资$$

其中：
$$净投资 = 总投资 - 折旧摊销 - 经营营运资本增加 + 资本支出 -$$
$$折旧摊销 = 期末净经营资产 - 期初净经营资产 =$$
$$净负债增加 + 所有者权益增加$$

（2）股权现金流量估计有以下三种方法：

一是剩余现金流量法。

$$股权现金流量 = 实体现金流量 - 税后利息支出 - 净债务净减少（或 + 净债务净增加）$$

二是从融资角度计算。

$$股权现金流量 = 实体现金流量 - 债权人现金流量$$

三是净投资扣除法。

$$股权现金流量 = 税后净利润 - 净投资 - 净债务净减少（或 + 净债务净增加）$$

若按照固定的负债率为投资筹集资本，企业保持稳定的财务结构，此时可将上式表述为：

$$股权自由现金流量 = 税后净利润 - 净投资 \times （1 - 负债率）$$

(3) 债权现金流量估计的方法如下：

$$债权现金流量 = 税后利息支出 + 净债务净减少（或 - 净债务净增加）$$

3) 现金流量中的关键参数估计。由剩余现金流量法可知：

$$实体现金流量 = 税后经营利润 + 折旧摊销 - 经营营运资本增加 - 资本支出$$

上式中的各项参数计算方式阐述如下：

(1) 税后经营利润取自预计利润表，其公式为：

$$税后经营利润 = 税前经营利润 - 经营利润所得税$$

(2) 折旧摊销取自预计利润表（通常利用销售百分比来预测）。

(3) 经营营运资本增加项目的计算公式为：

$$经营营运资本增加 = 本期经营营运资本 - 上期经营营运资本$$

其中：　　　经营营运资本 = （经营现金 + 经营流动资产）- 经营流动负债

(4) 资本支出项目的计算公式为：

$$资本支出 = 长期资产的购置支出 - 无息长期负债的增加 =$$
$$长期资产的净值变动 + 折旧摊销 - 无息长期负债的增加$$

折现率要与现金流量相匹配：股权现金流量用股权资本成本折现，实体流量用加权资本成本折现；债权现金流量以债务资本成本折现。

（三）经济利润法

基本公式：企业价值 = 预测期期初投资资本 + 预计未来各年经济利润的现值

其中：经济利润 = 税后经营利润 - 全部资本费用 =
　　　　税后经营利润 - 期初投资资本 × 加权平均资本成本 =
　　　　期初投资资本 × （投资资本报酬率 - 加权平均资本成本）

　　投资资本 = 所有者权益 + 净债务 = 经营资产 - 经营负债 = 经营净资产

（四）相对价值法

1. 基本原理

这种方法是利用类似企业的市场定价来确定目标企业价值的一种评估方法。它的假设前提是存在一个支配企业市场价值的主要变量（如盈利等）。市场价值与该变量（如盈利等）的比值，各企业是类似的、可以比较的。

2. 基本步骤

首先，寻找一个影响企业价值的关键变量（如盈利）；其次，确定一组可以比较的类似企业，计算可比企业的市价/关键变量的平均值（如平均市盈率）；然后，根据目标企业的关键变量（盈利）乘以得到的平均值（平均市盈率），计算目标企业的评估价值。

二、背景资料

(一)企业价值评估的产生

20世纪50年代初期,伴随着产权市场的出现,专门从事企业买卖的产权市场迅速发展,使人们日益清楚地认识到,在市场经济条件下,作为商品生产者的企业本身也是一种商品。在激烈的市场竞争中,企业为求得生存和发展,必须使自身价值在市场中得到承认,并不断寻求增加价值的途径,以实现企业价值最大化。在产权市场上,企业的购买者之所以愿意拥有企业,是因为企业为他们提供了一种获取投资收益的途径。企业创造的投资收益率高,愿意购买它的人就多,它的价值就大。因此,企业价值反映的是企业在未来为其所有者不断提供投资回报的能力。对企业股东而言,股东把资金投入企业,委托企业通过组织各种生产经营活动实现资金的增值。每一名投资者与企业都是契约关系,投资者为企业提供资金,企业则要承诺能够不断为投资者创造满意的回报。如果企业实现的收益低于投资者的预期,投资者将采取出售股份等形式撤回资金,中止与企业的契约关系。产权交易的需要,使企业价值评估应运而生,开始成为一项专门的评估活动。

20世纪50年代以后,企业兼并、重组、出售、股权投资等产权交易活动日益频繁,企业面临的经济环境更加复杂多变,经济金融化在奇迹般地提高了整个经济系统流动性的同时,也带来了不可忽视的风险。它可以在一夜之间给人们带来巨额财富,也可以使亿万资产顷刻之间化为乌有。对企业风险和收益的界定、度量,对企业价值的衡量,已经成为投资者和企业管理者的一项十分重要的经常性工作。投资者对企业价值进行评估并据以做出买卖决策,使得股票市场价格达到新的均衡。企业理财人员通过对企业价值的评估,了解企业的真实价值,做出科学的投资与融资决策,不断提高企业价值,增加所有者财富。

(二)我国开展企业价值评估的动因

1. 市场经济的发展是企业价值评估的实践基础和永恒动力

自1992年春邓小平南巡讲话以来,中国的经济体制改革彻底摆脱了传统的计划体制的束缚,走上了建立社会主义市场经济的道路。产权制度的改革推动了我国资产评估行业的从无到有和逐步发展。我国的产权制度改革主要是国有企业财产组织形式和经营方式的改革,改革的目标是:在宏观层次上、社会总量上保持公有制为主体,在微观层次上建立以多元所有者形成的、以混合所有制为主体的企业所有制结构,建立起现代企业制度。在这个过程中,我国不但出现了多种企业财产组织形式和经营方式,发生了与传统计划经济体制下极不相同的经济行为,而且出现了企业资产大规模的流动和重组。① 企业兼并、承包、租赁、联合、集团化有了很大发展,股份制逐渐成为主要的企业财产组织形式,大批计划经济体制下的工厂,逐步按《公司法》改造和改组成为有限公司、股份有限公司、国有独资有限公司和股份合作制企业。② 企业的整体买卖、企业的分割式买卖和资产折股买卖,尤其是股票上市企业的股票买卖有了较快的发展。③ 企业破产法冲破重重阻力得到贯彻,破产清算、企业整体式和资产分割式拍卖等成为见惯不惊的事情。④ 企业以资产作抵押向银行贷款,以企业资产为其他企业作经济担保,企业向保险公司投保和发生事故后向保险公司索赔。⑤ 国有和非国有控股公司迅速发展,投资者(个人或机构)开展以保值增值为目标的股权投资管理。以上活动的蓬勃开展,极大地促进了企业价值评估的发展,企业价值评估的结果成为这些活动顺利进行的基础和依据。

2. 产权交易活动的需要是企业价值评估的直接动因

产权制度改革要求有一个发达的产权交易市场。企业价值评估也要建立在发达的产权交易的基础之上。产权交易市场由五个要素构成:一是多元化的产权市场主体,即作为商品的企业的买方和卖方;二是产权市场体系,包括产权买卖市场、企业兼并市场、企业租赁市场、企业拍卖市场等;三是市场机制,即产权的价格由市场竞争形成;四是法定的产权交易场所,即产权交易所或交易中心;五是企业价值评估机构和正确的评估工作。我国企业产权交易市场近几年发展较快,但仍未成熟和规范,由市场竞争形成产权价格在短时间内还难以做到。在这种情况下,企业价值评估工作对推动产权交易有很重要的意义。

3. 资本市场的迅猛发展为企业价值评估提供了大量机会

1981 年,我国政府恢复发行国债,经过 20 世纪 80 年代的初步发育,90 年代证券市场得到迅速发展,相继建立了深沪交易所、证券交易委员会及其常设监督机构——中国证券监督管理委员会,并颁布了一系列法规。与此同时,资本运营高潮迭起,1997 年深沪两地有 211 家上市公司发生了 270 余起并购事件。1998 年,近 400 家公司进行了程度不一的资产重组。1999 年 7 月 1 日起正式实施的《证券法》,对于推进我国资本市场的发展将起到深远影响。上市公司发行股票上市由审批制改为核准制,避免企业以虚假经营状况来获取上市资格,对信息披露的要求更加规范,同时恰当地规范了企业资产重组行为,放宽了收购条件,这些都为我国公司价值评估提供了用武之地。

4. 企业价值最大化管理的需要

我国企业管理水平现状急待改善。据统计,1996 年,A 股公司有 29 家亏损,占当年挂牌 A 股的 5.02%。1997 年,A 股公司亏损 42 家,占当年挂牌 A 股的 5.61%。1998 年,833 家 A 股公司有 70 家公司发出亏损公告,占当年挂牌 A 股的 8.40%。同时还涉及 1 家 B 股公司和 16 只 B 股。上市公司尚且如此,其他企业的情况就可想而知了。目前企业管理中存在的最主要的问题在于管理水平落后,不重视以企业价值最大化管理为核心的财务管理。企业价值评估在西方国家获得了很大成功,其中一个重要的推动力就是西方企业普遍重视企业价值管理。企业价值评估及其管理作为国际上先进的手段,是我国企业管理的未来发展趋势。目前,我们迫切需要改变股东及其代理人——企业管理者的行为,建立足够的证券投资和信托基金,完善中介机构,加强市场监督功能,切实以企业价值最大化为理财目标,给企业价值评估创造条件,充分发挥其应有的功能。因此,正确推行以价值评估为手段的价值最大化管理,是推动我国企业持续发展的一个重要手段。

阅 读 文 献

1. 李涛:"企业现金流量信息应用理论研究",华北电力大学博士论文,2008年。

2. 王丽南:"企业价值评估与股票价格相关性研究",吉林大学博士论文,2008年。

3. 徐婕:"三阶段股票定价模型研究",复旦大学博士论文,2008年。

4. 蒂姆·科勒、马克·戈德哈特、戴维·威赛尔斯:《价值评估公司价值的衡量与管理》,电子工业出版社2007年版。

5. 中和资产评估有限公司:《企业价值评估与案例分析》,中国财政经济出版社2010年版。

三、复习题

(一) 单项选择题

1. B公司年初投资资本4 000万元,预计今后每年可取得税后经营利润400万元,假设每年的净投资为0,若资本成本为6%,则企业价值为(　　)万元。

  A. 2 666.67 B. 6 666.67 C. 4 000   D. 4 160

2. 利用经济利润模型估计企业价值,企业价值=期初投资资本+预计经济利润现值,其中的投资资本为(　　)。

  A. 全部投资资本=所有者权益+全部债务

  B. 全部投资资本=经营资产-经营负债

  C. 全部投资资本=所有者权益+全部无息债务

  D. 全部投资资本=流动资产+长期资产净值+长期负债

3. 利用可比企业的市净率估计目标企业价值应该满足的条件为(　　)。

  A. 适合连续盈利,并且β值接近于1的企业

  B. 适合市净率大于1,净资产与净利润变动比率趋于一致的企业

  C. 适用于销售成本率较低的服务类企业或者销售成本率趋同的传统行业的企业

  D. 适用于需要拥有大量资产、净资产为正值的企业

4. 有关企业的公平市场价值表述中,不正确的是(　　)。

　　A. 企业的公平市场价值应当是继续经营价值与清算价值中较高的一个

　　B. 一个企业继续经营的基本条件,是其继续经营价值超过清算价值

　　C. 依据理财的"自利原则",当未来现金流的现值大于清算价值时,投资人通常会选择继续经营

　　D. 如果现金流量下降,或者资本成本提高,使得未来现金流量现值低于清算价值,则企业必然要进行清算

5. 经济价值是经济学家所持的价值观念,下列有关表述中,不正确的是(　　)。

　　A. 它是指一项资产的公平市场价值,通常用该资产所产生的未来现金流量的现值来计量

　　B. 现实市场价格表现了价格被市场的接受,因此与公平市场价值基本一致

　　C. 会计价值是指资产、负债和所有者权益的账面价值

　　D. 会计价值与市场价值是两回事

6. B公司年初投资资本5 000万元,预计今后每年可取得税后经营利润400万元,每年净投资为零,资本成本为6%,则企业价值为(　　)万元。

　　A. 1 666.67　　　　　　　　　　B. 6 666.67

　　C. 5 000　　　　　　　　　　　 D. 3 666.7

7. 某公司本年的所有者权益为500万元,净利润为100万元,留存收益比例为40%,预计下年的增长率为4%。该公司的 β 为2,国库券利率为4%,市场平均股票风险溢价率为5%,则该公司的内在市净率为(　　)。

　　A. 1.25　　　　B. 1.2　　　　　C. 1.04　　　　D. 1.4

8. 某企业本年末的流动资产为150万元,其中经营现金10万元,额外金融资产为20万元;流动负债为80万元,其中短期银行借款为30万元。预计未来年度流动资产为250万元,其中经营现金15万元,不保留额外金融资产,流动负债为140万元,其中短期银行借款为50万元,若预计年度的税后经营利润为350万元,折旧与摊销为90万元,则经营现金净流量为(　　)万元。

　　A. 340　　　　B. 360　　　　　C. 440　　　　D. 380

9. 在确定经济利润时,下列选项中,对经济收入表述不对的是(　　)。

　　A. 经济收入不同于会计收入,经济成本不同于会计成本,因此经济利润也不同于会计利润

　　B. 经济收入是指期末和期初同样富有的前提下,一定期间的最小花费

　　C. 经济收入是按财产法计量的

　　D. 如果没有任何花费,则经济收入=期末财产-期初财产

10. 某企业本年度的长期借款为830万元,短期借款为450万元,本年的总借款

利息为 105.5 万元,金融资产为 120 万元,预计未来年度长期借款为 980 万元,短期借款为 360 万元,预计年度的总借款利息为 116 万元,预计不保留额外金融资产,若企业适用的所得税税率为 30%,则预计年度债权人现金流量为(　　)万元。

  A. 116   B. －98.8   C. 212   D. 91.2

  11. A公司的投资资本为 5 000 万元,投资资本报酬(税后经营利润)率为 10%,负债比率为 40%,负债税后资本成本为 6%,股权资本成本为 10%,则该公司的经济利润为(　　)万元。

  A. 80   B. 200   C. 120   D. 180

  12. A公司今年的每股收益是 1 元,分配股利 0.3 元/股,该公司利润和股利的增长率都是 5%,β 值为 1.1。政府债券利率为 3.5%,股票市场的风险附加率为 5%。问该公司的内在市盈率是(　　)。

  A. 9.76   B. 7.5   C. 6.67   D. 8.46

(二)多项选择题

  1. 若利用可比企业市盈率估计企业价值,下列选项中,正确的有(　　)。

  A. 它考虑了时间价值因素

  B. 它能直观地反映投入和产出的关系

  C. 它具有很高的综合性,能体现风险、增长率、股利分配的问题

  D. 市盈率模型最适合连续盈利,并且 β 值接近于 1 的企业

  2. 某公司 2006 年税前经营利润为 1 000 万元,所得税税率为 40%,折旧与摊销为 100 万元,经营现金增加 50 万元,经营流动资产增加 250 万元,经营流动负债增加 120 万元,有息流动负债增加 70 万元,长期资产净值增加 400 万元,无息长期债务增加 200 万元,有息长期债务增加 230 万元,利息费用 30 万元。假设公司不保留额外金融资产,则下列说法中,正确的有(　　)。

  A. 2006 年经营现金毛流量为 700 万元

  B. 2006 年经营现金净流量为 520 万元

  C. 实体现金流量为 220 万元

  D. 股权自由现金流量为 502 万元

  3. 利用市价/收入比率模型选择可比企业需关注的因素有(　　)。

  A. 股利支付率   B. 权益报酬率

  C. 增长率   D. 风险

  E. 销售净利率

  4. 下列有关债权现金流量计算公式中,正确的有(　　)。

  A. 债权现金流量＝税后利息支出＋偿还债务本金(－债务净增加)＋超额金融资产增加(－超额金融资产减少)

B. 债权现金流量＝税后利息支出＋净债务净减少(一净债务净增加)

C. 债权现金流量＝企业实体现金流量一股权现金流量

D. 债权现金流量＝税后利息支出一偿还债务本金(＋债务净增加)＋超额金融资产增加

5. 价值评估的一般对象是企业整体的经济价值,而企业整体的经济价值具备的特征有( )。

A. 整体价值是企业各项资产价值的汇总

B. 整体价值来源于企业各要素的有机结合

C. 可以单独存在的部分,其单独价值不同于作为整体一部分的价值

D. 如果企业停止运营,不再具有整体价值

6. 下列关于经济利润的公式中,正确的有( )。

A. 经济利润＝税后净利润一股权资本费用

B. 经济利润＝税后经营利润一税后利息一股权资本费用

C. 经济利润＝税后经营利润一全部资本费用

D. 经济利润＝税后经营利润一税后利息一股权费用

7. 在确定经济利润时,下列属于经济成本内容的有( )。

A. 股东投入企业的资本成本   B. 债务利息

C. 经营成本   D. 优先股股利

E. 普通股股利

8. 收入乘数估价模型的特点有( )。

A. 对于亏损企业和资不抵债的企业,也可以计算出一个有意义的价值乘数

B. 可以反映价值政策和企业战略变化的后果

C. 可以反映成本的变化

D. 只适用于销售成本率较低的服务类企业

9. 下列属于市场价格可能不公平的原因有( )。

A. 作为交易对象的企业,通常只可以找到一个近似完善的市场,其现成的市场价格有一定偏差

B. 以企业为对象的交易双方,存在比较严重的信息不对称

C. 股票价格是经常变动的,人们不知道哪一个是公平的

D. 评估的目的之一是寻找被低估的企业,也就是价值高于价格的企业

10. 股权现金流量是指一定期间可以提供给股权投资人的现金流量总计,下列选项中,正确的有( )。

A. 企业在生产经营中获得的现金流量,扣除必要的投资支出,并偿还债务本息后剩余的部分,才能提供给股权投资人

B. 股权现金流量是扣除了各种费用、必要的投资支出后的剩余部分,因此也称"剩余权益现金流量"

C. 有多少股权现金流量会作为股利分配给股东,取决于企业的筹资和股利分配政策

D. 加权平均资本成本是与股权现金流量相匹配的等风险投资的机会成本

11. 在确定经济利润时,下列属于经济成本内容的有(　　)。

A. 会计成本　　B. 机会成本　　C. 利息支出　　D. 股利支出

12. 下列有关现金流量的计算方法中,正确的有(　　)。

A. 实体现金流量＝税后经营利润＋折旧与摊销－资本支出－经营营运资本增加

B. 实体现金流量＝股权现金流量＋债权人现金流量

C. 股权自由现金流量＝税后经营利润＋折旧与摊销－资本支出－经营营运资本增加－税后利息支出－优先股股利－净债务减少＋净债务增加

D. 股权现金流量＝实体现金流量－债权人现金流量

13. 企业实体现金流量的计算方法中,正确的有(　　)。

A. 实体现金流量＝经营现金净流量－总投资

B. 实体现金流量＝税后经营利润－总投资＋折旧与摊销

C. 实体现金流量＝税后经营利润－净投资

D. 实体现金流量＝税后经营利润－(净负债增加＋所有者权益增加)

14. 假设经济利润的正确计算方法有(　　)。

A. 经济利润＝税后经营利润－全部资本费用

B. 经济利润＝期初投资资本×(投资资本报酬率－加权平均资本成本)

C. 经济利润＝税后利润－股权费用

D. 经济利润＝税后利润＋利息－股权费用

(三) 判断题

1. 估计后续期自由现金流量永续增长率时,当永续增长率上升时,通常自由现金流量会下降。　　　　　　　　　　　　　　　　　　　　　　　　(　　)

2. 如果假设前提一致,利用经济利润模型估计企业价值与折现现金流量法的评估结果相同。　　　　　　　　　　　　　　　　　　　　　　　　　　　(　　)

3. 利用市净率模型估计企业价值,在考虑可比企业时,应考虑的因素,要比市盈率模型多考虑一个因素即股东权益报酬率。　　　　　　　　　　　　　(　　)

4. 如果企业停止运营,此时企业的价值是这些财产的变现价值,称之为清算价值。　　　　　　　　　　　　　　　　　　　　　　　　　　　　　　(　　)

5. 利用相对价值法所确定的企业价值不是其账面价值,而是其内在价值。(　　)

6. 企业实体现金流量是企业价值评估中最重要的概念之一,是指企业提供给所有投资人(包括债权人和股东)的全部现金流量。(　　)

7. 企业整体能够具有价值,在于它可以为投资人带来现金流量。这些现金流量可以视同为资产分别出售所获得的现金流量。(　　)

8. 财务报告采用历史成本报告资产价值,既承认已实现收益和已发生费用,也在一定程度上承认资产收益和股权成本。(　　)

9. 如果税后经营利润大于投资各方期望的报酬,经济利润也必然大于零,企业价值将增加;反之,如果税后经营利润小于投资各方期望的报酬,企业的价值将减少。(　　)

10. 市净率的修正方法与市盈率类似,关键因素是增长率。因此,可以用增长率修正实际的市净率,把增长率不同的同业企业纳入可比范围。(　　)

11. 通过企业资源的重组可以改变企业的整体价值。(　　)

12. 以购买股份的形式进行企业购并时,买方的实际收购成本等于收购股份所发生的股权成本。(　　)

13. 企业债务的价值等于预期债权人现金流量的现值。计算现值的折现率,是加权平均资本成本。(　　)

14. 实体现金流量通常受企业资本结构的影响而改变现金流量的数额。(　　)

(四) 计算与分析题

1. 甲公司 2007 年的股利支付率为 25%,预计 2008 年的净利润和股利的增长率均为 6%。该公司的 β 为 1.5,国库券利率为 3%,市场平均风险的股票收益率为 7%。

要求:(1) 分别计算甲公司的本期市盈率和内在市盈率(保留三位小数)。

(2) 若乙公司与甲公司是一家类似的企业,预期增长率一致,若 2007 年的每股收益为 0.5 元,要求计算乙公司股票的每股价值。

2. B公司是一个高新技术公司,具有领先同业的优势。2006 年每股营业收入 10 元,每股经营营运资本 3 元;每股净利润 4 元;每股资本支出 2 元;每股折旧 1 元。

目前该公司的 β 值为 2,预计从 2007 年按算数级数开始均匀下降,到 2009 年 β 值降至 1.4,预计以后稳定阶段的 β 值始终可以保持 1.4。国库券的利率为 3%,市场组合的预期报酬率为 8%,该企业预计资本中始终维持净负债占 40% 的比率,若预计 2007~2009 年该公司销售收入进入高速增长期,增长率为 10%,从 2010 年开始进入稳定期,每年的增长率为 2%,假设该公司的资本支出、经营营运资本、折旧与摊销、净利润与营业收入始终保持同比例增长。

要求:计算目前的股票价值(要求中间步骤保留 5 位小数,计算结果保留两位小数)。

3. 甲公司是一个制造公司,其每股收益为 0.5 元,股票价格为 25 元。甲公司预期增长率为 10%,假设制造业上市公司中,增长率、股利支付率和风险与甲公司类似的有 6 家,它们的市盈率等资料如表 10 - 1 所示。

表 10 - 1　有关企业资料表

公司名称	市　盈　率	预期增长率
A	40	10%
B	44.8	8%
C	37.9	12%
D	28	15%
E	45	6%
F	25	15%

要求:(1) 确定修正的平均市盈率。

(2) 利用修正比率法确定甲公司的股票价值。

(3) 用股价平均法确定甲公司的股票价值。

(4) 请问甲公司的股价被市场高估了还是低估了?

4. ABC 公司目前处于稳定增长阶段,本年度的税后利润为 2 000 万元,假设没有非营业收益,发行在外的股数为 1 000 万股,资本支出 1 000 万元,折旧和摊销 900 万元;本年度比上年度经营营运资本增加 400 万元。按照经济预期,长期增长率为 5%。该公司的负债比率目前为 20%,预计将来继续保持这一比率。经估计该公司的股权成本为 10%。

要求:(1) 计算该公司当前的每股价值。

(2) 若考虑到今后想支持 6% 的增长率,并保持股权价值与增长率为 5% 前提下的股权价值相等,则股权净投资应增加到多少?

5. 甲公司因经营发展,需要并购乙公司,甲公司目前的资产总额 50 000 万元,负债与权益之比为 2∶3,税前经营利润为 8 000 万元,股票市价为 72 元,发行在外的股数 1 000 万股;乙公司的资产总额 30 000 万元,税前经营利润为 3 500 万元,负债与权益之比为 1∶1,股票市价为 12 元,发行在外的股数 1 000 万股,两公司的所得税税率为 40%,两公司的负债均为长期银行借款,银行借款年利率为 10%,预计并购后乙公司能获得与甲公司相同水平的权益净利率和市盈率。

要求:(1) 计算甲、乙两家公司并购前各自的权益净利率和市盈率。

(2) 采用市盈率模型计算目标企业乙公司每股价值。

案 例 分 析（A）

一、案例资料

A 公司刚刚收购了另一个公司,由于收购借入巨额资金,使得财务杠杆很高。2006 年年底发行在外的股票有 1 000 万股,股票市价 20 元,账面总资产 10 000 万元。2006 年销售额 12 300 万元,税前经营利润 2 597 万元,资本支出 507.9 万元,折旧 250 万元,年初经营营运资本为 200 万元,年底经营营运资本 220 万元。目前公司净债务价值为 3 000 万元,平均净负债利息率为 10%,年末分配股利为 803.95 万元,公司目前加权平均资本成本为 12%;公司平均所得税税率 30%。

二、思考分析

(1) 计算 2006 年实体现金流量。

(2) 预计 2007～2009 年销售收入增长率为 10%,税后经营利润、资本支出、经营营运资本、折旧与销售同步增长。预计 2010 年进入永续增长,销售增长率为 2%,2010 年偿还到期债务后,加权资本成本降为 10%,通过计算分析,说明该股票被市场高估还是低估了。

案 例 分 析（B）

一、案例资料

G 公司是一家商业企业,主要从事商品批发业务,该公司本年的财务报表数据如表 10-2、表 10-3 所示。

表 10-2　利润表项目　　　　　　　　单位:万元

项　　　　　目	2010 年
一、营业收入	1 000
减:营业成本	500
营业和管理费用(不含折旧摊销)	200
折旧	50
长期资产摊销	10
财务费用	33
二、营业利润	207
营业外收入(处置固定资产净收益)	0
减:营业外支出	0

（续表）

项　　　目	2010 年
三、利润总额	207
减：所得税（30%）	62.1
四、净利润	144.9
加：年初未分配利润	100.1
五、可供分配的利润	245
应付普通股股利	25
六、未分配利润	220

表 10 - 3　资产负债表项目　　　　　　　　　　　　单位：万元

项　　　目	2010 年	项　　　目	2010 年
经营现金	30	短期借款	110
应收账款	200	应付账款	80
存货	300	预提费用	140
待摊费用	100	流动负债合计	330
流动资产合计	630	长期借款	220
固定资产原值	700	负债合计	550
累计折旧	100	股本	550
固定资产净值	600	未分配利润	220
其他长期资产	90	股东权益合计	770
长期资产合计	690		
总　　　计	1 320	总　　　计	1 320

公司目前发行在外的股数为 55 万股，每股市价为 20 元。

二、思考分析

1. 编制 2011 年预计利润表和预计资产负债表有关预计报表。编制的数据条件如下：

（1）2011 年的销售增长率为 10%。

（2）利润表各项目：营业成本、营业和管理费用、折旧与销售收入的比保持与 2010 年一致，长期资产的年摊销保持与 2010 年一致；有息负债利息率保持与 2010

《财务管理学》学习指导书

年一致;营业外支出、营业外收入、投资收益项目金额为零;所得税税率预计不变(30%);企业采取剩余股利政策。③ 资产负债表项目:流动资产各项目与销售收入的增长率相同;固定资产净值占销售收入的比保持与 2010 年一致;其他长期资产项目除摊销外没有其他业务;流动负债各项目(短期借款除外)与销售收入的增长率相同;短期借款及长期借款占投资资本的比重与 2010 年保持一致。

假设公司不保留额外金融资产,请将答题结果填入给定的预计利润表和预计资产负债表中。

2. 加权平均资本成本 2011 年为 12%,预计 2012 年及以后公司的目标资本结构保持负债比重为 30%,有息负债的平均利息率为 5.39%;若公司 2012 年及以后未来经营项目与一家上市公司的经营项目类似,该上市公司的 β 系数为 2,其资产负债率为 50%,目前证券市场的无风险收益率为 5%,证券市场的平均风险收益率为 5%,设未来两家企业的平均所得税税率均为 30%,确定该公司加权平均资本成本。

3. 若企业预计未来每年都能保持 2011 年的预计税前经营利润水平,若预计 2012 年开始所需要的每年的净投资为零;债务市场价值与贴现价值一致,则利用现金流量折现法确定公司目前的股价是被高估还是被低估。

4. 若企业预计未来每年都能保持 2011 年的预计税后净利润水平,若预计 2012 年开始所需要的每年的净投资为零;债务市场价值与账面价值一致,则利用经济利润法确定公司目前的股价是被高估还是被低估。

四、复习题参考答案

(一)单项选择题

1. B   2. B   3. D   4. D   5. B   6. B   7. B   8. B   9. B   10. B   11. A
12. B

(二)多项选择题

1. BCD   2. ABCD   3. ACDE   4. ABC   5. BCD   6. ABC   7. ABCDE
8. AB   9. BCD   10. AC   11. ABCD   12. ABCD   13. BCD   14. ABC

(三)判断题

1. √   2. √   3. √   4. √   5. ×   6. √   7. ×   8. ×   9. √   10. ×
11. √   12. ×   13. ×   14. ×

(四)计算与分析题

1.(1)本期市盈率 = 股利支付率×(1+增长率)÷(股权成本-增长率)

内在市盈率 = 股利支付率÷(股权成本-增长率)

股利支付率 = 0.25

股权成本 = 3%+1.5×(7%-3%) = 9%

则有：本期市盈率 $= 0.25 \times (1 + 6\%) \div (9\% - 6\%) = 8.833$

内在市盈率 $= 0.25 \div (9\% - 6\%) = 8.333$

（2）乙公司股票的每股价值 ＝ 乙公司本期每股收益 × 本期市盈率 ＝

$$0.5 \times 8.833 = 4.42(元)$$

或　　　乙公司股票的每股价值 ＝ 乙公司预期每股收益 × 内在市盈率 ＝

$$0.5 \times (1 + 6\%) \times 8.333 = 4.42(元)$$

2. 2007 年每股净利润 $= 4 \times (1 + 10\%) = 4.4(元)$

2007 年每股资本支出 $= 2 \times (1 + 10\%) = 2.2(元)$

2007 年每股经营营运资本 $= 3 \times (1 + 10\%) = 3.3(元)$

2007 年每股经营营运资本增加 $= 3.3 - 3 = 0.3(元)$

2007 年每股折旧摊销 $= 1 \times (1 + 10\%) = 1.1(元)$

每股净投资项 ＝ 每股资本支出 ＋ 每股经营营运资本增长率 －

每股折旧摊销 $= 2.2 + 0.3 - 1.1 = 1.4(元)$

每股股权净投资 ＝ 每股净投资 × （1 － 负债比率） ＝

$$1.4 \times (1 - 40\%) = 0.84(元)$$

2007 年每股股权自由现金流量 ＝ 每股净利润 － 每股股权净投资 ＝

$$4.4 - 0.84 = 3.56(元)$$

预测期内各年每股现金流量现值的计算步骤如表 10 - 4 所示。

表 10 - 4　计算表

年　　　份	2007	2008	2009	2010
每股净利润(元)	4.4	4.84	5.324	5.43048
每股资本支出(元)	2.2	2.42	2.662	2.71524
每股经营营运资本(元)	3.3	3.63	3.993	4.07286
每股经营营运资本增加(元)	0.3	0.33	0.363	0.07986
每股折旧摊销(元)	1.1	1.21	1.331	1.35762
每股净投资(元)	1.4	1.54	1.694	1.43748
每股股权净投资(元)	0.84	0.924	1.0164	0.86249
股权自由现金流量(元)	3.56	3.916	4.3076	4.56799
β 值	1.8	1.6	1.4	1.4
国库券利率	3%	3%	3%	3%
股票市场风险补偿率	5%	5%	5%	5%

(续表)

年　　份	2007	2008	2009	2010
股权资本成本	12%	11%	10%	10%
折现系数	$1\div(1+12\%)=$ 0.89286	$0.89286\div(1+11\%)=$ 0.80438	$0.80438\div(1+10\%)=$ 0.73125	
预测期每股现金流量现值(元)	3.17858	3.14995	3.14993	

预测期每股现金流量现值合计 = 3.17858＋3.14995＋3.14993 = 9.47846(元)

稳定期每股现金流量现值 = $[4.56799\div(10\%-2\%)]\times0.73125$ = 41.75428(元)

股票价值 = 9.47846＋41.75428 = 51.23(元／股)

3. (1) 修正市盈率＝实际市盈率÷(预期增长率×100)

平均市盈率 = (40＋44.8＋37.9＋28＋45＋25)÷6 = 36.78

预期平均增长率 = 11%

修正平均市盈率 = 36.78÷(11%×100) = 3.34

(2) $\dfrac{目标企业}{每股价值}=\dfrac{修正平均}{市盈率}\times\dfrac{目标企业}{增长率}\times100\times\dfrac{目标企业}{每股净利}=$

3.34×10%×100×0.5 = 16.7(元)

(3) 具体计算步骤如表 10－5 所示。

表 10－5　公司股票价值计算表

公司名称	实际市盈率	预期增长率	修正的市盈率	甲公司的股票价值
A	40	10%	4	20
B	44.8	8%	5.6	28
C	37.9	12%	3.16	15.8
D	28	15%	1.87	9.35
E	45	6%	7.5	37.5
F	25	15%	1.67	8.35
平均数				19.83

(4) 实际股票价格是 25 元,所以甲公司的股票被市场高估了。

4. (1) 净投资 = 总投资－折旧摊销 = (资本支出＋经营营运资本增加)－

折旧摊销 = (1 000＋400)－900 = 500(万元)

股权自由现金流量 ＝ 净利润 － 净投资 ×（1 － 负债比率）＝
$$2\,000 - 500 \times (1 - 20\%) = 1\,600(万元)$$

每股自由现金流量 ＝ $1\,600 \div 1\,000 = 1.6$（元）

每股价值 ＝ $1.6 \times (1 + 5\%) \div (10\% - 6\%) = 33.6$（元）

（2）设每股现金流量为 X 元。$[X \times (1 + 6\%)] \div (10\% - 6\%) = 33.6$

则 $X = 1.27$（元）

股权净投资 ＝ 净利润 － 股权现金流量 ＝ $2\,000 - 1.27 \times 1\,000 = 730$（万元）

5.（1）具体的计算步骤如表 10-6 所示。

表 10-6　计算表

	甲 公 司	乙 公 司
所有者权益（万元）	$50\,000 \times (3 \div 5) = 30\,000$	$30\,000 \times (1 \div 2) = 15\,000$
负债（万元）	$50\,000 - 30\,000 = 20\,000$	$30\,000 - 15\,000 = 15\,000$
利息（万元）	$20\,000 \times 10\% = 2\,000$	$15\,000 \times 10\% = 1\,500$
税后净利（万元）	$(8\,000 - 2\,000) \times (1 - 40\%) = 3\,600$	$(3\,500 - 1\,500) \times (1 - 40\%) = 1\,200$
每股收益（元）	$3\,600 \div 1\,000 = 3.6$	$1\,200 \div 1\,000 = 1.2$
市盈率	$72 \div 3.6 = 20$	$12 \div 1.2 = 10$
权益净利率	$3\,600 \div 30\,000 \times 100\% = 12\%$	$1\,200 \div 15\,000 \times 100\% = 8\%$

（2）目标企业价值＝估价收益指标×标准市盈率

乙公司的预计净利润 ＝ 乙公司所有者权益 × 预计权益净利率 ＝
$$15\,000 \times 12\% = 1\,800(万元)$$

每股收益 ＝ $1\,800 \div 1\,000 = 1.8$（元）

乙公司每股价值 ＝ $1.8 \times 20 = 36$（元）

案例分析参考答案（略）

第十一章 财务预算

一、内容概要解析

(一) 财务预算概述

1. 财务预算的概念及内容

全面预算是以企业短期经营决策和长期决策目标为依据,并以价值形式对其进行进一步的分解,使之具体化为企业内部各管理部门、各分支机构的目标,通过有关的数据将企业全部经营活动的各项目标具体地、系统地反映出来。因此,预算又是企业有效地进行资源配置的手段。它可以进行有效的战略支持,有助于企业内部的协调平衡,可以帮助管理者进行有效的绩效评估和激励,以及帮助企业进行有效的财务控制。

全面预算体系按其涉及的业务活动领域可分为生产经营预算、专门决策预算和财务预算。在全面预算体系中,各种预算前后衔接,相互勾稽,形成了一个较完整的体系。

根据财务预算的概念可总结出财务预算的特征。即:综合性、是一种战略管理、具有价值属性、以利润(或出资者权益)为前提。

2. 财务预算的作用

财务预算被认为是一种有效的管理制度,它在企业的经营管理中具有科学管理、合理配置资源、进行有效的战略支持、有助于企业内部的协调平衡、帮助管理者进行有效的绩效评估和激励、进行有效的财务控制等作用。

(二) 财务预算的编制方法

财务预算编制方法主要有固定预算、弹性预算、零基预算、增量预算、定期预算、滚动预算和概率预算等。

1. 固定预算和弹性预算

固定预算又称静态预算,是预算的最基本方法。它是指根据预算期内正常的、可实现的某一业务量(如生产量、销售量)水平作为唯一基础来编制预算的方法。固定预算是一个较常用的预算方法,但这种方法存在一些缺点,如过于机械呆板,可比性差。

弹性预算是为克服固定预算的缺点而设的,又称变动预算。它是指在编制费用预算时,预先估计到计划期间业务量可能发生的变动,在成本习性分析的基础上,以业务量、成本和利润之间的依存关系为依据,按照预算期可预见的多种业务量水平编制出一套适用于多种业务量的费用预算,以便分别反映各种业务量情况下所应开支的费用水平。编制弹性预算所依据的业务量可以是产量、销售量、直接人工工时、机器工时、材料消耗量和直接人工工资等。

弹性预算主要用于编制成本预算、销售及管理费用预算和利润预算。弹性成本预算的编制方法主要有列表法和公式法;弹性利润预算的编制方法主要包括因素法和百分比法。

2. 增量预算和零基预算

增量预算又称调整预算,是指以基期成本费用水平为基础,结合预算期业务量水平的变动情况及相关影响因素变动的程度,通过调整有关原有项目而编制预算的方法。增量预算法的运用有以下基本假定:第一,现有的业务活动是企业必需的;第二,原有的各项开支都是合理的;第三,增加费用预算是值得的。增量预算简便易行,但这种方法可能导致一些不足:第一,不利于费用项目的改进;第二,滋长预算中的"平均主义"和"简单化";第三,不利于企业未来的发展。

零基预算全称为"以零为基础编制计划和预算的方法",是为克服增量预算的缺点而设计的方法。它是指在编制成本费用预算时,不考虑以往会计期间所发生的费用项目或费用数额,而是将所有的预算支出均以零为出发点,一切从实际需要与可能出发,逐项审议预算期内各项费用的内容及开支标准是否合理,在综合平衡的基础上编制费用预算的一种方法。零基预算具有不受现有费用项目限制、能够调动各方面降低费用的积极性、有助于企业未来发展等优点。其缺点在于在编制费用预算时需要完成大量的基础工作,而且也需要比较长的编制时间。

3. 定期预算与滚动预算

定期预算是指在编制预算时以不变的会计期间(如日历年度)作为预算期的一种预算制方法。也就是预算期固定、与会计年度相配合、定期编制预算的方法。企业的经营预算和财务预算通常是定期(如1年)编制的。定期预算的优点是能够将预算期间与会计年度相配合,便于考核和评价预算的执行结果。主要缺点是适应性和协调性较差。

滚动预算又称连续预算或永续预算,是指在编制预算时,将预算期与会计年度脱离开,随着预算的执行不断延伸补充预算,逐期向后滚动,使预算期永远保持为12个月的一种方法。滚动预算具有以下优点:能够连续不断地规划未来的经营活动,不会造成预算的人为间断,可以使管理人员始终能够从动态的角度把握住企业近期的规划目标和远期的战略布局,连续性、完整性突出。同时,由于滚动预算能根据前期预算的执行情况,结合各种因素的变动影响,及时调整和修订近期预算,从而使预算更加切合实际,能够充分发挥预算的指导和控制作用。滚动预算的缺点是预算工作量较大。

4. 其他预算

确定性预算是指在编制预算时,有关变量以稳定不变的数值表达,并据以编制预算的方法。概率预算是对具有不确定性的预算项目,估计其发生各种变化的概率,根据可能出现的最大值和最小值计算其期望值,从而编制的预算。

(三)现金预算与预计财务报表编制

1. 现金预算的编制

现金预算的编制过程是以销售预算为起点,依次经过生产预算、直接材料预算、直接人工预算、制造费用预算、产品成本预算、销售及管理费用预算,然后依据上述预算的有关信息编制现金预算。

现金预算表是按照现金流量表主要项目内容编制的反映企业预算期内一切现金收支及其结果的预算。现金预算通常包括现金收入、现金支出、现金多余和不足、资金的筹集和使用等四部分。

2. 预计财务报表的编制

预计财务报表是反映企业未来的财务状况,控制企业资金、成本和利润总量的重要手段和方法。预计财务报表包括预计利润表和预计资产负债表。预算利润表是以货币为单位,按照利润表的内容和格式编制的全面综合反映预算执行单位在预算期间全部经营活动及其最终财务成果的预算报表。它揭示的是企业未来的盈利状况,企业管理当局可以据此了解企业的发展趋势,并适时调整其经营战略。预计利润表的构成主要来自两方面:一是企业生产经营管理活动的收支;二是企业财务活动的收支。

预算资产负债表是以货币形式按照资产负债表的内容和格式编制的综合反映预算执行单位期末财务状况的预算报表。预计资产负债表反映的是企业预算期末各账户的预计余额,管理当局可以据此了解企业在预算期末的财务状况,以便采取积极有效的措施,防止不良财务状况的出现。

二、背景资料

全面预算管理起源于 20 世纪初,是企业内部管理控制的一种主要方法,它对现代企业的成长与发展起到了至关重要的作用。自 20 世纪 20 年代全面预算在美国的通用电器公司、杜邦公司、通用汽车公司产生之后,这一方法很快成为了现代大型企业的标准程序,并且随着企业的不断成长而得以不断地发展和完善。从最初的计划、协调发展成为现在的兼具控制、评价、激励等功能的一种综合贯彻企业战略方针的经营机制,从而处于企业内部控制系统的核心地位。如何通过全面预算管理掌控公司经营全局,如何成功实施全面预算管理,如何跟踪全面预算管理的执行情况等已成为企业管理的重要内容。财政部《企业财务预算管理示范制度》已于2006年颁布实施，预算管理引起了我国企业的高度重视。许多公司把董事会下设立"预算委员会"作为完善公司治理的内容之一。由于企业经营的重点不同，预算管理有不同的模式。

1. 以销售为核心的预算管理模式

（1）以销售预测为基础的预算基本上是按"以销定产"的体系编制的。预算的起点是以销售预测为基础的销售预算；然后再根据销售预算考虑期初、期末存货的变动来安排生产；最后是保证生产顺利进行的各项资源的供应和配置。在考核时以销售收入作为主导指标考核。

（2）以销售为核心的预算管理模式的预算体系，主要包括：销售预算、生产预算、供应预算、成本费用预算、利润预算和现金流量预算。

（3）以销售为核心的预算管理模式适用范围：主要适用如下企业：以快速增长为目标的企业、处于市场增长期的企业、季节性经营的企业。

（4）以销售为核心的预算管理模式的优点主要有：符合市场需要，能够实现以销定产。有利于减少资金沉淀，提高资金使用效率。有利于不断提高市场占有率，使企业快速增长。

以销售为核心的预算管理模式的缺点主要有：可能会造成产品过度开发，不利于企业长远发展。可能会忽略成本降低，不利于提高企业利润。可能出现过度赊销，增加企业坏账损失。

2. 以利润为核心的预算管理模式

（1）以利润为核心的预算管理模式的特点是：企业"以利润最大化"作为预算编制的核心，预算编制的起点和考核的主导指标都是利润。

（2）以利润为核心的预算管理模式的预算体系基本上与以销售为核心的预算管理模式相同。主要包括利润预算、销售预算、成本费用预算、现金预算。

（3）在利润预算模式下，利润预算的确定是关键。编制利润预算的一个关键点就是合适地确定预算利润数。一般方法为：

$$预算利润数 = 投资人投入资本总额 \times 投资人要求的必要报酬率或预算报酬率 - 企业上年利润实际数 \times (1 + 利润调整系数)$$

（4）以利润为核心的预算管理模式的适用范围如下：以利润最大化为目标的企业；大型企业集团的利润中心。

（5）以利润为核心的预算管理模式的优缺点：优点主要有：有助于使企业管理方式由直接管理转向间接管理；有助于明确工作目标；有利于增强企业集团的综合盈利能力。缺点主要有：可能引发短期行为，使企业只顾预算年度利润，忽略企业长远发展；可能引发冒险行为，使企业只顾追求高额利润，增加企业的财务风险和经营风险;可能引发虚假行为,使企业通过一系列手段虚降成本、虚增利润。

3. 以成本为核心的预算管理模式

以成本为核心的预算管理模式就是以成本为核心,预算编制以成本预算为起点,预算控制以成本控制为主轴,预算考评以成本为主要考评指标的预算管理模式。在以成本为核心的预算管理模式下,预算编制主要包括三个基本环节:设定目标成本、分解落实目标成本、实现目标成本。

(1)目标成本的设定是整个以成本为核心的预算管理模式的起点,设定方式一般有:修正方式:在企业过去达到的成本管理水平上,结合企业未来成本挖掘的潜力及相关环境的变化,对历史成本指标进行适当的修正,以得到当期目标成本的方式。倒挤方式:目标成本=预期收益-预期利润;目标单位成本=预期单位产品售价-预期单位产品利润。

(2)以成本为核心的预算管理模式的适用范围:产品处于市场成熟期的企业;大型企业集团的成本中心。

(3)以成本为核心的预算管理模式的优缺点主要有:优点主要有:有利于促进企业采取降低成本的各种办法,不断降低成本,提高盈利水平;有利于企业采取低成本扩张战略,扩大市场占有率,提高企业成长速度。缺点主要有:可能会只顾降低成本,而忽略新产品开发;可能会只顾降低成本,而忽略产品质量。

4. 以现金流量为核心的预算管理模式

以现金流量为核心的预算管理模式就是主要依据企业现金流量预算进行预算管理的一种模式。现金流量是这一预算管理模式下预算管理工作的起点和关键所在。实践中,以现金流量为核心的预算管理模式有两种形式:一种是企业日常财务管理以现金流量为起点的预算管理模式;另一种是产品处于衰退期的企业以现金流量为核心的预算管理模式。这两者均对企业的现金流量管理极为重视。

(1)以现金流量为核心的预算管理模式的预算体系,主要由以下几项组成:

① 现金流量预算,它是以现金流量预算为核心的预算管理模式中预算编制的起点,也是最为关键的环节。在合理、科学、准确地编制现金流量预算的基础上,企业还应当据以编制相应的包括资产负债表等预算在内的财务预算。所谓现金流量预算是按照收付实现制的原则来全面反映企业生产经营活动的一种预算。现金预算依据的数据资料主要有:业务预算、资本预算、利润预测或预计利润表、筹资计划及现金收支的历史资料等。编制的方法主要有:现金收支法和净收益调整法。② 经营预算,它包括销售预算、生产预算、供应预算、成本费用预算以及利润预算等在内的各项预算。③ 资本预算,它包括固定资产支出预算、对外投资支出预算。④ 筹资预算,它需要根据经营预算、资本预算、筹资渠道等合理确定和编制。

(2)以现金流量为核心的预算管理模式的优缺点主要有:优点有:有利于增加

现金流入;有利于控制现金支出;有利于实现资金收支平衡;有利于尽快摆脱财务危机。缺点有:预算中安排的资金投入较少,不利于企业高速发展;预算思想比较保守,可能错过企业发展的有利时机。

阅 读 文 献

1. 吴井红:《财务预算与分析》(第二版),上海财经大学出版社 2010 年版。

2. 张长胜:《企业全面预算管理》,北京大学出版社 2009 年版。

3. 高晨、汤谷良:"交互预算:应对战略不确定性、契合管理控制的新机制——基于天津一汽丰田公司的案例研究",《会计研究》2010 年第 9 期。

4. 白景明:"全面认识绩效预算",《中国财政》2009 年第 24 期。

三、复习题

(一) 单项选择题

1. 现金预算属于下列项目中的(　　)。

    A. 业务预算　　　　　　　　B. 生产预算

    C. 专门决策预算　　　　　　D. 财务预算

2. 在编制制造费用预算时,计算现金支出应予剔除的项目是(　　)。

    A. 间接材料　　　　　　　　B. 间接人工

    C. 管理人员工资　　　　　　D. 折旧费

3. 在下列预算中,其编制程序与存货的计价方法密切相关的是(　　)。

    A. 产品成本预算　　　　　　B. 制造费用预算

    C. 销售预算　　　　　　　　D. 生产预算

4. 下列各项中,能够揭示滚动预算基本特点的表述是(　　)。

    A. 预算期相对固定的　　　　B. 预算期是连续不断的

    C. 预算期与会计年度一致　　D. 预算期不可随意变动

5. 下列项目中,能够克服固定预算方法缺点的是(　　)。

    A. 固定预算　　B. 零基预算　　C. 滚动预算　　D. 弹性预算

6. 编制弹性成本预算的关键在于(　　)。

    A. 确定材料标准耗用量

    B. 分解制造费用

    C. 将所有成本划分为固定成本与变动成本两大类

    D. 选择业务量计量单位

7. 编制零基预算的出发点是(　　)。

    A. 基期的费用水平　　　　　B. 历史上费用的最好水平

C. 国内外同行业费用水平　　　　D. 零

8. 编制直接材料预算的主要基础是（　　）。

　　A. 产品成本预算　　　　　　　B. 生产预算

　　C. 销售预算　　　　　　　　　D. 现金预算

9. 在全面预算体系中,用来反映企业未来一定预算期内预计财务状况的报表称为（　　）。

　　A. 预计利润表　　　　　　　　B. 现金预算

　　C. 预计资产负债表　　　　　　D. 预计财务报表

10. 为克服传统的固定预算的缺点,人们设计了一种可适用于多种情况的预算方法,即（　　）。

　　A. 弹性预算　　B. 定期预算　　C. 滚动预算　　D. 零基预算

11. 在编制生产预算时,关键是正确地确定（　　）。

　　A. 销售数量　　　　　　　　　B. 销售价格

　　C. 存货采购量　　　　　　　　D. 期末存货数量

12. 在下列各项预算中,其预算期可以不与会计年度直接挂钩的是（　　）。

　　A. 固定预算　　B. 弹性预算　　C. 定期预算　　D. 零基预算

13. 可以保持预算的连续性和完整性,并能克服传统定期预算缺点的预算方法是（　　）。

　　A. 弹性预算　　　B. 零基预算　　　C. 滚动预算　　　D. 固定预算

14. 下列各项中,不属于增量预算基本假定的是（　　）。

　　A. 增加费用预算是值得的　　　B. 预算费用标准必须进行调整

　　C. 原有的各项开支都是合理的　D. 现有的业务活动为企业必需

15. 在基期成本费用水平的基础上,结合预算期业务量及有关降低成本的措施,通过调整有关原有成本项目而编制的预算,称为（　　）。

　　A. 弹性预算　　　B. 零基预算　　　C. 增量预算　　　D. 滚动预算

16. ABC 公司预计 2002 年第 3、第 4 季度销售产品分别为 220 件、350 件,单价分别为 2 元、2.5 元,两个季度的销售收现率均为 60%,其余部分下 1 季度收回,则 ABC 公司第 4 季度现金收入为（　　）元。

　　A. 437.5　　　　B. 440　　　　C. 875　　　　D. 701

17. 下列预算中,在编制时不需以生产预算为基础的是（　　）。

　　A. 变动制造费用预算　　　　　B. 销售费用预算

　　C. 产品成本预算　　　　　　　D. 直接人工预算

18. 某企业按百分比法编制弹性利润预算表,预算销售收入为 800 万元,变动成本为 600 万元,固定成本为 130 万元,营业利润为 70 万元;如果预算销售收入达到

1 000万元,则预算营业利润为( )万元。

  A. 120   B. 87.5   C. 270   D. 100

19. 某企业编制"直接材料预算",预计第4季度期初应付账款为6 000元,第4季度期初直接材料存量600千克,该季度生产需用量1 500千克,预计期末存量为500千克,材料单价(不含税)为10元,若材料采购货款有60%在本季度内付清,另外40%在下季度付清,增值税税率为17%,则该企业预计资产负债表年末"应付账款"项目为( )元。

  A. 9 828   B. 7 000   C. 6 552   D. 12 552

20. 以预算期正常的、可实现的某一业务量水平为唯一基础来编制预算的方法称为( )。

  A. 零基预算 B. 定期预算 C. 流动预算 D. 静态预算

(二) 多项选择题

1. 下列关于财务预算的说法中,正确的有( )。

  A. 财务预测以财务预算为根据

  B. 财务预算具有规划、沟通和协调、资源分配、财务控制和绩效评估功能

  C. 财务预算的编制需要以财务预测的结果为根据,并受财务预测质量的制约

  D. 财务预算必须服从战略目标的要求,使战略目标具体化、系统化、定量化

2. 下列各项中,属于增量预算基本假定的有( )。

  A. 原有的各项开支都是合理的 B. 预算费用标准必须进行调整

  C. 增加费用预算是值得的 D. 现有的业务活动都是企业所必需的

3. 在下列各项中,属于专门决策预算内容的有( )。

  A. 经营决策预算   B. 预计利润表

  C. 投资决策预算   D. 预计资产负债表

4. 下列各项中,产品成本预算编制的基础有( )。

  A. 生产预算   B. 直接材料采购预算

  C. 直接人工预算   D. 制造费用预算

5. 编制直接人工预算需要考虑的因素有( )。

  A. 预计销售量   B. 生产预算中的预计生产量

  C. 标准单位直接人工工时 D. 标准工资率

6. 下列各项中,属于全面预算作用的有( )。

  A. 合理配置资源   B. 协调部门关系

  C. 实现科学管理   D. 考核业绩标准

7. 专门决策预算是指企业不经常发生的、需要根据特定决策临时编制的一次性

预算,主要有(　　)。

  A. 现金预算　　　　　　　　　　B. 经营决策预算

  C. 零基预算　　　　　　　　　　D. 投资决策预算

8. 销售及管理费用预算编制的主要依据有(　　)。

  A. 有关标准价格　　　　　　　　B. 预算期销售量

  C. 单位产品变动性标准费用额　　D. 有关标准耗用量

9. 弹性费用预算的编制方法主要有(　　)。

  A. 列表法　　　B. 因素法　　　C. 公式法　　　D. 百分比法

10. 下列各项中,属于业务预算内容的有(　　)。

  A. 制造费用预算　　　　　　　　B. 销售费用预算

  C. 直接材料预算　　　　　　　　D. 生产预算

11. 财务预算中的预计财务报表包括(　　)。

  A. 现金预算　　　　　　　　　　B. 预计利润表

  C. 预计成本表　　　　　　　　　D. 预计资产负债表

12. 相对定期预算而言,滚动预算的优点有(　　)。

  A. 透明度高　　　　　　　　　　B. 及时性强

  C. 预算工作量小　　　　　　　　D. 连续性和稳定性

13. 在编制现金预算的过程中,可作为其编制依据的有(　　)。

  A. 日常业务预算　　　　　　　　B. 预计利润表

  C. 预计资产负债表　　　　　　　D. 专门决策预算

14. 与生产预算有直接联系的预算有(　　)。

  A. 销售及管理费用预算　　　　　B. 变动制造费用预算

  C. 直接材料预算　　　　　　　　D. 直接人工预算

15. 编制预计财务报表的依据包括(　　)。

  A. 现金预算　　　　　　　　　　B. 专门决策预算

  C. 业务预算　　　　　　　　　　D. 弹性利润预算

16. 财务预算是一系列专门反映企业未来一定预算期内预计财务状况和经营成果,以及现金收支等价值指标的各种预算的总称,下列属于财务预算的有(　　)。

  A. 现金预算　　　　　　　　　　B. 销售及管理费用预算

  C. 预计利润表　　　　　　　　　D. 预计利润分配表

17. 已知某公司在预算期间,销售当季度收回货款60%,下季度收回货款30%,下下季度收回货款10%,预算年度期初应收账款金额为33万元,其中包括上年第3季度销售的应收账款5万元,第4季度销售的应收账款28万元,则下列说法中,正确的有(　　)。

A. 上年第 4 季度的销售额为 70 万元

B. 上年第 3 季度的销售额为 50 万元

C. 上年第 3 季度销售的应收账款 5 万元在预计年度第 1 季度可以全部收回

D. 第 1 季度收回的期初应收账款为 24 万元

18. 下列关于本期经营现金收入的计算公式中,正确的有( )。

A. 本期经营现金收入=本期销售收入(含销项税)+期初应收账款－
期末应收账款

B. 本期经营现金收入=本期销售收入(含销项税)+期初应付账款－
期末应付账款

C. 本期经营现金收入=本期销售本期收现部分(含销项税)+
以前期赊销本期收现的部分

D. 本期经营现金收入=本期销售收入(含销项税)－期初应收账款+
期末应收账款

19. 在下列各项中,不属于全面预算体系构成内容的有( )。

A. 业务预算   B. 零基预算

C. 滚动预算   D. 专门决策预算

20. 期末存货预算的编制依据有( )。

A. 预计生产量   B. 期末产成品存货成本预算额

C. 原材料期末存货成本预算额   D. 在产品存货成本预算额

(三) 判断题

1. 销售预算是以生产预算为依据编制的。 ( )

2. 编制预算的方法按其业务量基础的数量特征不同,可分固定预算方法和弹性预算方法两大类。 ( )

3. 全面预算是指为企业供、产、销及管理活动所编制的,反映企业收入与费用构成情况的预算。 ( )

4. 在编制生产预算时,应考虑产成品期初期末的存货水平。 ( )

5. 预计生产量=预计销售量+预计期初存货量－预计期末存货量。 ( )

6. 在采用固定预算方法编制预算时,应考虑预算期内业务量水平可能发生的各种变动。 ( )

7. 全面预算内容包括专门决策预算、总预算和业务预算。 ( )

8. 企业在编制零基预算时,需要以现有费用项目为依据,但不以现有的费用水平为基础。 ( )

9. 滚动预算能够使预算期间与会计年度相配合,便于考核预算的执行结果。 ( )

10. 生产预算是规定预算期内有关产品生产数量、产值和品种结构的一种预算。
（　　）

11. 生产预算是在销售预算的基础上编制的。按照"以销定产"的原则,生产预算中各季度的预计生产量应该等于各季度的预计销售量。
（　　）

12. 为了克服定期预算的缺点,保持预算的连续性和完整性,可采用滚动预算的方法。

13. "现金预算"中的"所得税现金支出"项目是根据预算的"利润总额"和预计所得税税率计算出来的,一般不必考虑纳税调整事项。
（　　）

14. 生产预算是整个预算编制的起点,其他预算的编制都以生产预算为基础。
（　　）

15. 管理费用多属于固定成本,所以,管理费用预算一般是以过去的实际开支为基础,按预算期的可预见变化来调整。
（　　）

16. 制造费用预算分为变动制造费用和固定制造费用两部分。变动制造费用和固定制造费用均以生产预算为基础来编制。
（　　）

17. 财务预算作为全面预算体系中的最后环节,可以从价值方面总括地反映经营期决策预算与业务预算的结果,财务预算属于总预算的一部分。
（　　）

18. 预计资产负债表是指用于总括反映企业预算期末财务状况的一种财务预算。预计资产负债表中的项目均应在前述各项日常业务预算和专门决策预算的基础上分析填列。
（　　）

19. 编制预计财务报表的正确程序是：先编制预计资产负债表,然后再编制预计利润表。
（　　）

20. 专门决策预算包括经营决策预算和投资决策预算,专门决策预算的数据要直接纳入日常业务预算体系,同时也将影响现金预算等财务预算。
（　　）

（四）计算与分析题

1. A公司生产经营甲产品,在预算年度内预计各季度销售量分别为：1 900件、2 400件、2 600件和2 900件；其销售单价均为50元。假定该公司在当季收到货款60%,其余部分在下季收讫,年初的应收账款余额为42 000元。适用的增值税税率为17%。

要求：编制销售预算和预计现金收入计算表。

2. 某制造企业2010年第4～6月实际销售额分别为35 000万元、36 000万元和41 000万元,预计7月份销售额为40 000万元。每月销售收入中有70%能于当月收现,20%于次月收现,10%于第3个月收讫,不存在坏账。假定该企业销售的产品在流通环节只需缴纳消费税,税率为10%,并于当月以现金交纳。该企业6月末现金余额为80万元,应付账款余额为5 000万元(需在7月份付清),不存在其他应收应付款项。7月份有关项目预计资料如下：采购材料8 000万元(当月付款70%)；工资及其他支出 8 400 万元;制造费用 8 000 万元(其中折旧费等非付现费用为 4 000 万元);营业费用和管理费用 1 000 万元(用现金支付);预交所得税 1 900 万元;购买设备 12 000 万元(用现金支付)。现金不足时,可通过向银行借款解决,银行借款以 100 万元为单位。7 月末现金余额要求不低于 100 万元。

要求:根据上述资料,计算该企业 7 月份的下列预算指标:

(1) 经营性现金流入。

(2) 经营性现金流出。

(3) 现金余缺。

(4) 应向银行借款的最低金额。

(5) 7 月末应收账款余额。

3. 某零售企业销售一种产品,产品售价 8 元/件,预计 20×9 年 9~12 月的销售量分别为 20 000 件、30 000 件、40 000 件和 25 000 件,根据以往的情况,商品销出后当月可收回货款的 60%,次月收回 30%,再次月 8%,另外 2%为坏账;预计 12 月底存货为 3 000 件;进货成本 5 元/件,当月付款 50%,次月付款 50%,月底存货量为次月销售量的 10%再加上 1 000 件,9 月初应付账款余额 77 500 元,9 月份付清。9 月初无应收账款。

要求:编制 9~12 月份的现金预算。

4. 某公司拟编制 2010 年 9 月份的现金收支预算。预计 2010 年 9 月初现金余额为 8 000 元;月初应收账款 6 000 元,预计月内可收回 80%;9 月份预计销售额为 50 000 元,当月收款比例为 50%;预计 9 月份采购材料 9 000 元,当月付款 70%;月初应付账款余额 5 000 元,需在 9 月份全部付清;月内以现金支付工资 8 500 元;本月制造费用等间接费用付现 16 000 元;其他经营性现金支出 1 000 元;购买设备支付现金 10 000 元。企业现金不足时,可向银行借款,借款金额为 1 000 元的倍数;现金多余时可购买有价证券。要求月末现金余额不低于 5 000 元。

要求:(1) 计算经营现金收入。

(2) 计算经营现金支出。

(3) 计算现金余缺。

(4) 确定最佳资金筹措或运用数额。

(5) 确定现金月末余额。

5. 某企业 2010 年现金预算(简表)如表 11-1 所示。假定企业没有有价证券,也没有发生其他现金收支业务。预计 2010 年末流动负债为 4 000 万元,年末现金流动负债比率需要保持在 50%的水平。假定企业发生现金短缺时由取得流动资金借款解决,且流动资金借款利息可以忽略不计;现金溢余时归还借款。

要求:根据所列资料,计算填列表中用字母表示的项目。

表 11 - 1　现金预算简表　　　　　　　　　　单位：万元

项　　目	第 1 季度	第 2 季度	第 3 季度	第 4 季度
期初现金余额	1 000			2 500
本期现金收入	31 000	33 500	E	36 500
本期现金支出	30 000	C	37 000	40 000
现金余缺	A	1 000	3 000	G
资金筹措与运用： 取得流动资金借款 归还流动资金借款	−500 −500	1 000 1 000	F	I
期末现金余额	B	D	2 500	H

6. 某公司 2009 年 12 月 31 日的资产负债表如表 11 - 2 所示。

表 11 - 2　资产负债表　　　　　　　　　　单位：万元

资　　产	金　额	负债和所有者权益	金　额
货币资金	5	应付账款	36
应收账款	53	预提费用	21.2
存货	54.5	短期借款	40
流动资产	112.5	流动负债	97.2
固定资产净值	183.6	应付债券	45
		股本	10
		未分配利润	143.9
资产合计	296.1	负债和股东权益合计	296.1

公司收到了大量订单并且预期从银行取得借款,所以需要预测 2010 年 1、2、3 月份的公司现金需求量。一般地,公司销售当月收现 20%,次月收现 70%,再次月收现 10%。材料成本占销售额的 60%;每月原材料的数量等于次月销售额的 60%。购买的次月支付货款。预计 1、2、3 月份的工资费用分别为 15 万元、20 万元和 16 万元。1~3 月份每个月的销售费用、管理费用、税金、其他现金费用预计为 10 万元。2009 年 11 月和 12 月的实际销售额及 2010 年 1~4 月份的预计销售额如表 11 - 3 所示。

表 11-3　销售额资料表　　　　　　　　　　　　　单位：万元

时　期	2009 年 11 月	2009 年 12 月	2010 年 1 月	2010 年 2 月	2010 年 3 月	2010 年 4 月
销售额	50	60	60	100	65	75

要求：（1）根据以上信息编制 2010 年 1、2、3 月份的现金预算。

（2）若随时保证 5 万元的现金余额，请确定额外的银行借款数量（假设此借款无利息）。

（3）编制 2010 年 3 月 31 日的预计资产负债表（2010 年 1～3 月份的折旧费用预计为 2.4 万元）。

7．某公司装配车间采用滚动预算方法编制制造费用预算。已知 2009 年各季度的制造费用预算如表 11-4 所示（其中间接材料费用忽略不计）。

表 11-4　2009 年全年制造费用预算　　　　　　　　金额单位：元

项　　　目	第 1 季度	第 2 季度	第 3 季度	第 4 季度	合　　计
直接人工预算总工时（小时）	48 000	51 000	51 000	50 000	200 000
变动制造费用：					
间接人工费用	230 000	255 000	255 000	260 000	1 000 000
水电与维修费用	100 000	128 000	128 000	144 000	500 000
小计	330 000	383 000	383 000	404 000	1 500 000
固定制造费用：					
设备租金	200 000	200 000	200 000	200 000	800 000
管理人员工资	80 000	80 000	80 000	80 000	320 000
小计	280 000	280 000	280 000	280 000	1 120 000
制造费用合计	610 000	663 000	663 000	68 400	2 620 000

2009 年 3 月 31 日公司在编制 2009 年第 2 季度至 2010 年第 1 季度滚动预算时，发现未来的 4 个季度中将出现以下情况（假定水电与维修费用预算工时分配率等其他条件不变）：① 间接人工费用预算工时分配率将上涨 10%；② 原设备租赁合同到期，公司新签订的租赁合同中设备年租金将降低 20%。

要求：（1）以直接人工工时为分配标准，计算下一滚动期间的如下指标：① 间接人工费用预算工时分配率；② 水电与维修费用预算工时分配率。

（2）计算表 11-5 中 A、B、C、D、E、F 的值。

表 11 - 5 2009 年第 2 季度至 2010 年第 1 季度制造费用预算

单位:元

项 目	2009 年度			2010 年度	合 计
	第 2 季度	第 3 季度	第 4 季度	第 1 季度	
直接人工预算总工时(小时)	51 500			57 500	224 000
变动制造费用:					
间接人工费用				A	1 232 000
水电与维修费用				B	560 000
小计					1 792 000
固定制造费用:					
设备租金	C				
管理人员工资	D				
小计					
制造费用合计	E				F

8. 某企业生产和销售一种产品。预算期 2009 年的各季度销售量分别为 2 000 件、1 800 件、2 100 件和 2 300 件;年初结存量为 500 件;预计各季度期末结存量为下一季度销量的 20%;预计 2010 年第 1 季度的销售量为 2 200 件。预计单位生产成本为:直接材料 11 元,直接人工 8 元,变动制造费用 6 元;年初结存产品的总成本为 10 000 元,存货发出采用先进先出法计价。

要求:(1) 计算 2009 年该产品的生产总成本。

(2) 计算 2009 年该产品的销售总成本。

9. 假设某企业生产和费用的有关预算资料同上题。另假设该产品只耗用一种材料,每件产品耗用材料 5 千克;预计预算年度每季度末材料库存量分别为 2 500 千克、2 800 千克、3 000 千克和 3 200 千克;年初材料结存量为 3 000 千克。材料单价为 3 元。材料采购的货款 50% 在本季度内付现,30% 在下季度付清,其余 20% 在材料采购的第 3 季度付清。年初应付账款为 12 000 元,在第 1 季度付清。

要求:(1) 计算各季度材料采购量的预算数。

(2) 计算各季度采购材料现金支出的预算数。

(3) 计算预算期年末材料采购上的应付账款余额。

10. 某公司生产和销售 A 产品,2010 年 6 月份现金收支的预算资料如下:

(1) 6 月 1 日的现金余额为 510 000 元。

(2) 产品售价 100 元/件(不含税),4 月份销售 10 000 件,5 月份销售 12 000 件,6 月预计销售 15 000 件,7 月预计销售 20 000 件。根据经验,商品售出后当月可收回货款的 40%,次月收回 55%,另外 5% 为坏账。

(3) 材料采购成本为 2 元/千克,产品消耗定额为 10 千克;材料采购货款当月支付 70%,下月支付 30%。编制预算时月底产成品存货为次月销售量的 10%。5 月底的实际产成品存货为 1 500 件,应付账款余额为 30 000 元。5 月底的材料库存量为 2 000 千克,预计 6 月末的材料库存量为 7 000 千克。

(4) 6 月份需要支付的直接人工工资为 650 000 元,管理人员工资 280 000 元,其中有 60 000 元是生产管理人员工资;需要支付其他的管理费用 45 000 元、制造费用 12 000 元,需要支付销售费用 64 000 元。

(5) 支付的应交税金及附加占不含税销售收入的比例为 8%,增值税税率为 17%。

(6) 预计 6 月份将购置设备一台,支出 700 000 元,需当月付款。

(7) 预交所得税 20 000 元。

(8) 现金不足时可从银行借入,借款额为 10 000 元的倍数,利息在还款时支付。期末现金余额不少于 500 000 元。

要求:(1) 预计 6 月份的生产量。

(2) 预计 6 月份材料需用量和材料采购量。

(3) 预计 6 月份的采购成本和采购金额。

(4) 预计 6 月份的采购现金支出。

(5) 预计 6 月份的经营现金收入。

(6) 编制 6 月份的现金预算。

案 例 分 析

一、案例资料

Autumnfield 公司的会计年度由 1 月 1 日开始,每年 9 月份公司总裁设定明年总销货收入与税前营业净利的目标后,就开始公司年度预算的编列。

公司总裁将销货目标给予营销部门后,营销经理就依据产品别编列销货金额与销货数量的预算,接着,再依据此销货预算,替公司每个销售区域设定每一种产品的销货配额(金额与数量)。

营销经理也必须估计达成目标销货量所需的营销活动成本,然后编列暂定的营销费用预算。

行政副总裁根据销货与利润目标、按产品别编列的销货预算,以及暂定的营销费用预算,决定制造与管理可以花多少成本,行政副总裁编列管理费用预算后,将各产品的销货预算与制造可以使用的成本交给生产部门。

生产经理与工厂主管们开会决定制造计划,这计划必须能在行政副总裁所设定的成本限制下,配合销货预测生产所需数量的产品,预算编列过程通常在此时都会停顿下来,因为生产部门不认为他们所分到的财务资源足够。

预算编不下去时,财务副总裁、行政副总裁、营销经理与生产经理会开会来敲定各预算,通常的结果是生产部门可用的制造成本稍稍提高,可是营销费用与管理费用预算就得被砍,倒是总裁所提出的总销货与营业净利目标不大会变动。虽然参与此事的人对这种妥协结果常常是不怎么高兴,不过预算还是以此种方式决定。接着,各主管们就分头开会,各自编列自己管辖范围的详细预算。

公司总裁要求各部门应逐月比较实际及预计成本以决定绩效好坏,各部门预算的设置目的在于鼓励管理者减少无效率的情况发生,并且寻找成本降低的机会。公司的会计长被指示,当某部门在某月份达到其预算时,必须要求其下属再稍微紧缩一点该部门的预算,以达成公司降低成本的要求。

预算执行的最近几年中,只有很少部门能达到预算目标,销货常常低于目标,当销货预算无法达成时,为求达到总裁的利润目标,每一个部门就会被要求削减成本,不过,利润目标还是常常达不到,因为成本每次都降得不够。事实上,所有部门的成本常常超出原始预算,因为公司一直无法达到销货与利润目标。而且预算政策导致很多部门的不满,例如,生产部门由于正常的大订单总被那些紧急的小订单打断,一些重设机器及调整机器的时间也浪费了部门不少资源,加之维修部门常常不能及时来修理机器设备,生产部门只好安排本部门的人自己拆开来修,导致工作停顿。总裁为此很烦恼,于是就找了一名具有相当丰富的相关产业经验的顾问。这名顾问审查了过去 4 年的预算后得出结论:按产品别编列的销货预算是合理预算,而成本与费用预算就预计销货水平与生产水平而言也是适当的。(根据 CMA 考题改编)

二、思考分析

(1) 为何 Autumnfield 公司所实行的预算编列程序会让公司无法达成总裁的销货与利润目标?

(2) 为了矫正预算中存在的问题,增加预算的有效性,应该如何修正 Autumnfield 公司的预算编列程序和预算控制系统?

四、复习题参考答案

(一)单项选择题

1. D 2. D 3. A 4. B 5. D 6. C 7. D 8. B 9. C 10. A 11. A
12. D 13. C 14. B 15. C 16. D 17. B 18. A 19. C 20. D

(二)多项选择题

1. BCD 2. ACD 3. AC 4. ABCD 5. BCD 6. ABCD 7. BD
8. ABCD 9. AC 10. ABCD 11. BD 12. ABD 13. AD 14. BCD
15. ABC 16. ABCD 17. ABC 18. AC 19. BC 20. BCD

(三) 判断题

1. × 2. ✓ 3. × 4. ✓ 5. × 6. × 7. × 8. × 9. × 10. ×
11. × 12. ✓ 13. × 14. × 15. ✓ 16. × 17. × 18. × 19. ×
20. ×

(四) 计算与分析题

1. 依题意编制的销售预算和经营现金收入预算如表 11 - 6、表 11 - 7 所示。

表 11 - 6 甲企业销售预算 单位:元

季 度	1	2	3	4	全 年
销售单价	50	50	50	50	50
预计销售量	1 900	2 400	2 600	2 900	9 800
预计销售收入	95 000	120 000	130 000	145 000	490 000
增值税销项税额	16 150	20 400	22 100	24 650	83 300
含税销售收入	111 150	140 400	152 100	169 650	573 300

表 11 - 7 甲企业经营现金收入预算 单位:元

季 度	1	2	3	4	全 年
含税销售收入	111 150	140 400	152 100	169 650	573 300
期初应收账款	42 000				42 000
第1季度经营现金收入	66 690	44 460			11 150
第2季度经营现金收入		84 240	56 160		140 400
第3季度经营现金收入			91 260	60 840	152 100
第4季度经营现金收入				101 790	107 190
经营现金收入合计	108 690	128 700	147 420	162 630	547 440

2. (1) 经营性现金流入 $= 40\,000 \times 70\% + 41\,000 \times 20\% +$
$$36\,000 \times 10\% = 39\,800(万元)$$

(2) 经营性现金流出 $= 8\,000 \times 70\% + 5\,000 + 8\,400 + (8\,000 - 4\,000) +$
$$1\,000 + 1\,900 + 40\,000 \times 10\% = 29\,900(万元)$$

(3) 现金余缺 $= 80 + 39\,800 - 29\,900 - 12\,000 = -2\,020(万元) < 0$,为现金短缺。

(4) 应向银行借款的最低金额 $= 100 + 2\,020 = 2\,120(万元)$,由于以 100 万元为单位,所以应向银行借款的最低金额为 2 200 万元。

（5）7 月末应收账款余额 $= 40\,000 \times 30\% + 41\,000 \times 10\% = 16\,100$（万元）

3. 销售预算如表 11 - 8 所示。

表 11 - 8 销售预算

月　份	9	10	11	12
预计销售量(件)	20 000	30 000	40 000	25 000
预计销售单价(元)	8	8	8	8
销售收入(元)	160 000	240 000	320 000	200 000
预计现金收入(元)				
9 月份	96 000	48 000	12 800	
10 月份		144 000	72 000	19 200
11 月份			192 000	96 000
12 月份				120 000
现金收入合计	96 000	192 000	276 800	235 200

采购预算如表 11 - 9 所示。

表 11 - 9 采购预算

月　份	9	10	11	12
预计销售量(件)	20 000	30 000	40 000	25 000
加：预计期末存货(件)	4 000	5 000	3 500	3 000
产品需要量合计(件)	24 000	35 000	43 500	28 000
减：预计期初存货(件)	3 000	4 000	5 000	3 500
预计采购量(件)	21 000	31 000	38 500	24 500
预计现金支出(元)				
应付账款余额	77 500			
9 月份	52 500	52 500		
10 月份		77 500	77 500	
11 月份			96 250	96 250
12 月份				61 250
现金支出合计	130 000	130 000	173 750	157 500

4. （1）经营现金收入 $= 6\,000 \times 80\% + 50\,000 \times 50\% = 29\,800$（元）

（2）经营现金支出 $= 9\,000 \times 70\% + 5\,000 + 8\,500 + 16\,000 + 1\,000 = 36\,800$（元）

（3）现金余缺 $= 8\,000 + 29\,800 - (36\,800 + 10\,000) = -9\,000$（元）

（4）银行借款数额 $= 5\,000 + 9\,000 = 14\,000$（元）

（5）现金月末余额 $= 14\,000 - 9\,000 = 5\,000$（元）

5. $A = 1\,000 + 31\,000 - 30\,000 = 2\,000$（万元）

$B = A + (-500) = 2\,000 - 500 = 1\,500$（万元）

$C = B + 33\,500 - 1\,000 = 1\,500 + 33\,500 - 1\,000 = 34\,000$（万元）

$D = 1\,000 + 1\,000 = 2\,000$（万元）

$E = 37\,000 + 3\,000 - D = 37\,000 + 3\,000 - 2\,000 = 38\,000$（万元）

$F = 2\,500 - 3\,000 = -500$（万元）

$G = 2\,500 + 36\,500 - 40\,000 = -1\,000$（万元）

$H = 4\,000 \times 50\% = 2\,000$（万元）

$I = H - G = 2\,000 - (-1\,000) = 3\,000$（万元）

6. （1）现金预算如表 11 - 10 所示。

表 11 - 10　现金预算　　　　　　　　　　　　　　　　单位：万元

月　　份	11	12	1	2	3	4
销售收入	50	60	60	100	65	75
现金收入：						
期初余额			5	5	5	
当月销售收入的20%			12	20	13	
上月销售收入的70%			42	42	70	
上上月销售收入的10%			5	6	6	
现金收入合计			59	68	89	
可供使用的现金			64	73	94	
采购		36	60	39	45	
向供应商支付现金和经营费用：						
上月采购的100%			36	60	39	
工资费用			15	20	16	
支付的其他费用			10	10	10	
现金支出合计			61	90	65	
现金收支差额			3	-17	29	
现金筹措及运用（筹措为＋,运用为—）			2	22	-24	

（2）银行借款情况如表 11 - 11 所示。

表 11 - 11　银行借款情况表　　　　　　　　单位：万元

月　　份	12	1	2	3
期初银行借款		40	42	64
借款增加数		2	22	－24
期末银行借款	40	42	64	40

（3）2004 年 3 月 31 日的预计资产负债表如表 11 - 12 所示。

表 11 - 12　预计资产负债表　　　　　　　　单位：万元

资　　产	实际数(12.31)	变　量	预计数(3.31)	说　　明
现金	5	0	5	设定在估计的最低余额
应收账款	53	＋9	62	3 月份销售收入的 80% 加上 2 月份销售收入的 10%
存货	54.5	＋9	63.5	在 54.5 的基础上加上 1～3 月的采购数量 144，再减去 1～3 月的销售收入 225 的 60%
流动资产	112.5	18	130.5	
固定资产净值	183.6	－2.4	181.2	预计折旧为 2.4
资产总计	296.1	15.6	311.7	
负债	实际数(12.31)	变量	预计数(3.31)	说明
短期借款	40	0	40	以前的余额加上额外的融资需求
应付账款	36	＋9	45	3 月采购金额 100%
预提费用	21.2	0	21.2	预计无变化
流动负债	97.2	＋9	106.2	
应付债券	45	0	45	预计无变化
股本	10	0	10	预计无变化
未分配利润	143.9	＋6.6	150.5	留存收益等于期初未分配利润加上本期收入减去材料成本、工资费用、折旧费和 1～3 月的其他费用
负债和股东权益总计	296.1	15.6	311.7	

7. (1) ① 间接人工费用

$$预算工时分配率 = (1\,000\,000 \div 200\,000) \times (1 + 10\%) =$$
$$5.5(元／小时)$$

② 水电与维修费用预算工时分配率 $= 500\,000 \div 200\,000 = 2.5(元／小时)$

(2) $A = 57\,500 \times 5.5 = 316\,250(元)$；$B = 57\,500 \times 2.5 = 143\,750(元)$；$C = 200\,000 \times (1 - 20\%) = 160\,000(元)$；$D = 80\,000(元)$；$E = 51\,500 \times (5.5 + 2.5) + 160\,000 + 80\,000 = 652\,000(元)$；$F = 1\,792\,000 + (160\,000 + 80\,000) \times 4 = 2\,752\,000(元)$

8. 编制生产预算,如表 11 - 13 所示。

表 11 - 13　生产预算　　　　　　单位:件

季　　度	1	2	3	4	1(2010 年)	2009 年合计
预计销售量	2 000	1 800	2 100	2 300	2 200	8 200
加:预计期末存货	360	420	460	440		440
减:预计期初存货	500	360	420	460		500
预计生产量	1 860	1 860	2 140	2 280		8 140

(1) 2009 年该产品的生产总成本 $= 8\,140 \times (11 + 8 + 6) =$
$$8\,140 \times 25 = 203\,500(元)$$

(2) 2009 年该产品的销售总成本 $=$ 期初存货成本 $+$ 本期生产成本 $-$ 期末存货成
本 $= 10\,000 + 203\,500 - 440 \times 25 = 202\,500(元)$

9. (1) 直接材料耗用预算如表 11 - 14 所示。

表 11 - 14　直接材料耗用预算

季　　度	1	2	3	4	全年合计
预计生产量(件)	1 860	1 860	2 140	2 280	8 140
单位产品耗用量(千克)	5	5	5	5	5
生产需用量(千克)	9 300	9 300	10 700	11 400	40 700

直接材料采购预算如表 11 - 15 所示。

表 11 - 15　直接材料采购预算

季　　度	1	2	3	4	全年合计
预算直接材料需用量(千克)	9 300	9 300	10 700	11 400	40 700
加:预算期期末材料库存(千克)	2 500	2 800	3 000	3 200	3 200
合计(千克)	11 800	12 100	13 700	14 600	52 200

（续表）

季　　度	1	2	3	4	全年合计
减：预算期期初材料库存(千克)	3 000	2 500	2 800	3 000	3 000
直接材料采购量(千克)	8 800	9 600	10 900	11 600	40 900
直接材料采购单价(元/千克)	3	3	3	3	3
直接材料采购总成本(元)	26 400	28 800	32 700	34 800	122 700

（2）预计现金支出情况如表 11－16 所示。

表 11－16　预计现金支出　　　　　　　单位：元

季　　度	1	2	3	4	全年合计
上年应付账款	12 000				12 000
第 1 季度	13 200	7 920	5 280		26 400
第 2 季度		14 400	8 640	5 760	28 800
第 3 季度			16 350	9 810	26 160
第 4 季度				17 400	17 400
合　　计	25 200	22 320	30 270	32 970	110 760

（3）$32\,700 \times 20\% + 34\,800 \times 50\% = 6\,540 + 17\,400 = 23\,940$(元)

10.（1）$\dfrac{6\,月份的}{预计生产量} = \dfrac{6\,月份的}{预计销售量} + \dfrac{预计\,6\,月末的}{产成品存货量} - \dfrac{6\,月初的}{产成品存货量} = $

　　　　　　$15\,000 + 20\,000 \times 10\% - 1\,500 = 15\,500$(件)

（2）6 月份材料需用量 $= 15\,500 \times 10 = 155\,000$(千克)

　　材料采购量 $= 155\,000 + 7\,000 - 2\,000 = 160\,000$(千克)

（3）6 月份的采购成本 $= 160\,000 \times 2 = 320\,000$(元)

　　6 月份的采购金额 $= 320\,000 \times (1 + 17\%) = 374\,400$(元)

（4）根据"当月购货款在当月支付 70%，下月支付 30%"可知，5 月末的应付账款 30 000 元全部在 6 月份付现，所以，6 月份采购现金支出 $= 374\,400 \times 70\% + 30\,000 = 292\,080$(元)

（5）6 月份的经营现金收入 $= 12\,000 \times 100 \times (1 + 17\%) \times 55\% +$

　　　　　　$15\,000 \times 100 \times (1 + 17\%) \times 40\% =$

　　　　　　$772\,200 + 702\,000 = 1\,474\,200$(元)

（6）6 月份现金预算如下：

项 目	金 额(元)
期初现金余额	510 000
经营现金收入	1 474 200
可运用现金合计	1 984 200
经营现金支出	1 483 080
采购直接材料	292 080
支付直接人工	650 000
支付制造费用	72 000
支付销售费用	64 000
支付管理费用	265 000
支付应交税费及附加	120 000
预交所得税	20 000
资本性现金支出	700 000
购置固定资产	700 000
现金支出合计	2 183 080
现金余缺	−198 880
借入银行借款	700 000
期末现金余额	501 120

注:支付制造费用 = 60 000 + 12 000 = 72 000(元)

支付管理费用 = (280 000 − 60 000) + 45 000 = 265 000(元)

支付应交税费及附加 = 15 000 × 100 × 8% = 120 000(元)

案例分析参考答案(略)

第十二章 财务控制

一、内容概要解析

(一) 财务控制概述

(1) 财务控制的概念。财务控制是指在财务管理过程中,利用有关信息和特定手段,依据一定的控制标准,对企业财务活动施加影响或进行调节,以确保企业财务目标的实现。

(2) 财务控制的种类。按照财务控制的内容可将其分为一般控制和应用控制;按照财务控制的功能可将其分为防护性控制、侦查性控制、纠正性控制和前馈性控制;按控制的依据可将其分为预算控制和制度控制;按控制的对象可将其分为收支控制和现金控制;按控制的手段可将其分为定额控制和定率控制。

(3) 财务控制的程序。财务控制的程序包括制定控制标准、建立责任控制中心、分析比较执行情况和考核奖惩等步骤。

(4) 财务控制的方式。财务控制的方式包括授权批准控制、职务分离控制、全面预算控制、财产保全控制、独立检查控制、业绩评价控制等。

(二) 责任中心

1. 责任中心概述

责任中心是指在企业内部具有一定的管理权限,承担相应经济责任,并能够严格控制经济责任指标的部门、单位或个人。责任中心按其责任权限范围及业务活动的特点不同,可分为收入中心、成本中心、利润中心和投资中心四大类。

责任中心设置的基本原则,包括责权利相结合原则、目标一致原则、公平原则、可控原则。

2. 收入中心

收入中心是指对收入负责的责任中心,其特点是指对收入负责,不对成本负责。收入中心的考核指标包括销售收入目标完成百分比、现金回款率、销售款平均回收天数、坏账发生率等。

3. 成本中心

成本中心是指对职权范围内发生的成本或费用承担经济责任的责任中心。成本中心往往没有收入,其职责是用一定的成本去完成规定的具体任务。一般包括产品生产的生产部门、提供劳务的部门和有一定费用控制指标的企业管理部门。

（1）成本中心的类型。广义的成本中心有两种类型：标准成本中心和费用中心。狭义的成本中心将标准成本中心划分为基本成本中心和复合成本中心。

（2）成本中心的责任成本与可控成本。由成本中心承担责任的成本就是责任成本，成本中心的责任成本必须是可控成本。基本成本中心的责任成本就是其可控成本，复合成本中心的责任成本既包括本中心的责任成本，也包括下属成本中心的责任成本，各成本中心的可控成本之和即是企业的总成本。可控成本的特征有：责任中心能够通过一定的方式预知成本的发生、责任中心能够对发生的成本进行计量、责任中心能够通过自己的行为对这些成本加以调节和控制。

（3）对成本的可控性理解应注意的问题。一是对于同一成本项目，受到责任中心层次高低影响其可控性不同。二是对于同一成本项目，对于某一责任中心来讲是可控成本，而对于处在同一层次的另一责任中心来讲却是不可控成本。三是随着时间推移，成本的可控性会随企业管理条件的变化而变化。四是一个成本中心的变动成本、直接成本大多是可控成本，固定成本、间接成本大多是不可控成本。但实际成本的可控与否需要结合有关情况具体分析。

（4）责任成本和产品成本的联系与区别。两者的联系在于：两者内容同为企业生产经营过程中的资金耗费。就一个企业而言，一定时期发生的广义产品成本总额应当等于同期发生的责任成本总额。两者的主要区别在于：成本归集的对象不同，遵循的原则不同，核算的内容不同，核算的目的不同。

（5）成本中心考核指标。通过各责任成本中心的实际成本与预算责任成本的比较，评价各成本中心责任预算的执行情况。成本中心考核指标包括责任成本变动额和变动率两个指标。

（6）成本中心责任报告是以实际产量为基础，反映责任成本预算实际执行情况，揭示实际责任成本与预算责任成本差异的内部报告。成本中心通过编制责任报告，以反映、考核和评价责任中心责任成本预算的执行情况。

4. 利润中心

利润中心是对利润负责的责任中心。由于利润中心对收入与成本的差额利润负责，所以其对收入和成本都要承担责任。利润中心通常是那些具有产品或劳务生产经营决策权的部门。

（1）利润中心类型。按照收入来源的性质不同，利润中心可分为自然利润中心和人为利润中心两类。

（2）利润中心考核指标的重点是边际贡献和利润。其考核指标可采用以下四种形式，即部门边际贡献、部门经理可控利润、部门可控利润和部门税前利润。

（3）利润中心通过编制责任报告，可以集中反映利润预算的完成情况，并对其产生差异的原因进行具体分析。

5. 投资中心

投资中心是指既要对成本、利润负责,又要对投资效果负责的责任中心。一般而言,大型集团所属的子公司、分公司、事业部往往都是投资中心。

(1) 投资中心的考核指标主要是投资报酬率和剩余收益。

(2) 通过编制投资中心责任报告,可以反映该投资中心投资业绩的具体情况。

(三) 内部转移价格

1. 内部转移价格概述

内部转移价格是指企业内部各责任中心之间转移中间产品或相互提供劳务,而发生内部结算和进行内部责任结转所使用的计价标准。在其他条件不变的情况下,内部转移价格的变化会使买卖双方利润向相反方向变化,但企业总利润是不变的。

2. 内部转移价格的种类

内部转移价格的种类,主要有市场价格、协商价格、双重价格和以成本作为内部转移价格四种。

(1) 市场价格是根据产品或劳务的市场供应价格作为计价基础的。在利润中心或投资中心之间转移产品或劳务,以市价为内部转让价格,最符合责任会计的要求。

(2) 协商价格是指买卖双方以正常的市场价格为基础,定期共同协商,确定出一个双方都愿意接受的作为计价标准的价格。在以市价为上限、以单位变动成本为下限的范围内,双方通过协商共同议定。

(3) 双重价格是指由买卖双方分别采用不同的内部转移价格作为计价基础的价格。对"出售"部门,可按协商的市场价格计价,对"购买"部门,则按"出售"部门的单位变动成本计价;其差额由会计部门进行调整。

(4) 以成本作为内部转移价格,包括标准成本法、标准成本加成法和标准变动成本三种。

二、背景资料

(一) 企业组织形式

1. 直线制

直线制是一种最早也是最简单的组织形式。它的特点是企业各级行政单位从上到下实行垂直领导,下属部门只接受一个上级的指令,各级主管负责人对所属单位的一切问题负责。厂部不另设职能机构(可设职能人员协助主管负责人工作),一切管理职能基本上都由行政主管自己执行。直线制组织结构的优点是:结构比较简单,责任分明,命令统一。其缺点是:它要求行政负责人通晓多种知识和技能,亲自处理各种业务。这在业务比较复杂、企业规模比较大的情况下,把所有管理职能都集中到最高主管一人身上,显然是难以胜任的。因此,直线制只适用于规模较小、生产技术比较简单的企业,对生产技术和经营管理比较复杂的企业并不适宜。

2. 职能制

职能制组织结构,是指各级行政单位除主管负责人外,还相应地设立一些职能机构。如在厂长下面设立职能机构和人员,协助厂长从事职能管理工作。这种结构要求行政主管把相应的管理职责和权力交给相关的职能机构,各职能机构就有权在自己业务范围内向下级行政单位发号施令。因此,下级行政负责人除了接受上级行政主管人指挥外,还必须接受上级各职能机构的领导。

职能制的优点是能适应现代化工业企业生产技术比较复杂,管理工作比较精细的特点;能充分发挥职能机构的专业管理作用,减轻直线领导人员的工作负担。但其缺点也很明显:它妨碍了必要的集中领导和统一指挥,形成了多头领导;不利于建立和健全各级行政负责人和职能科室的责任制,在中间管理层往往会出现有功大家抢,有过大家推的现象;另外,在上级行政领导和职能机构的指导和命令发生矛盾时,下级就无所适从,影响工作的正常进行,容易造成纪律松弛,生产管理秩序混乱。由于这种组织结构形式明显的缺陷,现代企业一般都不采用职能制。

3. 直线职能制

直线职能制,也叫生产区域制,或直线参谋制。它是在直线制和职能制的基础上,取长补短,吸取这两种形式的优点而建立起来的。目前,我们绝大多数企业都采用这种组织结构形式。这种组织结构形式是把企业管理机构和人员分为两类:一类是直线领导机构和人员,按命令统一原则对各级组织行使指挥权;另一类是职能机构和人员,按专业化原则,从事组织的各项职能管理工作。直线领导机构和人员在自己的职责范围内有一定的决定权和对所属下级的指挥权,并对自己部门的工作负全部责任。而职能机构和人员,则是直线指挥人员的参谋,不能对直接部门发号施令,只能进行业务指导。

直线职能制的优点是:既保证了企业管理体系的集中统一,又可以在各级行政负责人的领导下,充分发挥各专业管理机构的作用。其缺点是:职能部门之间的协作和配合性较差,职能部门的许多工作要直接向上层领导报告请示才能处理,这一方面加重了上层领导的工作负担;另一方面也造成办事效率低。为了克服这些缺点,可以设立各种综合委员会,或建立各种会议制度,以协调各方面的工作,起到沟通作用,帮助高层领导出谋划策。

4. 事业部制

事业部制最早是由美国通用汽车公司总裁斯隆于 1924 年提出的,故有"斯隆模型"之称,也叫"联邦分权化",是一种高度(层)集权下的分权管理体制。它适用于规模庞大、品种繁多、技术复杂的大型企业,是国外较大的联合公司所采用的一种组织形式,近几年我国一些大型企业集团或公司也引进了这种组织结构形式。事业部制是分级管理、分级核算、自负盈亏的一种形式,即一个公司按地区或按产品类别分成若干个事业部,从产品的设计、原料采购、成本核算、产品制造,一直到产品销售,均由事业部及所属工厂负责,实行单独核算,独立经营,公司总部只保留人事决策,预算控制和监督大权,并通过利润等指标对事业部进行控制。也有的事业部只负责指挥和组织生产,不负责采购和销售,实行生产和供销分立,但这种事业部正在被产品事业部所取代。还有的事业部则按区域来划分。

5. 模拟分权制

这是一种介于直线职能制和事业部制之间的结构形式。

许多大型企业,如连续生产的钢铁、化工企业,由于产品品种或生产工艺过程所限,难以分解成几个独立的事业部。又由于企业的规模庞大,以致高层管理者感到采用其他组织形态都不容易管理,这时就出现了模拟分权组织结构形式。所谓模拟,就是要模拟事业部制的独立经营、单独核算,而不是真正的事业部,实际上是一个个"生产单位"。这些生产单位有自己的职能机构,享有尽可能大的自主权,负有"模拟性"的盈亏责任,目的是要调动他们的生产经营积极性,达到改善企业生产经营管理的目的。需要指出的是,各生产单位由于生产上的连续性,很难将它们截然分开,就以连续生产的石油化工为例,甲单位生产出来的"产品"直接就成为乙生产单位的原料,这当中无需停顿和中转。因此,它们之间的经济核算,只能依据企业内部的价格,而不是市场价格,也就是说这些生产单位没有自己独立的外部市场,这也是与事业部的差别所在。

模拟分权制的优点除了调动各生产单位的积极性外,还可以解决企业规模过大不易管理的问题。高层管理人员将部分权力分给生产单位,减少了自己的行政事务,从而把精力集中到战略问题上来。其缺点是:不易为模拟的生产单位明确任务,造成考核上的困难;各生产单位领导人不易了解企业的全貌,在信息沟通和决策权力方面存在着明显的缺陷。

6. 矩阵制

在组织结构上,把既有按职能划分的垂直领导系统,又有按产品(项目)划分的横向领导关系的结构,称为矩阵组织结构。

矩阵制组织是为了改进直线职能制横向联系差、缺乏弹性的缺点而形成的一种组织形式。它的特点表现在围绕某项专门任务成立跨职能部门的专门机构上,例如组成一个专门的产品(项目)小组去从事新产品开发工作,在研究、设计、试验、制造各个不同阶段,由有关部门派人参加,力图做到条块结合,以协调有关部门的活动,保证任务的完成。这种组织结构形式是固定的,人员却是变动的,需要谁,谁就来,任务完成后就可以离开。项目小组和负责人也是临时组织和委任的。任务完成后就解散,有关人员回原单位工作。因此,这种组织结构非常适用于横向协作和攻关项目。

矩阵结构的优点是：机动、灵活，可随项目的开发与结束进行组织或解散；由于这种结构是根据项目组织的，任务清楚，目的明确，各方面有专长的人都是有备而来。因此在新的工作小组里，能沟通、融合，能把自己的工作同整体工作联系在一起，为攻克难关、解决问题而献计献策，由于从各方面抽调来的人员有信任感、荣誉感，使他们增加了责任感，激发了工作热情，促进了项目的实现；它还加强了不同部门之间的配合和信息交流，克服了直线职能结构中各部门互相脱节的现象。

矩阵结构的缺点是：项目负责人的责任大于权力，因为参加项目的人员都来自不同部门，隶属关系仍在原单位，只是为"会战"而来，所以项目负责人对他们的管理困难，没有足够的激励手段与惩治手段，这种人员上的双重管理是矩阵结构的先天缺陷；由于项目组成人员来自各个职能部门，当任务完成以后，仍要回原部门，因而容易产生临时观念，对工作有一定影响。

矩阵结构适用于一些重大攻关项目。企业可用来完成涉及面广的、临时性的、复杂的重大工程项目或管理改革任务。特别适用于以开发与实验为主的单位，如科学研究，尤其是应用性研究单位等。

（二）投资报酬率的优点及局限性

1. 投资报酬率的优点

（1）长期来看，企业的投资报酬率与股价有比较密切的关联。投资报酬率代表企业每1元投资赚取的收益，它的重要性在于，企业每1元资产与金融市场上的每1元资金是相互匹配的。无论债务资本还是股权资本，都是从金融市场上取得的。在金融市场上，每1元资本都是有成本的。因此，企业的每1元资产都应赚取一定的收益，以弥补资本的成本。如果总资产报酬率大于全部资金的成本，则企业经营活动处于良性循环，该企业运用资金是有效率的，社会资源配置给该企业是合理的，如果权益净利率长期大于权益成本，则可以认为该企业运用股权资本是有效率的，股东把资本投入该企业是明智的。如果投资收益持续性地低于资本成本，则说明企业不具备长期发展的潜力。

（2）投资报酬率指标，把一个企业赚取的收益和所使用的资产联系起来，可以衡量企业资产使用的效率水平。投资报酬率具有很强的综合性，资产的各项目和收益的各项目都会影响投资报酬率，因此，它是监控资产管理和经营策略有效性的有力工具。

（3）投资报酬率便于企业的业绩评价和内部单位的业绩评价统一起来。投资报酬率的主要驱动因素是收入、成本和投资，可以按照杜邦财务分析体系将这些分解后落实到公司各部门和经营单位，并据此评价它们的业绩。只要公司各部门和各经营单位都取得较好的业绩，公司就会有较好的业绩。

2. 投资报酬率的局限性

（1）财务报表主要反映短期业绩，据此计算的投资报酬率不适合长期业绩的评价。

（2）会计准则为了统一性、可计量性和确定性，经常扭曲经济现实，据此计算的投资报酬率与经济现实有一定偏差。

（3）由于会计规范中对折旧方法、存货估价方法等存在多种选择，不同的选择会影响收益和资产的数额，从而影响投资报酬率的客观性。投资报酬率还受到减少研究支出和营销支出、递延维修费用等影响，容易被经理人员操纵。

（4）不同的企业发展阶段，公司的投资报酬率会有变化。在开办阶段，资产的增加会超过收益的增加，投资报酬率较低，这并不表示该企业的业绩不好。与此相反，企业处于衰退阶段，资产减少大于收益的减少，投资报酬率可能提高，这也不表示业绩有什么改善。因此，投资报酬率用于历史比较和同业比较时必须十分小心，关注企业不同发展阶段的区别。

（5）投资报酬率作为唯一的业绩评价指标时，容易诱使经理人员放弃报酬率低于企业平均报酬率但高于企业资本成本的投资机会。

（6）财务报表不反映币值变动的影响，在通货膨胀期间投资报酬率会夸大企业的业绩。

阅 读 文 献

1. 李小燕、田也壮："持续改进的企业内部财务控制有效性标准的研究——基于组织循环理论的分析框架"，《会计研究》2008年第5期。

2. 王鹏："财务会计上控制的理论框架研究"，《会计研究》2009年第8期。

3. 张纯："企业财务预测管理体系的构建——完善我国企业内部控制会计机制的关键"，《会计研究》2004年第3期。

4. 谷祺、刘淑莲：《财务管理》，东北财经大学出版社2007年版。

5. 中国注册会计师协会：《财务成本管理》，经济科学出版社2010年版。

三、复习题

（一）单项选择题

1. 某投资中心的投资额为300 000元，加权平均的最低投资报酬率为15%，剩余收益为30 000元，则该中心的投资报酬率为（　　）。

　　A. 15%　　　　　B. 20%　　　　　C. 25%　　　　　D. 30%

2. 不论利润中心是否计算共同成本或不可控成本，都必须考核的指标是（　　）。

　　A. 该中心的剩余收益　　　　　B. 该中心的边际贡献总额

　　C. 该中心的可控利润总额　　　D. 该中心负责人的可控利润总额

3. 甲利润中心常年向乙利润中心提供劳务。假定今年使用的内部结算价格比去年有所提高,在其他条件不变的情况下,下列各项中,不可能发生的事项是( )。

    A. 甲中心取得更多内部利润   B. 乙中心减少内部利润

    C. 企业的总利润有所增加   D. 企业的总利润没有变化

  4. 从引进市场机制、营造竞争气氛、促进客观和公平竞争的角度看,制定内部转移价格的最好依据是( )。

    A. 市场价格   B. 协商价格   C. 双重价格   D. 成本价格

  5. 当内部产品或劳务有外界市场,供应方有剩余生产能力,而且其单位变动成本要低于市价,而采用单一的内部转移价格又不能调动各责任中心的积极性和确保责任中心与整个企业的经营目标实现时,可考虑采用( )。

    A. 市场价格   B. 协商价格   C. 双重价格   D. 成本价格

  6. 在确定内部转移价格中的协商价格下限时,可供选择的标准是( )。

    A. 市场价格   B. 标准成本

    C. 单位变动成本   D. 单位成本

  7. 若使投资中心的剩余收益大于零,则该中心的投资利润率必定是( )。

    A. 大于最低投资报酬率   B. 小于最低投资报酬率

    C. 大于销售利润率   D. 小于最低销售利润率

  8. 某投资中心的投资额为 30 万元,最低投资报酬率为 10%,剩余收益为 5 万元,则该中心的营业利润为( )万元。

    A. 8   B. 5   C. 3   D. 2

  9. 在投资中心的主要考核指标中,能够全面反映该责任中心投入产出的关系,避免本位主义发生,并使个别投资中心的利益与整个企业的利益统一起来的指标是( )。

    A. 可控成本   B. 边际贡献   C. 投资报酬率   D. 剩余收益

  10. 在责任中心中,应用最为广泛的责任中心形式是( )。

    A. 核算中心   B. 成本中心   C. 利润中心   D. 投资中心

  11. 在其他条件不变的情况下,总厂提高了某下级分厂生产产品的内部转移价格,其结果是( )。

    A. 企业总体的利润水平下降   B. 企业总体的利润水平不变

    C. 该分厂的利润水平下降   D. 该分厂的利润水平不变

  12. 既能反映投资中心的投入产出关系,又可使个别投资中心的利益与企业整体利益保持一致的考核指标是( )。

    A. 可控成本   B. 剩余收益   C. 利润总额   D. 投资利润率

  13. 利润中心与投资中心的主要区别是它没有( )。

    A. 产品销售权   B. 价格制定权

C. 材料采购权   D. 投资决策权

14. 成本的可控性与不可控性,随着条件变化可能发生相互转化。下列表述中,不正确的说法是( )。

  A. 高层责任中心的不可控成本,对于较低层次的责任中心来说,一定是不可控的

  B. 低层次责任中心的不可控成本对于较高层次责任中心来说,一定是可控的

  C. 某一责任中心的不可控成本,对另一个责任中心来说,可能是可控的

  D. 某些从短期看属不可控的成本,从较长的期间看,可能又成为可控成本

15. 下列成本中,属于成本中心必须控制和考核的指标是( )。

  A. 产品成本 B. 期间费用 C. 不可控成本 D. 责任成本

16. 从成本的可控性与成本的性态和可辨认的关系看,下列表述中,不正确的说法是( )。

  A. 变动成本一定是可控成本   B. 固定成本大多是不可控成本

  C. 直接成本大多是可控成本   D. 间接成本大多是不可控成本

17. 以下可以作为典型的标准成本中心的部门是( )。

  A. 生产车间 B. 事业部 C. 科研开发部 D. 销售部

18. 在下列各项内部转移价格中,既能够较好满足供应方和使用方的不同需求,又能激励双方积极性的是( )。

  A. 市场价格 B. 协商价格 C. 双重价格 D. 成本转移价格

19. 某部门销售收入 60 000 元,变动成本 35 000 元,可控固定成本 3 000 元,不可控固定成本 4 000 元,则该部门负责人可控利润是( )元。

  A. 20 000 B. 22 000 C. 25 000 D. 18 000

20. 投资中心投资额 10 万元,最低投资利润率 20%,剩余收益 1 万元,投资利润率( )。

  A. 10%   B. 20%   C. 30%   D. 60%

(二) 多项选择题

1. 下列各项中,属于揭示投资中心特点的表述包括( )。

  A. 所处的责任层次最高   B. 具有最大的决策权

  C. 承担最大的责任   D. 只需要对投资效果负责

2. 在采用市场价格作为内部转移价格时,在不影响企业整体利益的前提下,应遵循的原则有( )。

  A. 当卖方愿意对内销售,且售价不高于市价时,买方有购买的义务,不得拒绝

B. 当卖方售价高于市场价格,买方有改向外界市场购入的自由

C. 当卖方宁愿对外界市场销售时,应有不对内销售的权利

D. 当市场上有不止一种市价时,供求双方进行协商

3. 以下关于人为利润中心的表述中,正确的有( )。

A. 不能直接对外销售产品或提供劳务

B. 对内提供产品的转移价格能合理确定

C. 一般也具有相对独立的经营管理权

D. 企业大部分成本中心都能够转成人为利润中心

4. 下列各项中,有可能对剩余收益指标产生影响的有( )。

A. 某投资中心的投资利润率　　　B. 预期最低投资报酬率

C. 企业最高投资报酬率　　　　　D. 责任中心的不可控成本

5. 下列各项中,属于责任报告内容的有( )。

A. 责任预算的各种数据　　　　　B. 责任预算的实际执行结果

C. 责任预算与实际结果的差异　　D. 预算与实际执行差异的分析

6. 投资报酬率可以进一步分解为两个相对数指标之积,它们包括( )。

A. 投资周转率　　　　　　　　　B. 销售成本率

C. 贡献毛益率　　　　　　　　　D. 销售利润率

7. 下列各项指标中,属于投资中心主要考核指标的有( )。

A. 可控成本　　B. 收入和利润　　C. 投资报酬率　　D. 剩余收益

8. 采用"双重价格"作为内部转移价格时,可能出现的情况有( )。

A. 卖方采用最高市价　　　　　　B. 买方采用最低市价

C. 卖方按市场价格或议价计价　　D. 买方按对方的单位变动成本计价

9. 下列各项中,属于影响剩余收益的因素有( )。

A. 利润　　　　　　　　　　　　B. 规定或预期的最低投资报酬率

C. 投资额　　　　　　　　　　　D. 利润留存比率

10. 下列各项中,属于揭示自然利润中心特征的表述包括( )。

A. 具有对外销售产品权　　　　　B. 具有部分经营权

C. 通常只计算可控成本　　　　　D. 具有投资决策权

11. 在进行成本可控性判断时,应考虑的主要因素有( )。

A. 责任中心所处的管理层次　　　B. 成本费用发生所处的时间

C. 费用分类所选择的标准　　　　D. 产品成本与期间费用的划分标准

12. 下列各项中,属于成本费用中心考核指标的有( )。

A. 产品成本　　　　　　　　　　B. 成本变动额

C. 费用变动额　　　　　　　　　D. 成本或费用变动率

13. 成本中心相对于利润中心和投资中心有其自身的特点,主要表现在( )。

    A. 成本中心只考评成本和费用而不考评收益

    B. 成本中心应对全部成本负责

    C. 成本中心只对可控成本负责

    D. 成本中心只对责任成本进行考核和控制

14. 进行财务控制应遵循的基本原则有( )。

    A. 独立原则   B. 目标管理及责任落实原则

    C. 经济原则   D. 例外管理原则

15. 在进行财务控制时,制定内部转移价格的作用表现在( )。

    A. 内部分配   B. 内部结算

    C. 内部责任结转   D. 内部分工

16. 下列各项中,属于财务控制特征的有( )。

    A. 以价值为控制手段   B. 以综合经济业务为控制对象

    C. 以控制日常现金流量为目的   D. 以作出最终决策为奋斗目标

17. 成功的协商价格所依赖的条件有( )。

    A. 可以自由地选择或拒绝某一价格

    B. 企业高层领导可以进行必要的干预

    C. 没有可能从外部取得中间产品

    D. 企业高层领导裁决一切问题

18. 进行财务控制应具备的条件包括( )。

    A. 有组织保证   B. 有资金保证

    C. 建立责任会计核算   D. 制定奖罚制度

19. 在下列各项中,属于可控成本必须同时具备的条件有( )。

    A. 可以预计   B. 可以计量

    C. 可以施加影响   D. 可以落实责任

20. 以"成本"作为内部转移价格的主要形式有( )。

    A. 定额成本   B. 标准成本价格

    C. 标准成本加成价格   D. 标准变动成本价格

(三) 判断题

1. 某项会导致个别投资中心的投资利润率或剩余收益提高的投资,不一定会使整个企业投资利润率提高。   ( )

2. 以协商价格作为企业各单位之间提供产品的转移价格,要求最高管理层对其适当干预。   ( )

3. 当一个责任中心向另一责任中心提供产品时,不仅要办理内部结算,还要同

时办理责任成本的内部结转。 （　　）

4. 责任报告应当按公司、分厂、车间、班组的层次顺序逐级编制。 （　　）

5. 进行责任转账所引起的内部资金流向与产品或劳务的物流方向相同；与进行内部结算所引起的内部资金流向、物流方向相反。 （　　）

6. 只要制定出合理的内部转移价格，就可以将企业大多数生产半成品或提供劳务的成本中心改造成自然利润中心。 （　　）

7. 因为企业内部的个人不能构成责任实体，所以不能作为责任会计的责任中心。 （　　）

8. 一个责任中心所使用的固定资产的折旧费是直接成本，所以是可控成本。

（　　）

9. 为了便于评价、考核各责任中心的业绩，对一责任中心提供给另一责任中心的产品，其供应方和使用方的转移价格可以不同。 （　　）

10. 同一成本项目，对有的部门来说是可控的，而对另一些部门来说则可能是不可控的。 （　　）

11. 利润中心必然是成本中心和投资中心。 （　　）

12. 在其他因素不变的条件下，一个投资中心的剩余收益的大小与企业最低投资报酬率呈反向变动。 （　　）

13. 内部转移价格是指用于企业内部各责任中心之间由于进行产品（半成品）或劳务的流转而进行的内部结算所使用的计价标准。 （　　）

14. 就企业整体而言，从长期看，所有的成本都是可控的。 （　　）

15. 对一个企业而言，变动成本和直接成本是可控成本，固定成本和间接成本是不可控成本。 （　　）

16. 可控成本是指责任单位在特定时期内，能够直接控制其发生的成本。 （　　）

17. 某项会导致个别投资中心的投资利润率提高的投资，一定会使整个要求的投资利润率提高；但某项会导致个别投资中心的剩余收益增加的投资，则不一定会使整个企业的剩余收益增加。 （　　）

18. 企业职工个人不能构成责任实体，因而不能成为责任控制体系中的责任中心。 （　　）

19. 利润中心对成本的控制是联系收入进行的，它强调绝对成本的节约。 （　　）

20. 责任中心是指具有一定的管理权限，并承担相应经济责任的企业内外部责任单位，是一个责权利结合的实体。 （　　）

（四）计算与分析题

1. 某公司一投资中心的数据如下：中心拥有经营资产 10 000 元，中心风险是公司平均风险的 1.5 倍，销售收入 15 000 元，变动销售成本和费用 10 000 元，中心可控固定间接费用 800 元,中心不可控固定间接费用(如折旧)1 200 元,分配的公司管理费用 1 000 元,公司的无风险报酬率 8%,公司的平均风险报酬率 12%。

要求:(1) 计算该投资中心的投资报酬率和剩余收益。

(2) 如有一项需投资 6 000 元,风险与该中心相同,可于未来 10 年内每年收回利润 900 元,请分别根据投资中心的投资报酬率、剩余收益决定项目的取舍。

2. 某企业的销售公司(利润中心)2009 年有关资料为:销售收入 300 万元,变动成本费用率 60%,公司的固定成本总额 27 万元,其中不可控固定成本 15 万元,总公司分配的上级管理费用 8 万元。

要求:(1) 计算公司经理的可控利润。

(2) 计算公司的可控利润。

(3) 计算公司的税前利润。

3. D 公司为投资中心,下设甲、乙两个利润中心,相关财务资料如下:

资料一:甲利润中心营业收入为 38 000 元,变动成本总额为 14 000 元,利润中心负责人可控固定成本为 4 000 元,利润中心负责人不可控但应由该中心负担的固定成本为 7 000 元。

资料二:乙利润中心负责人可控利润为 30 000 元,利润中心可控利润为 22 000 元。

资料三:D 公司利润为 33 000 元,投资额为 200 000 元,该公司预期的最低投资报酬率为 12%。

要求:(1) 根据资料一,计算甲利润中心的下列指标:① 利润中心边际贡献总额;② 利润中心负责人可控利润总额;③ 利润中心可控利润总额。

(2) 根据资料二,计算乙利润中心负责人不可控但应由该利润中心负担的固定成本。

(3) 根据资料三,计算 D 公司的剩余收益。

4. 已知某集团下设三个投资中心,有关资料如表 12-1 所示。

表 12-1 各投资中心资料表

指 标	集团公司	A 投资中心	B 投资中心	C 投资中心
净利润(万元)	34 650	10 400	15 800	8 450
净资产平均占用额(万元)	315 000	94 500	145 000	75 500

规定的最低投资报酬率为 10%。

要求:(1) 计算该集团公司和各投资中心的投资利润率,并据此评价各投资中心的业绩。

(2) 计算各投资中心的剩余收益,并据此评价各投资中心的业绩。

(3) 综合评价各投资中心的业绩。

5. A公司下设甲、乙两个投资中心。甲投资中心的投资额为200万元,投资报酬率为15%;乙投资中心的投资报酬率为17%,剩余收益为20万元。A公司要求的最低投资报酬率为12%。A公司决定追加投资100万元,若投向甲投资中心,每年可增加利润20万元;若投向乙投资中心,每年可增加利润15万元。

要求:(1) 计算追加投资前甲投资中心的剩余收益。

(2) 计算追加投资前乙投资中心的投资额。

(3) 计算追加投资前A公司的投资报酬率。

(4) 若甲投资中心接受追加投资,计算其剩余收益。

(5) 若乙投资中心接受追加投资,计算其投资报酬率。

6. 某企业各投资中心财务指标如表12-2所示。

表12-2　各投资中心财务指标计算表

投资中心	甲	乙	丙
销售收入(元)	500 000	E	450 000
销售成本费用(元)	480 000	F	I
利润(元)	A	G	22 500
经营资产平均占用额(元)	B	100 000	90 000
经营资产周转率(次)	C	3	J
销售利润率(%)	D	8%(H)	K
投资报酬率	10%	24%	L

要求:计算填列表12-2中用字母表示的项目。

7. 某公司有两个业务类似的投资中心,其目前的有关资料如表12-3所示。

表12-3　两个投资中心有关资料表　　　　　单位:万元

项　　　目	甲　中　心	乙　中　心
息税前利润	360	420
占用总资产	4 500	5 000

假设公司全部资金来源中负债为60%,公司负债有两笔,一笔是长期借款2 000万元,利息率为6%,另一笔为长期债券4 000万元,利息率为8%。公司管理层估计净资产的β系数为1.5,公司适用的所得税税率为25%;无风险报酬率5%;证券市场的平均收益率为9%。假设公司要求的最低总资产息税前利润率不低于公司的综合

资金成本率。

　　要求：(1) 假设不考虑筹资费，计算公司的综合资金成本。

　　(2) 计算各投资中心的总资产息税前利润率。

　　(3) 计算各投资中心的剩余收益。

　　(4) 比较各中心的业绩。

案 例 分 析

一、案例资料

　　某公司目前下设甲、乙两个投资中心，部分资料如表 12 - 4 所示。公司现面临追加投资方案的决策问题，你作为财务经理，请对投资方案追加前后的重要指标数据进行测算，并评价其可行性。

表 12 - 4　有关资料表

投 资 中 心	甲中心	乙中心	总 公 司
营业利润(元)	100 000	450 000	550 000
经营总资产平均占用额(元)	2 000 000	3 000 000	5 000 000
总公司规定的最低投资报酬率	10%	10%	

　　现有两个追加投资的方案可供选择：

　　方案一，若甲中心追加投入 1 500 000 元经营资产，每年将增加 120 000 元营业利润；

　　方案二，若乙中心追加投入 2 000 000 元经营资产，每年将增加 290 000 元营业利润。

二、思考分析

　　(1) 计算追加投资前甲、乙中心的投资报酬率和剩余收益指标。

　　(2) 计算追加投资前总公司的(平均)投资报酬率和剩余收益指标。

　　(3) 计算甲中心追加投资后，各中心以及总公司的投资报酬率和剩余收益指标。

　　(4) 计算乙中心追加投资后，各中心以及总公司的投资报酬率和剩余收益指标。

　　(5) 根据投资报酬率指标，分别从甲中心、乙中心和总公司的角度评价上述追加投资方案的可行性，并据此评价该指标。

　　(6) 根据剩余收益指标，分别从甲中心、乙中心和总公司的角度评价上述追加投资方案的可行性，并据此评价该指标。

四、复习题参考答案

(一) 单项选择题

　　1. C　2. B　3. C　4. A　5. C　6. C　7. A　8. A　9. D　10. B　11. B

12. B 13. D 14. B 15. D 16. A 17. A 18. C 19. B 20. C

(二) 多项选择题

1. ABC 2. ABC 3. ABCD 4. AB 5. ABCD 6. AD 7. CD 8. ABCD
9. ABC 10. AB 11. AB 12. BCD 13. ACD 14. BCD 15. ABC
16. AB 17. AB 18. ACD 19. ABCD 20. BCD

(三) 判断题

1. × 2. √ 3. × 4. × 5. √ 6. × 7. × 8. × 9. √ 10. √
11. × 12. √ 13. × 14. √ 15. × 16. √ 17. × 18. × 19. ×
20. ×

(四) 计算与分析题

1. (1) 投资中心的投资报酬率 $= (15\,000 - 10\,000 - 800 - 1\,200 - 1\,000) \div 10\,000 =$
$$2\,000 \div 10\,000 = 20\%$$

公司规定该中心的最低报酬率 $= 8\% + 1.5 \times (12\% - 8\%) = 14\%$

剩余收益 $= 2\,000 - 10\,000 \times 14\% = 600(元)$

(2) 追加投资后:

投资报酬率 $= (2\,000 + 900) \div (10\,000 + 6\,000) \times 100\% = 18.125\%$

剩余收益 $= 2\,900 - 16\,000 \times 4\% = 660(元)$

追加后的投资报酬率低于追加前的投资报酬率,因此,该投资中心不应该接受该投资。

但追加投资后的剩余收益大于原来的剩余收益,局部利益应服从整体利益,应采纳该项目。

2. (1) 公司经理的可控利润 $= 300 \times (1 - 60\%) - (27 - 15) = 108(万元)$

(2) 公司的可控利润 $= 108 - 15 = 93(万元)$

(3) 公司的税前利润 $= 93 - 8 = 85(万元)$

3. (1) ① 利润中心边际贡献总额 $= 38\,000 - 14\,000 = 24\,000(元)$

② 利润中心负责人可控利润总额 $= 24\,000 - 4\,000 = 20\,000(元)$

③ 利润中心可控利润总额 $= 20\,000 - 7\,000 = 13\,000(元)$

(2) 乙利润中心负责人不可控但应由该利润中心负担的固定成本 $= 30\,000 - 22\,000 = 8\,000(元)$

(3) D公司的剩余收益 $= 33\,000 - 200\,000 \times 12\% = 9\,000(元)$

4. (1) 集团投资利润率 $= 34\,650 \div 315\,000 \times 100\% = 11\%$

A投资中心投资利润率 $= 10\,400 \div 94\,500 \times 100\% = 11\%$

B投资中心投资利润率 $= 15\,800 \div 145\,000 \times 100\% = 10.90\%$

C投资中心投资利润率 $= 8\,450 \div 75\,500 \times 100\% = 11.19\%$

C投资中心最好,高于集团投资利润率。B投资中心最差,低于集团投资利润率。A投资中心与集团投资利润率保持一致。

(2)集团剩余收益 $= 34\,650 - 315\,000 \times 10\% = 3\,150$(万元)

A投资中心剩余收益 $= 10\,400 - 94\,500 \times 10\% = 950$(万元)

B投资中心剩余收益 $= 15\,800 - 145\,000 \times 10\% = 1\,300$(万元)

C投资中心剩余收益 $= 8\,450 - 75\,500 \times 10\% = 900$(万元)

B中心最好,A中心次之,C中心最差。

(3)A投资中心基本保持与集团相同的经济效益,B投资中心投资利润率较低,但是剩余收益较高,保持与集团整体利益一致的目标。C投资中心投资利润率较高,但是剩余收益较低,中心目标与集团目标有背离情况。

5.(1)追加投资前甲投资中心剩余收益 $= 200 \times (15\% - 12\%) = 6$(万元)

(2)追加投资前乙投资中心投资额 $= 20 \div (17\% - 12\%) = 400$(万元)

(3)追加投资前A公司的投资报酬率 $= (6 + 200 \times 12\% + 20 + 400 \times 12\%) \div (200 + 400) = 16.33\%$

(4)接受追加投资后甲投资中心的剩余收益 $= (6 + 200 \times 12\% + 20) - (100 + 200) \times 12\% = 14$(万元)

(5)接受追加投资后乙投资中心的投资报酬率 $= (20 + 400 \times 12\% + 15) \div (400 + 100) = 16.6\%$

6.各项财务指标计算结果如表 12 - 5 所示。

表 12 - 5　各投资中心财务指标计算表

投资中心	甲	乙	丙
销售收入(元)	500 000	300 000(E)	450 000
销售成本费用(元)	480 000	276 000(F)	427 500(I)
利润(元)	20 000(A)	24 000(G)	22 500
经营资产平均占用额(元)	200 000(B)	100 000	90 000
经营资产周转率(次)	2.5(C)	3	5(J)
销售利润率(%)	4%(D)	8%(H)	5%(K)
投资报酬率	10%	24%	25%(L)

7.(1)借款资金成本 $= 6\%(1 - 25\%) = 4.5\%$

债券资金成本 $= 8\%(1 - 25\%) = 6\%$

权益资金成本 $= 5\% + 1.5(95\% - 5\%) = 11\%$

权益资金比重 $= 40\%$

借款比重 $= 60\% \times (2\,000 \div 6\,000) = 20\%$

债券比重 $= 60\% \times (4\,000 \div 6\,000) = 40\%$

综合资金成本 $= 4.5\% \times 20\% + 6\% \times 40\% +$
$$11\% \times 40\% = 7.7\%$$

(2) 甲中心总资产息税前利润率 $= 360 \div 4\,500 = 8\%$

乙中心息税前利润率 $= 420 \div 5\,000 = 8.4\%$

(3) 甲中心剩余收益 $= 360 - 4\,500 \times 7.7\% = 13.5(万元)$

乙中心剩余收益 $= 420 - 5\,000 \times 7.7\% = 35(万元)$

(4) 乙中心业绩较好。

案例分析参考答案(略)

第十三章　公司并购、重组与清算

一、内容概要解析

(一) 公司并购相关概念

并购是兼并、收购的统称，指在市场机制作用下企业为了获得其他企业的控制权而进行的产权交易活动。并购一方称为买方或并购企业，被并购一方称为卖方或目标企业。

企业兼并和企业收购的界限本身已不太明显，企业并购作为企业兼并和企业收购这两个词的合称，纯粹是经济学意义上的，包含着若干经济力量的重新组合，将以前并无关系的力量凝聚到一起的含义。虽然严格地讲收购就是收购，兼并就是兼并，合并就是合并，但由于在运作中它们的联系远远超过其区别，所以我国不十分强调三者的区别，兼并、合并与收购常作为同义词一起使用，泛指在市场机制作用下企业为了获得其他企业的控制权而进行的产权交易活动。在大多数场合，具有表达流畅特点并与 M&A 有对应的效果的企业并购在实际的使用中逐步增多，日益成为一个较为普遍的说法，成为具有兼并、合并与收购一般意义的泛称。

(二) 公司并购的分类

企业并购的形式多种多样，按照不同的分类标准可划分为许多不同的类型。按双方产品与产业的联系划分，并购可分为横向并购、纵向并购、混合并购；按并购双方是否友好协商划分，并购分为善意并购和敌意并购；按并购交易是否通过证券交易所划分，并购分为要约收购与协议收购；按并购的实现方式划分，并购可分为承担债务式、现金购买式和股份交易式并购；按并购涉及被并购企业的范围划分，并购分为整体并购和部分并购。

(三) 公司并购的动因

企业存在并购活动的基础在于并购活动能够为公司带来效益和增值。对此理论界一般有以下几种代表观点：

(1) 效率理论(Efficiency Theory)。效率理论认为，公司并购能够增加社会利益，对交易双方也能提高效率。

(2) 信息信号理论(Information and Signaling)。当目标公司被收购时，资本市场将重新对该公司价值评估。例如，股票收购传播了目标公司被低估的信息，收购活动显示了目标公司从事更有效率活动的信息。

（3）代理问题与管理主义（Agency Problem and Managerialism）。该理论认为，公司管理人与股东利益存在冲突，出现了代理问题。Fama & Jensen（1983 年）认为收购可以解决代理问题，公司代理问题可由适当的组织设计解决，收购事实上可以提供控制代理问题的外部机制，当目标公司管理人出现代理问题时，收购的竞争可以降低代理成本。Muller（1969 年）提出收购本身就是代理问题的产生，假设代理人报酬是取决于公司规模，因此代理人有动机使公司规模扩大。但 Lewellen（1970 年）又实证显示代理人报酬与公司报酬率有关而与公司规模无关。Roll（1986 年）认为收购者在评估目标时常常盲目乐观，尽管交易没有投资价值，其假设是资本市场视为强式效率市场。

（4）自由现金流量假说。该理论认为适度的债权由于必须在将来某一时期支付现金，更容易降低成本。在面临低迷增长的公司，如果自由现金流量过大，控制财务上的债权，通过收购公司活动适当提高负债比例，能够增加公司的价值。

（5）市场力理论（Market Power）。该理论认为，公司并购的好处就是可以提高市场占有率，减少竞争对手，增强对公司的控制力。但是由收购达到的市场占有率会受到政府反托拉斯法的限制而影响并购活动。

（6）税收考虑（Tax Consideration）。该理论认为，通过企业并购可使盈利企业应纳税额因并入另一公司而降低，从而为公司带来效益。如果政府鼓励企业并购而出台减免税收措施，效果更为明显。

（四）公司并购的财务分析

并购目标公司的价值评估方法主要包括：并购目标公司的价值评估一般方法有资产价值法和市盈率法。利用收购估价模型来评估企业价值的方法有现金流量折现法、企业评估法和杜邦法。企业兼并收购的财务融资分析主要包括并购中的融资渠道与方式分析，并购中的融资成本分析，杠杆收购（LBO）的财务分析等内容。

（五）公司反并购的策略

在当今公司并购之风盛行的情况下，越来越多的公司从自身利益出发、在投资银行等外部顾问机构的帮助下，开始重视采用各种积极有效的防御性措施进行反并购，以抵制来自其他公司的敌意并购。

反并购的经济手段主要有：① 通过资产重估、股份回购、寻找"白衣骑士"和"金色降落伞"等提高收购者的收购成本；② 运用"皇冠上的珍珠"对策、"毒丸计划"和"焦土战术"降低收购者的收购收益或增加收购者风险；③ 收购并购者；④ 适时修改公司章程。

反并购的法律手段主要是目标公司依据反垄断、披露不充分或犯罪证据等理由，通过提起诉讼实现反并购的目的。

反并购防御的手段层出不穷，除经济、法律手段以外，还可利用政治等手段，如迁移注册地,增加收购难度等。以上种种反并购策略各具特色,各有千秋,很难断定哪种更为奏效。但有一点是可以肯定的,企业应该根据并购双方的力量对比和并购初衷选用一种策略或几种策略的组合。

（六）公司重组

公司重组的内容主要有:业务重组、资产重组、负债重组、股权重组、职员重组、管理体制重组等。公司重组的种类则通常包括:内部重组和外部重组、政府主导型重组和市场主导型重组、上市前的资产重组和上市后的资产重组。公司重组的方式可分为:原续整体重组、合并整体重组、分解重组、主体重组、分拆上市重组、"买壳借壳"重组。

（七）公司清算

公司清算的直接原因是公司解散,但并非所有解散的公司都必须经过清算程序。因而在探讨清算类型前,有必要了解公司解散的种类。公司解散的种类主要有:营业期满解散、违法经营解散、合并或分立解散、破产解散等。企业清算按其原因可分为解散清算和破产清算;企业清算按其是否自行开始可分为普通清算和特别清算。

企业宣布清算,意味着会计核算的前提条件发生了变化。会计分期、持续经营等会计基本假定在清算企业已不再适用。为了确定清算前企业的财务状况和经营成果,明确经济责任,应由清算企业会计人员编制自年初至宣告日的利润表及宣告日资产负债表,并经注册会计师验证,作为正常经营的终结和清算的开始。破产清算的财务管理主要包括清算企业资产权益状况表、清算损益的确定和变现财产及其分配等内容。

（八）破产预警系统

企业破产预警系统的构造,通常采用两种方式:定性方式和定量方式。这两种方式的区别,在于是否将预测的结论予以量化。也就是说,采用定性方式所得出的结论是一种判断,而采用定量方式则可以给出破产风险的具体数值。定性方式一般是财务报表分析法,而定量方式则采用多种模式——主要有评分法和判别法。但是无论定性方式还是定量方式,都是以财务报告分析为基础的,所以在构成破产预警系统时,有关比率的设计应当科学、合理。

二、背景资料

（一）我国有关上市公司收购、重组和股权转让的法律法规

为规范上市公司收购活动,促进证券市场资源的优化配置,保护投资者的合法权益,维护证券市场的正常秩序,根据《公司法》、《证券法》及其他法律和相关行政法规,中国证监会于 2002 年 9 月 28 日制定并发布了《上市公司收购管理办法》(证监会令第 10 号),自 2002 年 12 月 1 日起施行。2006 年 6 月,根据新修订的《证券法》、《公司

法》,中国证监会对原《上市公司收购管理办法》进行了修订。修订后的《上市公司收购管理办法》自 2006 年 9 月 1 日起施行。

为了进一步规范上市公司重大购买、出售、置换资产的行为,维护证券市场秩序,保护投资者的合法权益,中国证监会于 2001 年 12 月 10 日发布了《关于上市公司重大购买、出售、置换资产若干问题的通知》(证监公司字[2001]105 号),自 2002 年 1 月 1 日起实施。2008 年 3 月,根据新修订的《公司法》、《证券法》,中国证监会制定了《上市公司重大资产重组管理办法》,自 2008 年 5 月 18 日起施行。原《关于上市公司重大购买、出售、置换资产若干问题的通知》同时废止。

为了规范证券公司、证券投资咨询机构及其他财务顾问机构从事上市公司并购重组财务顾问业务活动,保护投资者的合法权益,促进上市公司规范运作,维护证券市场秩序,根据《证券法》和其他相关法律、行政法规的规定,2007 年 7 月,中国证监会制定了《上市公司并购重组财务顾问业务管理办法》,自 2008 年 8 月 4 日起施行。

为引进国外先进管理经验、技术和资金,加快经济结构调整步伐,改善上市公司法人治理结构,提高国际竞争力,保护投资者的合法权益,促进证券市场健康发展,经国务院同意,中国证监会、财政部、原对外经济贸易委员会于 2002 年 11 月 17 日发布了《关于向外商转让上市公司国有股和法人股有关问题的通知》(证监发[2002]83 号),自发布之日起实施。

为了规范股权分置改革后外国投资者对 A 股上市公司进行战略投资,维护证券市场秩序,引进境外先进管理经验、技术和资金,改善上市公司治理结构,保护上市公司和股东的合法权益,按照《关于上市公司股权分置改革的指导意见》的要求,根据国家有关外商投资、上市公司监管的法律法规以及《外国投资者并购境内企业暂行规定》,商务部、中国证监会、国家税务总局、国家工商总局、国家外汇局于 2005 年 12 月 31 日发布了《外国投资者对上市公司战略投资管理办法》。

为了促进和规范外国投资者来华投资,引进国外的先进技术和管理经验,提高利用外资的水平,实现资源的合理配置,保证就业,维护公平竞争和国家经济安全,依据外商投资企业的法律、行政法规和其他相关法律、行政法规,原对外贸易经济合作部、国家税务总局、国家工商行政管理总局、国家外汇管理局于 2003 年 3 月联合发布了《外国投资者并购境内企业暂行规定》,自 2003 年 4 月 12 日起施行。2006 年,依据外商投资企业的法律、行政法规及新修订的《公司法》和其他相关法律、行政法规,商务部、国资委、国家税务总局、国家工商行政管理总局、中国证监会、国家外汇管理局联合发布了《关于外国投资者并购境内企业的规定》,自 2006 年 9 月 8 日起施行。

(二)重大资产重组的原则和标准

1. 重大资产重组的原则

上市公司实施重大资产重组,应当符合下列要求:

（1）符合国家产业政策和有关环境保护、土地管理、反垄断等法律和行政法规的规定。

（2）不会导致上市公司不符合股票上市条件。

（3）重大资产重组所涉及的资产定价公允，不存在损害上市公司和股东合法权益的情形。

（4）重大资产重组所涉及的资产权属清晰，资产过户或者转移不存在法律障碍，相关债权、债务处理合法。

（5）有利于上市公司增强持续经营能力，不存在可能导致上市公司重组后主要资产为现金或者无具体经营业务的情形。

（6）有利于上市公司在业务、资产、财务、人员、机构等方面与实际控制人及其关联人保持独立，符合中国证监会关于上市公司独立性的相关规定。

（7）有利于上市公司形成或者保持健全有效的法人治理结构。

2.《重组管理办法》的适用范围

《重组管理办法》适用于上市公司及其控股或者控制的公司在日常经营活动之外购买、出售资产或者通过其他方式进行资产交易达到规定的比例，导致上市公司的主营业务、资产、收入发生重大变化的资产交易行为（以下简称"重大资产重组"）。上市公司按照经中国证监会核准的发行证券文件披露的募集资金用途，使用募集资金购买资产、对外投资的行为，不适用《重组管理办法》。上述所称的"通过其他方式进行资产交易"包括：

（1）与他人新设企业、对已设立的企业增资或者减资。

（2）受托经营、租赁其他企业资产或者将经营性资产委托他人经营、租赁。

（3）接受附义务的资产赠与或者对外捐赠资产。

（4）中国证监会根据审慎监管原则认定的其他情形。

上述资产交易实质上构成购买、出售资产，且按照《重组管理办法》规定的标准计算的相关比例达到50％以上的，应当按照《重组管理办法》的规定履行信息披露等相关义务并报送申请文件。

3.重大资产重组行为的界定

1）上市公司及其控股或者控制的公司购买、出售资产，达到下列标准之一的，构成重大资产重组：

（1）购买、出售的资产总额占上市公司最近1个会计年度经审计的合并财务会计报告期末资产总额的比例达到50％以上。

（2）购买、出售的资产在最近两个会计年度所产生的营业收入占上市公司同期经审计的合并财务会计报告营业收入的比例达到50％以上。

（3）购买、出售的资产净额占上市公司最近一个会计年度经审计的合并财务会计报告期末净资产额的比例达到 50％以上,且超过 5 000 万元人民币。

购买、出售资产未达到前款规定标准,但中国证监会发现存在可能损害上市公司或者投资者合法权益的重大问题的,可以根据审慎监管原则,责令上市公司按照《重组管理办法》的规定补充披露相关信息、暂停交易并报送申请文件。

2）计算上述规定的比例时,应当遵守下列规定:

（1）购买的资产为股权的,其资产总额以被投资企业的资产总额与该项投资所占股权比例的乘积和成交金额两者中的较高者为准,营业收入以被投资企业的营业收入与该项投资所占股权比例的乘积为准,资产净额以被投资企业的净资产额与该项投资所占股权比例的乘积和成交金额两者中的较高者为准;出售的资产为股权的,其资产总额、营业收入以及资产净额分别以被投资企业的资产总额、营业收入以及净资产额与该项投资所占股权比例的乘积为准。

购买股权导致上市公司取得被投资企业控股权的,其资产总额以被投资企业的资产总额和成交金额两者中的较高者为准,营业收入以被投资企业的营业收入为准,资产净额以被投资企业的净资产额和成交金额两者中的较高者为准;出售股权导致上市公司丧失被投资企业控股权的,其资产总额、营业收入以及资产净额,以被投资企业的资产总额、营业收入以及净资产额为准。

（2）购买的资产为非股权资产的,其资产总额以该资产的账面值和成交金额两者中的较高者为准,资产净额以相关资产与负债的账面值差额和成交金额两者中的较高者为准;出售的资产为非股权资产的,其资产总额、资产净额分别以该资产的账面值、相关资产与负债账面值的差额为准;该非股权资产不涉及负债的,不适用上述"3. 重大资产重组行为的界定"中"购买、出售的资产净额占上市公司最近一个会计年度经审计的合并财务会计报告期末净资产额的比例达到 50％以上,且超过5 000万元人民币"的规定。

（3）上市公司同时购买、出售资产的,应当分别计算购买、出售资产的相关比例,并以两者中比例较高者为准。

（4）上市公司在 12 个月内连续对同一或者相关资产进行购买、出售的,以其累计数分别计算相应数额,但已按照《重组管理办法》的规定报经中国证监会核准的资产交易行为无须纳入累计计算的范围。交易标的资产属于同一交易方所有或者控制,或者属于相同或者相近的业务范围,或者中国证监会认定的其他情形下,可以认定为同一或者相关资产。

（三）财务顾问在公司收购中的作用

在公司收购活动中,收购公司和目标公司一般都要聘请证券公司等作为财务顾问。一家财务顾问既可以为收购公司服务,也可以为目标公司服务,但不能同时为收购公司和目标公司服务。

1. 财务顾问为收购公司提供的服务

(1) 寻找目标公司。替收购公司寻找合适的目标公司,并从收购公司的战略和其他方面评估目标公司。

(2) 提出收购建议。提出具体的收购建议,包括收购策略、收购价格与其他条件、收购时间表和相关的财务安排。

(3) 商议收购条款。与目标公司的董事或大股东接洽,并商议收购条件。

(4) 其他服务。帮助准备要约文件、股东通知和收购公告,确保准确无误。

2. 财务顾问为目标公司提供的服务

(1) 预警服务。监视目标公司的股票价格,追踪潜在的收购公司,对一个可能性收购目标提供早期的警告。

(2) 制定反收购策略。制定有效的反收购策略,阻止敌意收购。

(3) 评价服务。评价目标公司和它的组成业务,以便在谈判中达到一个较高的要价;提供对要约价格是否公平的建议。

(4) 利润预测。如有需要,帮助目标公司准备利润预测。

(5) 编制文件和公告。编制有关的文件和公告,包括新闻公告,说明董事会对收购建议的初步反应和他们对股东的建议。

(四) 财务危机研究

2001 年的亚太经合组织(APEC)会议制定了《数字 APEC 战略》。该战略的目标是在 APEC 地区创建数字社会,通过利用先进的信息和通讯技术,提高互联网络的普遍应用,以促进经济高速增长。并指出要"完善金融监管、公司治理和风险管理,建立高效的风险资本市场"。同年,"PT 水仙"成为我国证券市场上第一例被摘牌的公司,"蓝田神话"破灭。防范财务危机引起了上市公司和有关各方的高度重视。事实上,我国在由计划经济向市场经济的转轨过程中,一直比较重视企业财务预警问题,逐步建立健全了相关的法规。特别是近十多年来,我国证券市场飞速发展,截至2004 年年底,深沪两市 A 股上市公司的数量已达到 1 378 家。为了保证这样一个规模日益庞大的市场持续、健康、快速地发展,作为监管层的中国证券监督管理委员会和证券交易所,也相应制定了一系列制度。我们不妨简要回顾一下有关重要法规制度的变迁。

1.《破产法》、《公司法》、《"九五"企业管理纲要》

1986 年 12 月 2 日,"第六届人大十八次会议"通过了《中华人民共和国企业破产法》(试行),开始在全民所有制企业实施。1994 年 7 月 1 日起正式实施《公司法》,其中第 157 条规定:公司最近三年连续亏损,由国务院证券管理部门决定暂停其股票上市。第 158 条规定:上列情形在限期内未能清除,由国务院证券管理部门决定终止其股票上市。当时的国家经济贸易委员会在其颁发的《"九五"企业管理纲要》中明确提出：企业要建立追踪市场的预警管理系统。

2. ST、PT 制度

中国证券监督管理委员会为了减少来自上市公司方面的市场风险，于 1998 年 3 月 16 日颁布了证监交字［1998］6 号文件《关于上市公司状况异常期间的股票特别处理方式的通知》，要求证券交易所应对"状况异常"的上市公司实行股票交易的特别处理（Special Treatment，简称 ST）。为保证交易系统的安全和有关信息的及时披露，证监会做出有关规定：① 证交所应要求上市公司在特别处理前于指定报刊头版刊登关于特别处理公告；② 特别处理股票报价日涨跌限制为 5％；③ 证交所应在发给会员的行情数据中，于特别处理股票前加"ST"标记；④ 指定报刊应另设专栏刊登特别处理股票的每日行情；⑤ 中期报告必须经过审计。此后不久，深沪证券交易所正式启动了当上市公司出现"异常状况"时，对上市公司进行"特别处理"的条款。这里的"异常状况"包括"财务状况异常"和"其他状况异常"。前者指"连续两年亏损"或"每股净资产低于股票面值"；后者主要指自然灾害、重大事故等导致公司生产经营活动基本终止，公司涉及可能赔偿金额超过本公司净资产的诉讼等情况。由于后者具有不确定性、难以预测，所以一般只是对"财务状况异常"进行分析。1998 年 4 月 27 日，"辽物资（0511）"成为国内首家特别处理公司。4 月 28 日，沪深股市又有金泰 B 股、粤海发展、黄河科技和湘中意、辽房天等 5 家公司也被列入特别处理股票行列。目前，沪深两地共出现了 100 多家特别处理公司。特别处理给这些公司带来了巨大的压力，它们必须千方百计改善生产经营，并且还要受到证监会更严格的监控。同时，也为深沪两地证券市场敲响了警钟：对于一般投资者来说，ST 公司业绩差，财务状况存在严重问题，对其投资必须谨慎；对公司管理层来说，必须扭转局面，彻底清理不良资产，注入优质资产，从而走上良性循环的轨道，才能避免摘牌的危险，保住宝贵的"壳"资源。

1999 年，为维护证券市场的交易秩序，保护投资者的合法权益，深沪证券交易所根据《公司法》、《证券法》和《交易所股票上市规则》的有关规定，制定有关"特别转让服务"规则（PT 制度），即当上市公司出现最近 3 年连续亏损的，由交易所决定暂停其股票上市。公司股票暂停上市期间，交易所为投资者提供"特别转让服务"。2001 年 4 月 20 日，"PT 水仙"成为中国证券市场上第一例被摘牌的公司。同年 10 月 26 日，中央财经大学研究所研究员刘姝威（央视 2002 年年度经济人物）在《金融内参》上发表了一篇 600 字的短文《应立即停止对蓝田股份发放贷款》，向银行界发出了预警信号，击碎了蓝田神话。防范财务危机更是引起各上市公司和有关各方的高度重视。

3. 暂停上市和终止上市制度

2001 年 12 月 5 日，中国证监会正式发布了《亏损上市公司暂停上市和终止上市实施办法（修订）》的通知（以下简称《办法》），这是管理层自 2001 年 2 月 24 日发布

《亏损上市公司暂停上市和终止上市实施办法》,启动退市机制以来的又一重大举措。与原实施办法相比,新《办法》主要在下列几方面做出了调整:对于已经被 PT 的上市公司,证券交易所提供的特别转让服务将在其宽限期结束后自动终止;对于在被 ST 后的第二个会计年度内继续亏损的公司将直接暂停上市,并取消证券交易所提供的每周一次的特别转让服务;暂停上市的公司在暂停上市期间每月必须披露一次为恢复上市所采取的具体措施,只要在第一个半年度报告中显示其盈利就可以提出恢复上市申请,如果公司在第一个半年度里不能盈利,则直接退市。

4. 预亏或业绩预警制度

2001 年 12 月 20 日,深、沪证交所就做好年报工作发出的通知指出,在 2001 年会计年度结束后,如果上市公司预计可能发生亏损或者盈利水平较上年出现大幅变动的(利润总额增减 50% 或以上),上市公司应当在年度结束后 30 个工作日内及时刊登预亏公告或业绩预警公告。比较基数较小的公司(一般指上年每股收益的绝对值在 0.05 元以下的公司)可以豁免披露业绩预警公告。

阅 读 文 献

1. 李曜:《公司并购与重组导论》,上海财经大学出版社 2010 年版。

2. 中国证券监督管理委员会:《中国上市公司并购重组发展报告》,中国经济出版社 2009 年版。

3. 李善民、陈玉罡等:《并购论坛 2009:并购的价值创造、产业重组与经济安全》,中国经济出版社 2010 年版。

4. 姜宁:《企业并购重组通论:以中国实践为基础的探讨》,经济科学出版社 2009 年版。

三、复习题

(一) 单项选择题

1. 下列属于并购决策始发点的是(   )。

    A. 并购目标规划   B. 并购一体化整合计划

    C. 目标公司价值评估   D. 制定目标公司搜寻标准

2. 并购目标确立后,(   )成为并购实施阶段最为关键的一环。

    A. 寻求足够的购并资金   B. 目标公司的搜寻与抉择

    C. 确定目标公司的合理价格 D. 确定目标公司的规模标准

3. 目标公司价值评估中,效用最差、用到最少的价值评估模式是(   )。

    A. 现金贴现模式   B. 收益贴现模式

    C. 股利贴现模式   D. 现金流量贴现模式

4. 在有关目标公司价值评估方面,集团总部面临的最大困难是以(　　)的观点,选择恰当的方法,对目标公司的价值作出合理的估测。

  A. 时间价值   B. 会计分期假设

  C. 持续经营   D. 整体利益最大化

5. 贴现率是应用现金流量模式对目标公司价值评估须解决的一个基础参数,其选择必须遵循的基本原则是(　　)。

  A. 权责发生制原则   B. 一致性原则

  C. 收付实现制原则   D. 配比原则

6. 企业集团通过借款的方式购买目标公司的股权,取得控制权后,再以目标公司未来创造的现金流量偿付借款的收购方式是(　　)。

  A. 现金支付   B. 杠杆收购   C. 股票对价   D. 卖方融资

7. 在并购一体化整合中,最为困难也是最为关键的是(　　)。

  A. 战略一体化   B. 管理一体化   C. 文化一体化   D. 财务一体化

8. 母公司将子公司的控制权移交给它的股东的公司分立是(　　)。

  A. 标准式公司分立   B. 衍生式公司分立

  C. 换股式公司分立   D. 解散式公司分立

9. 中国《关于外商投资企业合并与分立的规定》规定,公司分立后,外国投资者的股权比例不得低于分立后公司注册资本的(　　)。

  A. 15%   B. 20%   C. 25%   D. 30%

10. 分拆上市使母公司控制的资产规模(　　)。

  A. 变小   B. 变大   C. 不变   D. 变化不明确

11. 某钢铁集团并购某石油企业,这种并购方式属于(　　)。

  A. 横向并购   B. 纵向并购   C. 混合并购   D. 综合并购

12. 最容易受到各国有关反垄断法律政策限制的并购行为是(　　)。

  A. 敌意并购   B. 混合并购   C. 纵向并购   D. 横向并购

13. 并购的实质是为了取得对被并购方的(　　)。

  A. 经营权   B. 管理权   C. 控制权   D. 债权

14. 企业财产拨付清算费用后,按照(　　)顺序清偿债务。

  A. 应付未付职工工资、应缴未缴国家税金、劳动保险等尚未偿付的债务

  B. 应付未付职工工资、应缴未缴国家税金、尚未偿付的债务、劳动保险等

  C. 应付未付职工工资和劳动保险等、应缴未缴国家税金、尚未偿付的债务

  D. 应缴未缴国家税金、应付未付职工工资、劳动保险等尚未偿付的债务

15. 在反并购的法律策略中,目标公司提起诉讼的主要理由一般不包括(　　)。

  A. 反垄断。部分收购可能使收购方获得某一行业的垄断或接近垄断地位,

目标公司可以此作为诉讼理由

  B. 披露不充分。目标公司认定收购方未按有关法律规定向公众及时、充分或准确地披露信息等

  C. 犯罪。除非有十分确凿的证据,否则目标公司难以以此为由提起诉讼

  D. 收购价太低

(二) 多项选择题

1. 站在集团总部角度,在整个并购过程中最为关键的方面有( )。

  A. 并购目标规划   B. 目标公司的搜寻与抉择

  C. 并购的资金融通   D. 并购一体化整合

  E. 并购陷阱的防范

2. 站在战略与战术或策略不同的角度,并购目标分为( )。

  A. 长远性的战略目标   B. 全面性的战略目标

  C. 支持性的策略目标   D. 部分项目策略目标

  E. 资本型战略目标

3. 对目标公司的并购价格作出限定包括( )等方面的含义。

  A. 目标公司的生产状况   B. 目标公司的公允价值

  C. 目标公司的规模标准   D. 目标公司的并购价格上限

  E. 目标公司的并购价格下限

4. 企业集团完成对目标公司并购价格的支付方式包括( )等。

  A. 现金支付方式   B. 股票对价方式

  C. 卖方融资方式   D. 杠杆收购方式

  E. 递延支付方式

5. 主并公司支付目标公司并购价款的现金来源有( )。

  A. 增资扩股筹集   B. 向金融机构借款

  C. 发行债券   D. 股票对价

  E. 变卖主并公司部分原有资产

6. 并购的财务一体化整合主要包括( )。

  A. 财务战略一体化   B. 融投资政策一体化

  C. 资源配置一体化   D. 预算管理一体化

  E. 现金流量控制一体化

7. 企业集团实施公司分立应注意的问题有( )。

  A. 谋求政策面的支持   B. 争取债权人和股东的支持

  C. 抑制关联交易   D. 防止市场扰乱

  E. 避免内幕交易

8. 清算收入包括(　　)。

    A. 清算期间的财产盘盈收入

    B. 因破产企业债权人的原因确实无法偿还的债务

    C. 破产宣告日末了业务的经营收益

    D. 清算期间资产变现增值

9. 公司重组的种类主要有(　　)。

    A. 分解重组　　　　　　　　　　B. 政府主导型重组

    C. 市场主导型重组　　　　　　　D. 内部重组

    E. 外部重组

10. 在反收购策略中,降低收购者的收购收益或增加收购者风险的策略包括(　　)。

    A. "皇冠上的珍珠"　　　　　　　B. "毒丸计划"

    C. "焦土战术"　　　　　　　　　D. "金色降落伞"

11. 在公司并购活动中,一般可以选择的支付方式有(　　)。

    A. 现金收购　　　　　　　　　　B. 股票收购

    C. 混合证券收购　　　　　　　　D. 物物交换

12. 并购目标公司的价值评估的资产价值法主要有(　　)。

    A. 市盈率法　　　　　　　　　　B. 净现值法

    C. 清算价值法　　　　　　　　　D. 市场价值法

    E. 账面价值法

(三) 判断题

1. 并购目标是实施整个并购过程必须始终遵循的基本思路和方向指引。 (　　)

2. 企业集团当前的竞争地位及未来的变化趋势,是并购目标规划时必须考虑的基本因素之一。 (　　)

3. 对于并购目标公司,最重要的是看支付多少并购价格。 (　　)

4. 在对目标公司未来现金流量的判断上,着眼点应当是目标公司的独立现金流量,而非贡献现金流量。 (　　)

5. 标准式的公司分立将导致被分立出去的公司的股权和控制权转移到了原母公司及其股东之外的第三者手中。 (　　)

6. 信息错误是中国企业或企业集团实施并购面临的最主要的陷阱。 (　　)

7. 从资产规模的意义上,分拆上市使公司变小了。 (　　)

8. 当某项重大融资事宜涉及成员企业切身利益时,作为独立的法人主体,子公司等成员企业拥有直接的决策权。 (　　)

9. 混合并购是指承担债务式并购、现金购买式并购、股权并购的结合并购形式。 (　　)

10. 杠杆收购后,目标公司的财务状况会发生重大改变,从较小负债变为巨额负债。 （　　）

11. 公司分立的财务决策基础是分立后的母公司价值大于分立前的母公司价值。 （　　）

12. 在进行破产财产分配时,企业所欠税款在企业所欠职工工资和劳动保险费用之前进行清偿。 （　　）

13. 企业一旦陷入财务困境就必然进入破产清算程序。 （　　）

14. 企业进入破产清算程序后,对企业所有者已认未缴的资本金不予以追究。

（　　）

案 例 分 析

一、案例资料

（一）梅西公司面临破产

梅西公司是美国最大的零售集团之一,属下有 111 家百货商店和 84 家专卖店,年销售额最高曾达到 60 亿美元。梅西公司的发展主要是通过举债收购来进行的,1986 年,梅西公司借债 36 亿美元,通过杠杆收购的方式收购了数十家连锁商店。1988 年,梅西公司花费 11 亿美元从联合百货公司手中买下两家连锁百货商店,梅西公司虽然通过举债经营迅速扩大了规模,但是杠杆收购中所承担的巨额债务也为其后的债务问题及破产埋下了伏笔。

梅西公司在 20 世纪 80 年代大规模收购之后曾有过一段较为迅速的发展时期,但是由于 1990 年度和 1991 年度销售状况极为惨淡,再加上在杠杆收购中借了过多的债务,梅西公司的资金周转出现了巨大的困难。1991 年 5 月 10 日,梅西公司将其下属的信用卡机构以 14 亿美元的价格出售,但依旧于事无补。1992 年 1 月 27 日,梅西公司及其 9 家子公司根据美国《破产法》第 11 章有关规定提出破产请求。4 天之后,另外的 78 家子公司也提出破产请求。

（二）联合百货公司提出收购

联合百货公司也是美国最大的零售商之一,由于经营方面的各种问题,该公司1988 年提出破产申请,被加拿大房地产大王收购,合并后的公司继续保留联合百货公司的名称。经过几年的努力,联合百货公司的经营重新走向正轨并有了相当的盈利,联合百货公司的管理层也试图通过并购的方式扩大经营规模,并怀着"复仇"的心态将收购目标定为此时困难重重的梅西公司。

1994 年 1 月,联合百货公司收购了梅西公司约 10 亿美元的担保债权,成为梅西公司的主要债权人,在购买了梅西公司的债务之后,联合百货公司提出兼并梅西公司和资产重组计划。

（三）资产重组过程

在解决企业破产问题上，美国企业可按破产法进行清算或重组。清算时由法院指定接收人或受托管理人。这些人接管企业应尽早出售企业本身或其财产，并按优先权顺序将变现资产支付给债权人。但是美国《破产法》的主要原则不是以清算为主，而是以重组为主，以求最大限度地保护债权人的利益，避免由于清算而可能导致的经济损失。这一原则集中体现在《破产法》第 11 章的相关条款上：① 第 11 章规定的破产企业可以自动继续经营，此时破产企业也被称为持产债务人，上述条款可为企业稳定业务、重新研究改造和转产的可行性、重新组织资本提供必要的机会。② 企业在重组时，应在申请破产程序之前鉴别对企业的所有赔偿要求，并初步确定债权人的优先权。③ 持产债务人在重新签订合同之前可以不支付利息，但要向债权人和法院提供财务报告，让他们了解企业的财务状况。④ 组成债权人委员会协商资产重组方案。

1992 年 1 月 29 日，梅西公司以持产债务人的身份筹措了 6 亿美元，得以在按第 11 章规定的条件过程中继续经营业务。

破产法庭将 1992 年 12 月 15 日定为就梅西公司剩余财产提出权利要求的截止日。当时的权利要求共达 14 000 件，总金额达 88 亿美元。梅西公司请求法庭驳回或除去许多债务索赔。至 1994 年 10 月 21 日，梅西公司成功地否定了约 40 亿美元的债务索赔。经法庭最后确定，梅西公司的债务为 48 亿美元。

联合百货公司利用其对梅西公司的有担保债务方面的投资与梅西公司的其他债权人进行谈判，并提出资产重组方案。该方案对梅西公司资产的估值为 32 亿～33 亿美元。联合百货公司的计划得到了债权人委员会的支持。但梅西公司对联合百货公司的计划予以坚决反对。

梅西公司特别是董事长为了保护自身的利益，也提出了相应的资产重组方案，梅西公司对本公司的资产估值为 36 亿美元，如果公司股票价格在其后上升，债权人还将另外获得 5 亿美元的补偿。

并购双方在资产重组方案上争执的焦点问题有以下两个：

（1）梅西公司是否接受联合百货公司的收购计划。当时除了联合百货公司提出收购外，还有数家公司也提出收购梅西公司，梅西公司董事会内部存在分歧。关键要看最大债权人的支持意见更倾向于哪家公司。

（2）梅西公司的资产价值。出于对自身利益的权衡，不同的利益集团提出了相差较大的估值方案，债券持有者对梅西公司的资产估值为 40 亿美元，梅西公司对本公司的资产估值为 36 亿美元，联合百货公司对梅西公司资产的估值为 32 亿～33 亿美元。债券持有者提出的估值较高，目的是清盘或重组时可以获得较大的补偿；联合百货公司提出的估值较低，目的在于减少收购成本；梅西公司的估值介于两者之间，也可看出梅西公司的良苦用心,它既不愿意估值过高,让债券持有者获利,也不愿意估值过低,让联合百货公司以低价收购。

联合百货公司、梅西公司、债权人委员会以及梅西公司的有担保债权人经过数月的谈判,最终各方同意了综合的联合——梅西重组方案。此方案规定联合百货公司与梅西公司合并,并以现金、债券及股票的形式向梅西的债权人分配41亿美元的资产。1994年12月,美国破产法庭批准了联合百货公司的资产重组方案。

二、思考分析

(1) 梅西公司资产重组有何特点?

(2) 梅西公司资产重组案例对我国国有企业改革有何借鉴意义?

四、复习题参考答案

(一)单项选择题

1. A 2. B 3. C 4. C 5. D 6. B 7. C 8. D 9. C 10. B 11. C 12. D 13. C 14. C 15. D

(二)多项选择题

1. ABCDE 2. AC 3. CD 4. ABCD 5. ABCE 6. ABCDE 7. ABCDE 8. ABCD 9. BCDE 10. ABC 11. ABC 12. BCDE

(三)判断题

1. √ 2. √ 3. × 4. × 5. × 6. √ 7. × 8. × 9. × 10. √ 11. × 12. √ 13. × 14. ×

案例分析参考答案(略)

附录一

模 拟 试 卷 (A)

一、单项选择题(本类题共 15 题,每小题 1 分,共 15 分。每小题备选答案中,只有一个符合题意的正确答案。多选、错选、不选均不得分)

1. 在不考虑筹资限制的前提下,下列筹资方式中个别资本成本最高的是(   )。
   - A. 发行普通股
   - B. 留存收益筹资
   - C. 长期借款筹资
   - D. 发行公司债券

2. 如果你被要求从两个互斥的投资方案中做出选择,两个方案不仅原始投资额不同,而且项目计算期也不相等,那么,你应当选用的决策方法是(   )。
   - A. 差额净现值法
   - B. 净现值法
   - C. 年回收额法
   - D. 内含报酬率法

3. 某公司拟发行面值为 1 000 元,不计复利,5 年后一次还本付息,票面利率为 10% 的债券。已知发行时资金市场的年利率为 12%,$(P/F,10\%,5) = 0.6209$,$(P/F,12\%,5) = 0.5674$。则该公司债券的发行价格为(   )元。
   - A. 851.10
   - B. 907.84
   - C. 931.35
   - D. 993.44

4. 某企业按"1/10,N/30"的条件购进一批商品。若企业放弃现金折扣,在信用期内付款,则其放弃现金折扣的机会成本为(   )。
   - A. 18.18%
   - B. 10%
   - C. 12%
   - D. 16.7%

5. 公司以股票形式发放股利,可能带来的结果是(   )。
   - A. 引起公司资产减少
   - B. 引起公司负债减少
   - C. 引起股东权益内部结构变化
   - D. 引起股东权益与负债同时变化

6. 如果流动负债小于流动资产,则期末以现金偿付一笔短期借款所导致的结果是(   )。
   - A. 营运资金减少
   - B. 营运资金增加
   - C. 流动资产增加
   - D. 营运资金不变

7. 上市公司按照剩余股利政策发放股利的好处是(   )。
   - A. 有利于公司合理安排资本结构
   - B. 有利于投资者安排收入与支出
   - C. 有利于公司稳定股票的市场价格
   - D. 有利于公司树立良好的形象

8. 如果某证券的 β 值系数等于 1,以下说法中,正确的是(   )。

A. 该证券无风险

B. 其风险比金融市场所有证券平均风险大 1 倍

C. 其系统风险与金融市场所有证券平均风险一致

D. 如果市场风险上升 1%,该种证券的风险也上升 1%

9. 某投资项目第 4 年的累计净现金流量为－10 万元,第 5 年的累计净现金流量为 10 万元,则该项目静态投资回收期为(   )年。

    A. 4   B. 4.5   C. 4.8   D. 5

10. 下列公式中,不正确的是(   )。

A. 营业现金流量＝营业收入－付现成本－所得税

B. 营业现金流量＝(收入－付现成本－折旧)(1－所得税税率)＋折旧

C. 营业现金流量＝税后收入－税后付现成本＋折旧抵税

D. 营业现金流量＝(收入－付现成本)×(1－所得税税率)＋折旧

11. 以企业价值最大化作为财务管理目标存在的主要问题是(   )。

    A. 没有考虑资金的时间价值   B. 没有考虑投资的风险价值

    C. 企业的价值难以评定   D. 容易引起企业的短期行为

12. 某种股票当前的市场价格为 40 元,每股股利为 2 元,预期的股利增长率为 5%,则其市场决定的预期收益率为(   )。

    A. 5%   B. 5.5%   C. 10%   D. 10.25%

13. 企业赊销政策的内容不包括(   )。

    A. 确定信用期限   B. 确定信用条件

    C. 确定现金折扣政策   D. 确定收账方法

14. 下列财务比率中反映短期偿债能力的指标是(   )。

    A. 应收账款周转率   B. 流动比率

    C. 资产负债率   D. 资产报酬率

15. 经济批量模型下,最佳订货量应是(   )之和最低时的存货订货批量。

    A. 购置成本与缺货成本   B. 购置成本与订货成本

    C. 订货成本与储存成本   D. 储存成本与缺货成本

二、多项选择题(本类题共 5 题,每小题 2 分,共 10 分。每小题备选答案中,有两个或两个以上符合题意的正确答案。多选、错选、不选均不得分。在无多选和无错选的情况下,每小题选对 50% 以上得 1 分,全部选对得 2 分)

1. 在其他条件不变时,固定成本增加会使(   )增加。

    A. 财务杠杆系数   B. 单位变动成本

    C. 产品销量   D. 经营杠杆系数

2. 在其他条件不变的情况下,会引起总资产周转率指标上升的经济业务有(   )。

A. 用现金偿还负债　　　　B. 借入一笔短期借款

C. 利用信用政策增加销售额　　D. 用银行存款支付1年的电话费

3. 下列表述中,正确的有(　　　)。

A. 复利终值系数和复利现值系数互为倒数

B. 复利终值系数和资本回收系数互为倒数

C. 普通年金终值系数和偿债基金系数互为倒数

D. 普通年金现值系数和资本回收系数互为倒数

4. 采用低正常加额外股利政策的理由包括(　　　)。

A. 有利于保持最优资本结构

B. 使企业具有较大的灵活性

C. 降低资本成本

D. 吸引住那些依靠股利度日的股东

5. 下面关于证券投资组合的说法中,正确的有(　　　)。

A. 证券投资的风险是组合中单项资产风险的加权平均数

B. 证券投资的期望收益是组合中单项资产预期收益率的加权平均数

C. 投资者在投资组合有效前沿上的具体位置,取决于其对待风险的态度

D. 当 $0<\rho<1$ 时,两个证券构成的投资组合的收益和风险的关系表现为一条向左弯曲的曲线

三、判断题(本类题共10题,每小题1分,共10分。对的打"√",错的打"×"。每小题判断结果正确的得1分,判断结果错误的和不判断的不得分也不扣分)

1. 负债比率越高,则权益乘数越低,财务风险越大。　　　　　　　　　(　　)

2. 流动比率指标反映了企业流动资产保障短期到期债务的偿还能力,该指标越高越好。　　　　　　　　　　　　　　　　　　　　　　　　　(　　)

3. 当息税前利润高于每股利润无差别点的息税前利润时,采用负债筹资比采用权益方式筹资更有利。　　　　　　　　　　　　　　　　　　　(　　)

4. 补偿性余额的约束有助于降低银行贷款风险,但同时也减少了企业实际可动用借款额,提高了借款的实际利率。　　　　　　　　　　　　　　(　　)

5. 采用固定股利支付率政策分配股利时,股利不受经营状况的影响,有利于股票价格的稳定。　　　　　　　　　　　　　　　　　　　　　(　　)

6. 如果企业的负债为零,则财务杠杆系数也为零。　　　　　　　　(　　)

7. 投资组合能降低风险,是因为若干种股票组成的投资组合,其收益是这些股票收益的加权平均数,而其风险并不是这些股票的加权平均数。　　(　　)

8. 与其他筹资方式相比较,商业信用筹资是无代价的。　　　　　　(　　)

9. 周转信贷协定是银行具有法律义务的承诺提供不超过某一最高限额的贷款

协定。　　　　　　　　　　　　　　　　　　　　　　　　　　（　　）

10. 在长期投资决策中,内含报酬率的大小与项目设定的贴现率成反比。（　　）

四、计算题(共 4 小题,50 分,所有题目如需保留小数,均保留两位小数)

1. (10 分)某公司 2009 年总资产为 16 000 万元,实现净利润 2 880 万元,营业净利率为 6%,权益乘数为 1.5。

要求:(1) 计算 2009 年总资产周转率、净资产收益率、产权比率、资产负债率。

(2) 公司 2008 年的营业净利润率为 5%,总资产周转率为 3.2,权益乘数为 1.2,运用因素分析法分析营业净利率、总资产周转率和权益乘数变动对净资产收益率的影响。

2. (15 分)某工业投资项目有 A、B 两个方案可供选择,投资者要求的必要报酬率为 14%。其中 A 方案如下:

项目原始投资 1 000 万元,其中:固定资产投资 750 万元,无形资产投资 50 万元,流动资金投资 200 万元。该项目建设期为 2 年,经营期为 10 年,固定资产和无形资产投资分 2 年平均投入,流动资金投资在项目完工时投入。固定资产的寿命为 10 年,按直线法提折旧,期满有 50 万元的净残值;无形资产从投产年份起分 10 年摊销完毕;流动资金于项目终结点一次收回。项目投产后,每年营业收入和经营成本分别为 600 万元和 200 万元,所得税税率为 25%。

该项目的 B 方案原始固定资产投资为 1 080 万元,建设期为 1 年,经营期为 10 年,经营期内各年现金净流入均为 300 万元。

要求:(1) 计算在项目计算期内 A 项目各年的现金净流量。

(2) 分别计算 A、B 项目的净现值。

(3) 利用年等额净回收额法进行投资决策,选择较优的投资方案。

注:(P/A, 14%, 1) = 0.8772;(P/A, 14%, 2) = 1.6467;(P/A, 14%, 10) = 5.2161;(P/A, 14%, 11) = 5.4527;(P/A, 14%, 12) = 5.6603;(P/F, 14%, 1) = 0.8772;(P/F, 14%, 2) = 0.7695;(P/F, 14%, 12) = 0.2076。

3. (15 分)某公司目前赊销收入为 60 万元,信用条件为"N/30",变动成本率为 70%,资本成本率为 12%。该公司为了扩大销售,制定了 A 和 B 两个信用条件方案:

A 方案信用条件为"N/60",预计赊销收入将增加 16 万元,坏账损失率 4%,预计收账费用为 4 万元。

B 方案信用条件为"1/30,N/60",预计赊销收入将增加 28 万元,坏账损失率为 5%。估计约有 80%的客户会利用折扣,预计收账费用为 4.8 万元。

要求:根据以上资料,确定该公司应选择哪一信用条件方案(全年天数按照 360 天计算)。

4. (10 分)某股份公司发行在外的普通股为 30 万股,该公司 2007 年的税后利润为 300 万元。2008 年的税后利润为 500 万元。该公司准备在 2009 年再投资 250 万元,目前的资金结构为最佳资金结构,资金总额为 10 000 万元,其中,自有资金为 6 000万元、负债资金为 4 000 万元。另已知该企业 2007 年的股利为 4.8 元/股。

要求计算:(1)该公司采用剩余股利政策时 2008 年的每股股利。

(2)该公司采用固定股利政策时 2008 年的每股股利。

(3)该公司采用固定股利支付率政策时 2008 年的每股股利。

五、案例分析题(15 分,结果如需保留小数,保留两位小数)

某公司为一生产电机的企业,当前的固定成本水平较高,今年的固定成本总额为 800 万元,当前资金结构如下:

筹资方式	金额(万元)
长期债券(年利率 8%)	3 000
普通股(2 000 万股)	2 000
留存收益	1 000
合计	6 000

因生产发展需要,公司年初准备增加资金 2 500 万元,现有两个筹资方案可供选择:甲方案为增加发行 1 000 万股普通股,每股市价 2.5 元;乙方案为按面值发行每年年末付息、票面利率为 10% 的公司债券 2 500 万元。企业所得税税率为 25%,增资后需购置大型生产设备 2 套,会使固定成本有较大幅度的提高,预计固定成本总额增加为 1 200 万元,假定增资后第 1 年公司的边际贡献总额保持不变。公司预计筹资后息税前利润为 1 600 万元。

要求:(1)计算两种筹资方案下每股利润无差别点的息税前利润。

(2)指出该公司应采用的筹资方案。

(3)计算利用乙方案筹资后的财务杠杆系数。

(4)若公司采用乙方案筹资后息税前利润增长 10%,计算每股利润的增长幅度。

(5)依据财务管理相关知识分析公司增资所选择的筹资方案将给企业财务带来的影响。

模 拟 试 卷 (B)

一、单项选择题(本类题共 15 题,每小题 1 分,共 15 分。每小题备选答案中,只有一个符合题意的正确答案。多选、错选、不选均不得分)

1. 下列能充分考虑资金时间价值和投资风险价值的理财目标是(   )。
   - A. 利润最大化
   - B. 资金利润率最大化
   - C. 每股利润最大化
   - D. 企业价值最大化

2. 财务风险是(   )带来的风险。
   - A. 通货膨胀
   - B. 利率
   - C. 筹资决策
   - D. 生产决策

3. 某企业按"1/10,N/30"的条件购进商品 10 000 元,若放弃现金折扣,则其资金的机会成本率为(   )。
   - A. 36.36%
   - B. 22.23%
   - C. 18.18%
   - D. 15.6%

4. 某公司发行债券,面值为 1 000 元,年利率为 8%,每年付息一次,期限为 5 年,以 961 元发行,则发行时的市场利率为(   )。
   - A. 10%
   - B. 8%
   - C. 9%
   - D. 6%

5. 某企业在不发行优先股的情况下,本期财务杠杆系数为 2,本期息税前利润为 400 万元,则本期实际利息费用为(   )万元。
   - A. 200
   - B. 300
   - C. 400
   - D. 250

6. 如果其他因素不变,一旦贴现率提高,则下列指标中其数值将会变小的是(   )。
   - A. 净现值率
   - B. 投资报酬率
   - C. 内部报酬率
   - D. 静态回收期

7. 已知某证券的 β 系数等于 0.5,则表明该证券(   )。
   - A. 无风险
   - B. 低风险
   - C. 其风险等于整个市场风险
   - D. 其风险是整个市场证券风险的一半

8. 可最大限度满足企业对再投资的权益资金需要的股利政策是(   )。
   - A. 固定股利政策
   - B. 剩余股利政策
   - C. 固定股利支付率政策
   - D. 正常股利加额外股利政策

9. 某企业原流动比率等于 2,现取得一笔长期借款会使流动比率(   )。
   - A. 等于 2
   - B. 大于 2
   - C. 小于 2
   - D. 无法确定

10. 某公司每次转换有价证券的固定成本为 100 元,预计全年需要现金 480 000 元,有价证券的月利率为 2%,则该公司最佳现金持有量是(   )元。
   - A. 69 282
   - B. 4 800
   - C. 1 386
   - D. 20 000

11. 某公司现有发行在外的普通股 100 万股,每股面额 1 元,资本公积 300 万元,未分配利润 800 万元,股票市价 20 元;若按 10% 的比例发放股票股利并按市价折算,公司资本公积的报表列示将为(　　)万元。

    A. 100　　　　　　B. 290　　　　　　C. 490　　　　　　D. 300

12. 主要依靠股利维持生活的股东和养老金管理人最不赞成的公司股利政策是(　　)。

    A. 剩余股利政策　　　　　　　　　B. 固定或持续增长的股利政策

    C. 固定股利支付率政策　　　　　　D. 低股利加额外股利政策

13. 支付现金股利(　　)。

    A. 不会使企业的现金减少　　　　　B. 不会使未分配利润减少

    C. 会使企业的所有者权益减少　　　D. 不会使企业的所有者权益减少

14. 项目投资决策中,完整的项目计算期是指(　　)。

    A. 建设期　　　　　　　　　　　　B. 经营期

    C. 建设期和生产期　　　　　　　　D. 建设期和经营期

15. ABC 公司无优先股,去年每股盈余为 4 元,每股发放股利 2 元,保留盈余在过去 1 年中增加了 500 万元。年底每股账面价值为 30 元,负债总额为 5 000 万元,该公司的资产负债率为(　　)。

    A. 30%　　　　　　B. 33%　　　　　　C. 40%　　　　　　D. 44%

二、多项选择题(本类题共 5 题,每小题 2 分,10 分。每小题备选答案中,有两个或两个以上符合题意的正确答案。多选、错选、不选均不得分。在无多选和无错选的情况下,每小题选对 50% 以上得 1 分,全部选对得 2 分)

1. 下列各项中,属于利率的组成因素的有(　　)。

    A. 纯利率　　　　　　　　　　　　B. 通货膨胀补偿率

    C. 风险报酬率　　　　　　　　　　D. 社会累积率

2. 公司增发新股时,发行价格的影响因素有(　　)。

    A. 未来股利　　　B. 市盈率　　　C. 资产净值　　　D. 上年发行价格

3. 下列公式中,不正确的有(　　)。

    A. 营业现金流量＝营业收入－付现成本－所得税

    B. 营业现金流量＝(收入－付现成本－折旧)(1－所得税税率)＋折旧抵税

    C. 营业现金流量＝税后收入－税后付现成本＋折旧抵税

    D. 营业现金流量＝(收入－付现成本)×(1－所得税税率)＋折旧抵税

4. 应收账款周转率提高意味着(　　)。

    A. 销售成本降低　　　　　　　　　B. 短期偿债能力增强

    C. 收账费用水平降低　　　　　　　D. 赊账业务减少

5. 影响净资产收益率的因素有(　　　)。

    A. 销售净利率　　　　　　　　　B. 权益乘数

    C. 总资产周转率　　　　　　　　D. 资产负债率

三、判断题(本类题共 15 题,每小题 1 分,共 15 分。对的打"√",错的打"×"。每小题判断结果正确的得 1 分,判断结果错误的和不判断的不得分也不扣分)

    1. 市盈率是评价上市公司盈利能力的指标,它反映投资者愿意对公司每股净利润支付的价格。(　　　)

    2. 企业按照销售百分率法预测出来的资金需要量,是企业在未来一定时期资金量的增量。(　　　)

    3. 可转换债券转换成普通股后,公司不再支付债券利息,因此综合资本成本将下降。(　　　)

    4. 当债券的票面利率小于市场利率时,债券溢价发行。(　　　)

    5. 资金成本是投资人对投入资金所要求的最低收益率,也可作为判断投资项目是否可行的取舍标准。(　　　)

    6. 在个别资金成本不变的情况下,加权平均资金成本与资本结构无关。(　　　)

    7. 股票的价值是指投资人未来获得现金股利现值和出售价现值之和。(　　　)

    8. 债券的价格会随着市场利率的变化而变化,当市场利率上升时,债券价格下降,当市场利率下降时,债券价格上升。(　　　)

    9. 现金折扣是企业对顾客在商品价格上所做的扣减,企业提供现金折扣可以减少收账费用和坏账损失。(　　　)

    10. 企业财务活动的内容,也是企业财务管理的基本内容。(　　　)

四、计算题(共 5 题,50 分,要求写出计算步骤)

    1. (15 分)某公司目前发行在外普通股 100 万股(每股 1 元),已发行 10% 利率的债券 400 万元,该公司打算为一个新的投资项目融资 500 万元,新项目投产后公司每年息税前利润增加到 200 万元。现有两个方案可供选择:方案 1 为按 12% 的利率发行债券;方案 2 为按每股 20 元发行新股。公司适用所得税税率 40%。

    要求:(1) 计算两个方案的每股利润。

    (2) 计算两个方案的每股利润无差别点息税前利润。

    (3) 计算两个方案的财务杠杆系数。

    (4) 判断哪个方案更好。

    2. (10 分)年初未分配利润为 −140 万元(需要税后利润弥补)。当年实现营业收入 5 000 万元,变动成本率为 50%,固定成本为 1 000 万元,所得税税率为 40%,资产负债率为 50%,下年计划投资 2 000 万元。

    要求计算:(1) 税后利润。

(2) 可用于投资的税后利润。

(3) 下一年度投资所需权益资本。

(4) 按剩余股利政策确定该公司当年应发放的股利。

3. (10 分)预期 A 公司明年的税后利润为 1 000 万元,发行在外的普通股股数为 5 000 万股,假设股利成长率为 6%,必要报酬率为 10%,预期盈余的 60% 用于发放股利。

要求:计算该股票的内在价值。

4. (15 分)某公司有一投资项目,需投资 600 万元(540 万元用于购买设备,60 万元用于追加流动资金)。预期该项目可使企业销售收入增加:第 1 年为 400 万元,第 2 年为 600 万元,第 3 年为 900 万元,同时也使企业的付现成本增加:第 1 年为 200 万元,第 2 年为 300 万元,第 3 年为 400 万元。第 3 年年末项目结束,收回流动资金 60 万元。假设公司适用的所得税税率 40%,固定资产用直线法按 3 年计提折旧并不计残值。公司要求的最低报酬率为 10%。

要求计算:(1) 该项目的税后现金净流量。

(2) 该项目的净现值。

(3) 该项目的回收期。

(4) 如果不考虑其他因素,你认为该项目是否应该接受?

五、案例分析题(每小题各 5 分,共 15 分)

2007 年 12 月 26 日,中国资本市场尚处于疯狂的"牛市",招商证券抱着志在必得的决心,最终以 63.2 亿元"天价",如愿拍得金信信托持有的博时基金 48% 股权,折合每股价格高达 131.67 元。这部分 48% 的股权是金信信托于 1998 年以 4 800 万元的入股成本取得的,9 年增值逾 131 倍。这一数字创下了中国基金公司股权转让的最大成交金额和最大增值记录。

招商证券在参与博时基金 48% 股权拍卖之前,曾经聘请世界上四大会计公司之一的 P 公司对博时基金股权价值进行估值。

P 会计公司以 2007 年博时基金的预计净利润 11 亿元为假设,且估计博时基金的净利润在 2008~2011 年的增长率将分别为 20%、20%、10%、5%,预测 2011 年后博时基金的净利润将维持 3% 的固定增长率;同时假设博时基金采用 50% 的固定股利支付率政策。据此,采用现金流量现值法评估确定了博时基金 100% 权益价值。

然而,2008 年金融危机使全世界的资本市场陷入寒冷的"熊市",博时基金 2008 年发生巨额亏损,当初 63.2 亿元的高溢价收购,使招商证券陷入经营困境。

要求:(1) 以 P 会计公司预估博时基金的净利润及其增长率和 50% 的固定股利支付率政策为假设,并假设必要报酬率为 10%,采用股票价值估值模型,计算博时基金 100% 的权益价值。

（2）你认为,采用 P 会计公司提供的博时基金的净利润及其增长率资料,计算的博时基金 100％的权益价值,是被高估了还是被低估了？为什么？

（3）金融危机的发生,暴露了价值评估模型的缺陷,你认为有哪些缺陷需要改进？

附录二

模拟试卷(A)参考答案

一、单项选择题(共 15 分，每小题 1.5 分)

1. A 2. C 3. A 4. A 5. C 6. D 7. A 8. C 9. B 10. D 11. C 12. D 13. D 14. B 15. C

二、多项选择题(共 10 分，每小题 2 分)

1. AD 2. ACD 3. ACD 4. BD 5. BCD

三、判断题(共 10 分，每小题 1 分)

1. × 2. × 3. √ 4. √ 5. × 6. × 7. √ 8. × 9. √ 10. ×

四、计算题(共 50 分)

1.（1）总资产周转率 = 2 880 ÷ 6% ÷ 16 000 = 3(次)　　　　　　　(1分)

净资产收益率 = 6% × 3 × 1.5 = 27%　　　　　　　　　　　(1分)

产权比率 = 1.5 − 1 = 0.5　　　　　　　　　　　　　　　(1分)

资产负债率 = 0.5 ÷ 1.5 × 100% = 33.33%　　　　　　　　(1分)

（2）2008 年净资产收益率 = 5% × 3.2 × 1.2 = 19.2%

营业利润率变动的影响 = (6% − 5%) × 3.2 × 1.2 = 3.84%　　(2分)

总资产周转率变动的影响 = 6% × (3 − 3.2) × 1.2 = −1.44%　(2分)

权益乘数变动的影响 = 6% × 3 × (1.5 − 1.2) = 5.4%　　　　(2分)

2.（1）$NCF_{0\sim1} = -(750 + 50) \div 2 = -400$(万元)　　　　(1分)

$NCF_2 = -200$(万元)　　　　　　　　　　　　　　　　(1分)

$NCF_{3\sim11} = (600 - 200) \times (1 - 25\%) + [(750 - 50) \div 10 + 50 \div 10] \times 25\% = 318.75$　　　　　　　　　　(2分)

$NCF_{12} = 318.75 + 200 + 50 = 568.75$(万元)　　　　　(1分)

（2）A 方案 $NPV = 318.75 \times [(P/A, 14\%, 11) - (P/A, 14\%, 2)] + 568.75 \times (P/F, 14\%, 12) - [200 \times (P/F, 14\%, 2) + 400 \times (P/F, 14\%, 1) + 400] = 318.75 \times (5.4527 - 1.6467) + 568.75 \times 0.2076 - (200 \times 0.7695 + 400 \times 0.8772 + 400) = 426.46$(万元)　　(3分)

B 方案 $NPV = 300 \times [(P/A, 14\%, 11) - (P/A, 14\%, 1)] - 1 080 = 300 \times (5.4527 - 0.8772) - 1 080 = 292.65$(万元)　　(3分)

（3）A 方案年回收额 = 426.46 ÷ (P/A, 14%, 12) = 426.46 ÷ 5.6603 = 75.34(万元)　　　　　　　　　　　　　　　　　　(2分)

B 方案年回收额 $= 292.65 \div (P/A, 14\%, 11) =$
$$292.65 \div 5.4527 = 53.67(万元)$$ （2分）

应当选择 A 方案。

3. A 方案的预计销售收入 $= 60 + 16 = 76(万元)$

B 方案的预计销售收入 $= 60 + 28 = 88(万元)$

B 比 A 增加的销售利润 $= (88 - 76) \times (1 - 70\%) = 3.6(万元)$ （2分）

B 比 A 增加的应收账款平均余额 $= 88 \times (30 \times 80\% + 60 \times 20\%) \div$
$$360 - 76 \times 60 \div 360 = -3.86(万元)$$

B 比 A 增加应收账款机会成本 $= -3.86 \times 70\% \times 12\% = -0.32(万元)$ （4分）

B 比 A 增加的坏账损失 $= 88 \times 5\% - 76 \times 4\% = 1.36(万元)$ （2分）

B 比 A 增加的收账费用 $= 4.8 - 4 = 0.8(万元)$ （2分）

B 比 A 增加的现金折扣 $= 88 \times 80\% \times 1\% = 0.70(万元)$ （2分）

B 比 A 增加的净收益 $= 3.6 - (-0.32) - 1.36 - 0.8 - 0.70 =$
$$1.06(万元)$$ （2分）

应选择 B 信用条件方案。 （1分）

4. （1）权益资本占总资本的比率 $= 6\,000 \div 10\,000 \times 100\% = 60\%$

负债资本占总资本的比率 $= 4\,000 \div 10\,000 \times 100\% = 40\%$

用于股利发放的剩余盈余 $= 500 - 250 \times 60\% = 350(万元)$

每股股利 $= 350 \div 30 = 11.67(元)$ （4分）

（2）每股股利 = 2007 年的每股股利 = 4.8(元) （2分）

（3）2007 年的股利支付率 $= 4.8 \times 30 \div 300 \times 100\% = 48\%$

2008 年的每股股利 $= (500 \times 48\%) \div 30 = 8(元)$ （4分）

五、案例分析题(15分)

（1）计算两种筹资方案下每股利润无差别点的息税前利润：

$$\frac{(EBIT - 3\,000 \times 8\%) \times (1 - 25\%)}{2\,000 + 1\,000} =$$

$$\frac{[EBIT - (3\,000 \times 8\% + 2\,500 \times 10\%)] \times (1 - 25\%)}{2\,000}$$

解之得：$EBIT = 990(万元)$ （2分）

（2）因为，预计息税前利润 $= 1\,600(万元) > EBIT = 990(万元)$

所以，应采用乙方案(或发行公司债券)。 （2分）

（3）$DFL = 1\,600 \div (1\,600 - 3\,000 \times 8\% - 2\,500 \times 10\%) = 1.44(万元)$

（2分）

(4) 每股利润增长率 $= 1.44 \times 10\% = 14.4\%$ 　　　　　　　　　　(1分)

(5) 要点：

债务筹资是一把双刃剑,它给企业财务带来的影响有正反两个方面。

当企业的息税前利润增长时,债务筹资的财务杠杆效应会使得企业的每股收益获得更大程度的增长。 　　　　　　　　　　(2分)

当企业的息税前利润下降时,债务筹资的财务杠杆效应会使得企业的每股收益更大程度的下跌。 　　　　　　　　　　(2分)

该企业在新增筹资前的资产负债率为 60%($3\,000 \div 5\,000 \times 100\%$)增资后资产负债率上升为 73%($5\,500 \div 7\,500 \times 100\%$),资产负债率较高,企业的财务风险较大,一旦持续亏损会使企业面临资不抵债的风险。 　　　　　　　　　　(2分)

企业的边际贡献总额不变,固定成本的增加会使息税前利润减少,增资后利息费用增加,这样会导致增资后财务杠杆系数变大,企业的财务风险随之增加。 　　(2分)

模拟试卷(B)参考答案

一、单项选择题(每小题1分,共15分)

1. D 2. C 3. C 4. C 5. A 6. A 7. D 8. B 9. B 10. D 11. C 12. A 13. C 14. D 15. C

二、多项选择题(每小题2分,共10分)

1. ABC 2. ABC 3. BC 4. BC 5. ABCD

三、判断题(每小题1分,共10分)

1. √ 2. × 3. × 4. × 5. √ 6. × 7. √ 8. √ 9. × 10. √

四、计算题(共4题,50分,其中第1题、4题15分;第2题、第3题10分)

1. (1) $EPS_1 = (200 - 400 \times 10\% - 500 \times 12\%) \times (1 - 40\%) \div 100 = 0.6(元)$　　　　　　　(2分)

$EPS_2 = (200 - 400 \times 10\%) \times (1 - 40\%) \div 125 = 0.768(元)$　　　(2分)

(2) $EPS_1 = (EBIT - 400 \times 10\% - 500 \times 12\%) \times (1 - 40\%) \div 100$

$EPS_2 = (EBIT - 400 \times 10\%) \times (1 - 40\%) \div 125$

$EPS_1 = EPS_2$

$(EBIT - 100) \div 100 = (EBIT - 40) \div 125$

$EBIT = (12\,500 - 4\,000) \div 25 = 340$　　　　　　　　(5分)

(3) 方案1财务杠杆系数 $= 200 \div (200 - 100) = 2$　　　　(2分)

方案2财务杠杆系数 $= 200 \div (200 - 40) = 1.25$　　　(2分)

(4) 预计息税前利润少于无差别点息税前利润,方案2每股利润大,所以方案2好。　　　　　　　　　　　　　　　　　　(2分)

2. (1) 税后利润 $= (5\,000 - 1\,000 - 5\,000 \times 50\%) \times (1 - 40\%) = 900(万元)$　　　　　　　　(3分)

(2) 可用于投资的税后利润 $= 900 - 140 = 760(万元)$　　(3分)

(3) 下一年度投资所需权益资本 $= 2\,000 \times 50\% = 1\,000(万元)$　(3分)

(4) 由于1\,000万元 > 760万元,所以不能发放股利。　　(1分)

3. 每股盈余 $=$ 税后利润 $\div$ 股数 $= 1\,000 \div 5\,000 = 0.2(元)$　(3分)

每股股利 $=$ 每股盈余 $\times$ 股利发放率 $= 0.2 \times 60\% = 0.12(元)$　(3分)

股票价值 $= 0.12 \div (10\% - 6\%) = 3(元)$　　　　　(4分)

4. (1) 折旧 $= 540 \div 3 = 180(万元)$　　　　　　　　(1分)

$NCF_0 = -600(万元)$ 　　　　　　　　　　　　　　　　　　　　　(2分)

$NCF_1 = (400-200-180) \times 60\% + 180 = 192(万元)$ 　　　　(2分)

$NCF_2 = (600-300-180) \times 60\% + 180 = 252(万元)$ 　　　　(2分)

$NCF_3 = (900-400-180) \times 60\% + 180 + 60 = 432(万元)$ 　(2分)

(2) $NPV = 192 \times (P/F, 10\%, 1) + 252 \times (P/F, 10\%, 2) +$

$\qquad 432 \times (P/F, 10\%, 3) - 600 = 107.11(万元)$ 　　　　　(3分)

(3) 回收期 $= 2 + (600 - 192 - 252) \div 432 = 2.36(年)$ 　　　(2分)

(4) 因为 NPV 大于 0,所以项目可行。 　　　　　　　　　　　(1分)

五、案例分析题(每小题各5分,共15分)

(1) 博时基金的权益价值 $= 11 \times 1.2 \times 50\% \times 0.909 + 11 \times 1.2 \times$

$\qquad 1.2 \times 50\% \times 0.826 + 11 \times 1.2 \times 1.2 \times 1.1 \times$

$\qquad 50\% \times 0.751 + 11 \times 1.2 \times 1.2 \times 1.1 \times 1.05 \times$

$\qquad 50\% \times 0.683 + (11 \times 1.2 \times 1.2 \times 1.1 \times 1.05 \times$

$\qquad 1.03 \times 50\%) \div (10\% - 3\%) \times 0.683 = 5.9994 +$

$\qquad 6.54192 + 6.542712 + 6.2478108 + 91.9320732 =$

$\qquad 117.26(亿元)$ 　　　　　　　　　　　　　　　　　　　　　(5分)

说明:由于试卷上仍然是收益现值法,没有改为现金流量现值法,所以建议将以下答案也视为正确:

博时基金的权益价值 $= 11 \times 1.2 \times 0.909 + 11 \times 1.2 \times 1.2 \times 0.826 + 11 \times$

$\qquad 1.2 \times 1.2 \times 1.1 \times 0.751 + 11 \times 1.2 \times 1.2 \times 1.1 \times$

$\qquad 1.05 \times 0.683 + (11 \times 1.2 \times 1.2 \times 1.1 \times 1.05 \times 1.03) \div$

$\qquad (10\% - 3\%) \times 0.683 = 11.9988 + 13.0838 +$

$\qquad 13.0854 + 12.4956 + 183.8641 = 234.53(亿元)$

注:以下问题的答案仅供参考,可以有不同回答,只要合理即可,有独到见解更佳。

(2) 高估了。因为 P 会计公司站在"牛市"角度,以"牛市"观念高估了博时基金2008年及以后的净利润及其增长率,没有估计到金融危机带来的"熊市"对博时基金的净利润及其增长率的负面影响。 　　　　　　　　　　　　　　　　(5分)

(3) 说明公司的成长道路是曲折的,有盈利也会发生亏损,其价值评估模型中可以考虑估计的亏损。 　　　　　　　　　　　　　　　　　　　　　　(5分)